W0284317

Dico mode
& styles

Le livre a été publié pour la première fois en 2023,
en Grande-Bretagne, sous le nom *The Style Thesaurus*
par Laurence King Student & Professional,
une marque du groupe Quercus Editions Ltd,
Carmelite House – 50 Victoria Embankment
– London EC4Y 0DZ
Une entreprise Hachette UK.

© 2023 Hannah Kane

Pour l'édition anglaise
Direction artistique : TwoSheds Design
Couverture : Luke Bird et TwoSheds Design
Responsable de publication : Sophie Wise
Éditeur et chargé de projet : Rosanna fairhead
Recherches complémentaires : Anupriya Dutta Gupta
et Blazed Palka
Recherche iconographique : Angelika Pirkl, Igloo Picture
Research

Tous droits réservés. Toute reproduction ou utilisation
de l'ouvrage sous quelque forme et par quelque moyen
électronique, photocopie, enregistrement ou autre que ce soit
est strictement interdite sans l'autorisation de l'éditeur.

Pour l'édition française
Traduction de l'anglais : Danielle Lafarge
Préparation de copie : Rafaëlle Gandini-Miletto
Mise en pages : Nathalie Méfort
Relecture : La machine à mots

Pour le compte des éditions Hachette Livre (Marabout)
58, rue Jean Bleuzen – 92178 Vanves Cedex
7499201
978-2-501-18564-6
Dépôt légal : Octobre 2024
Achevé d'imprimer en Chine en mai 2024.

Le guide non genré
sur les styles
et leur signification

Dico mode & styles

HANNAH KANE

Marabout

Sommaire

SOMMAIRE

Introduction

Que portez-vous aujourd'hui ? Reculez d'un pas devant le miroir. Regardez vers le bas, puis vers le haut. Pourquoi avez-vous choisi cette tenue qui exprime votre personnalité et que vous jugez adaptée pour le bureau ou les loisirs ?

Le look est un moyen de communication. Les vêtements que nous portons ont acquis une signification à travers l'histoire et la culture et fonctionnent comme un langage qui peut, dans une certaine mesure, être lu. Tels des signaux, ils peuvent aider celui qui les porte à rejoindre une communauté qui partage les mêmes centres d'intérêt et modes de vie que lui.

Mode et style

Bien qu'ils soient souvent utilisés de manière interchangeable, les mots « mode » et « style » ont des significations distinctes et nuancées. La mode est le processus temporel par lequel une idée a ou n'a pas la faveur du public. Le style, quant à lui, est la transposition de ces idées en tant que forme d'expression.

Dans ce dictionnaire, les termes « style » et « esthétique » sont presque synonymes. L'esthétique est l'étude philosophique de la beauté et du goût. Pour le philosophe du XVIIIe siècle Emmanuel Kant, le goût est par nature personnel et subjectif, tandis que pour le sociologue du XXe siècle Pierre Bourdieu, le goût est façonné par l'influence des groupes sociaux[1]. Cela dit, une robe de haute couture n'a pas plus de prétention esthétique qu'une robe bon marché d'une marque de *fast fashion*, et il n'appartient pas à l'esthétique de dire à quiconque laquelle il doit préférer.

Cette appréciation esthétique, qui s'apparente parfois à du plaisir, englobe tout, de la sensation ressentie en admirant un coucher de soleil aux pratiques humaines de l'art et du design. Les tendances consuméristes de la mode se reflètent souvent dans le design, l'architecture et la décoration. Comme l'explique le philosophe contemporain Lars Svendsen : « Nous devons choisir un style et, en tant que style, le choix est essentiellement esthétique. L'esthétique est alors au cœur de la formation de l'identité[2]. »

1 Emmanuel Kant, *Critique de la raison pure* [1781] ; Pierre Bourdieu, *La Distinction : critique sociale du jugement*, Les Éditions de Minuit, 1979.
2 Lars Svendsen, *Fashion: A Philosophy* [non traduit en français].

Le style en tant qu'identité personnelle et sous-culture

L'étude du style et de son lien avec l'identité trouve ses racines dans les travaux des chercheurs du Centre d'études culturelles contemporaines, créé en 1965 à l'université de Birmingham. L'un des textes les plus influents de l'École de Birmingham est *Sous-cultures : le sens du style* (1979), par Dick Hebdige, qui examine les mouvements punk, mod, rocker, Teddy Boy et skinhead de la contre-culture.

Hebdige définit le style de quatre façons. Premièrement, en tant qu'intention communicative : les styles sont censés exprimer quelque chose. Deuxièmement, en tant qu'assemblage : la recombinaison de signes préexistants dans la culture matérielle[3]. Troisièmement, en tant qu'homologie : les habitudes et les préférences, telles que la façon de s'habiller (soignée ou débraillée, par exemple), le maniérisme, les valeurs idéologiques, ainsi que la musique et la danse. Quatrièmement, le style est une pratique signifiante : l'agencement original d'éléments dans un look peut perturber la sémiotique existante (la compréhension des signes) et en créer une nouvelle.

Depuis, les travaux de l'École de Birmingham ont été critiqués, principalement parce qu'ils affirment que les jeunes sont poussés à adopter un style pour se rebeller contre le système, par la soumission plutôt que par le libre arbitre. L'idée d'une identité fixe alignée sur les sous-cultures a évolué au profit d'un autocontrôle et d'une révision constants. L'universitaire danois Dannie Kjeldgaard observe que « l'utilisation du style devient une question de recherche et d'expression d'une authenticité personnelle (imaginée) plutôt qu'une authenticité sous-culturelle[4] ».

Au XXIe siècle, les sous-cultures et les contre-cultures existent toujours, mais leurs styles ont été ouverts à l'ensemble de la société et reformulés comme autant d'identités. Cependant, tous les groupes n'apprécient pas de découvrir qu'ils sont en vogue, comme ça a été le cas des cultures gothique, surfeur et skateur.

Le style comme néotribu

Une virée shopping dans une rue commerçante presque partout dans le monde vous confirmera qu'il règne toujours une cacophonie de styles. Il n'y a pas de tendance dominante. Selon des chercheurs, c'est dû à la théorie postmoderne des sous-cultures qui définit les groupes sociaux comme des « néo-tribus ».

3 L'assemblage d'objets trouvés – le « stylisme », comme on l'appelle dans le domaine vestimentaire – est comparable à la technique d'association utilisée par des artistes plasticiens, comme le sculpteur et peintre américain du XXe siècle Robert Rauschenberg dans sa série *Combine*. Dans la mode et le style, la plupart des objets combinés sont achetés plutôt que trouvés.

4 Dannie Kjeldgaard, "The Meaning of Style? Style Reflexivity among Danish High School Youths", *Journal of Consumer Behaviour*, VIII/2-3, 2009, p. 71-83 [non traduit].

Le postmodernisme, qui débute vers 1970, voit l'avènement d'Internet dans les années 1980 et devient un sujet de recherche dans les années 1990, apporte une nouvelle conscience du style.

Notre besoin d'être accepté est profondément ancré, que l'on soit plutôt conventionnel ou que l'on appartienne à une communauté plus alternative. Les néo-tribus sont des groupes centrés sur des loisirs communs. Le sociologue Michel Maffesoli explique que les néo-tribus ne sont pas aussi rigides que les formes déjà acceptées, mais qu'elles peuvent plutôt être considérées comme « une ambiance partagée, un état d'esprit commun[5] ». Il observe qu'elles suscitent souvent un fort conformisme parmi leurs membres, ce qui est surprenant étant donné le caractère éphémère des liens. D'après le sociologue et philosophe Zygmunt Bauman, la raison de ce phénomène est l'effondrement des catégories sociales traditionnelles, telles que la classe sociale, le genre et l'appartenance ethnique. Bauman explique que la fragmentation postmoderne entraîne « une quête désespérée de structure », que nous pouvons interpréter comme une quête de communauté[6].

Les manifestations tribales sont fluides non seulement de par leurs participants, mais aussi de par leurs composantes. L'universitaire Robin Canniford considère que « les tribus émergent, se transforment et disparaissent à mesure que changent les combinaisons de personnes et de ressources[7]. »

Le style comme langage

Le style est chargé de sens et a le potentiel de dévoiler les parties les plus cachées de la psyché humaine. Les vêtements peuvent acquérir une signification par le biais de combinaisons de signes. Le modèle dyadique de la sémiotique du linguiste Ferdinand de Saussure[8] comprend le « signifiant », c'est-à-dire la forme que prend le signe, et le « signifié ». D'autres penseurs se sont appuyés sur cette théorie purement psychologique pour présenter le « signifiant » comme la forme physique, matérielle, et le « signifié » comme le concept ou la signification[9].

Le philosophe Charles Sanders Peirce voit une relation triadique entre la forme du signe, le sens qu'il contient (ce qu'il représente) et son interprétation[10]. Le sens du signe est relatif à l'interprète ; la beauté est toujours dans l'œil de celui qui regarde. Peirce divise les signes en trois groupes. D'abord, il y a les icônes, qui ont

5 Michel Maffesoli, *Le temps des tribus : le déclin de l'individualisme dans les sociétés postmodernes* [1988], La Table ronde, 2019.

6 Zygmunt Bauman, *Intimations of Postmodernity*, 1992 [non traduit].

7 Robin Canniford, "How to Manage Consumer Tribes", *Journal of Strategic Marketing*, 19, 2011 [non traduit].

8 Ferdinand de Saussure, *Cours de linguistique générale* [1916], Payot, 1995.

9 Notamment le linguiste et sémioticien Louis Hjelmslev.

10 Charles Sanders Peirce, *Écrits sur le signe* [1903], Seuil, 1978.

des significations universellement acceptées, par exemple l'icône « Enregistrer » d'un programme informatique. Ensuite, les indices mentaux établissent des liens directs entre les choses : la fumée est généralement synonyme de feu, un coup frappé à une porte signifie qu'un visiteur est là, et des nuages noirs sont annonciateurs de pluie. Enfin, il y a les symboles, dans lesquels le sens est contenu dans une forme abstraite. Les symboles sont arbitraires et s'appuient sur le sens que leur confère la compréhension générale.

Dans *Système de la mode*, le sémioticien Roland Barthes reconnaît que les vêtements fonctionnent comme des symboles et il se penche sur le langage écrit de la mode, en particulier à travers les magazines de mode[11]. Dans ce dictionnaire, nous examinons la signification de styles qui sont largement compris dans l'industrie de la mode sous leurs formes écrites, verbales et visuelles[12]. Nous examinons les détails des vêtements, tels qu'un col « pelle à tarte » qui évoque les années 1970 ou un col ruffle qui évoque le style néo-victorien. Certains détails doivent être replacés dans leur contexte pour que nous puissions en cerner la signification ; la dentelle, par exemple, peut être « gothique » ou « romantique » en fonction de sa couleur (noire ou rose pâle, respectivement). La signification des vêtements et des styles peut changer au fil du temps, tout comme le sens des mots.

Bien qu'elles soient souvent identifiées par des icônes, comme le double C de Chanel ou le LV de Louis Vuitton, les marques agissent comme ce que Saussure appelait des signifiants[13]. L'image de marque sert à se différencier de la concurrence, et les identités de marque sont transposées dans des produits qui véhiculent des narrations intentionnelles. La consommation ostentatoire contribue à tracer les lignes de démarcation entre les néo-tribus, et les marques deviennent emblématiques en signifiant un style spécifique ou un ensemble de valeurs.

Le style en tant que qualité de vie

La quête d'une vie agréable implique le choix d'un style de vie, et le style en tant qu'esthétique joue un rôle important dans la perception de la qualité de vie. L'appréciation de la beauté élève l'expérience humaine.

Au sommet de la célèbre pyramide imaginée par Maslow en 1943 pour expliquer la hiérarchie des besoins humains se trouve l'accomplissement de soi, le summum de l'épanouissement et de la réalisation personnelle[14]. Maslow révise le modèle en

11 Roland Barthes, *Système de la mode*, Seuil, 1967.

12 Écrits dans les magazines ou la communication des marques concernant la direction artistique des séances photo.

13 Arthur Asa Berger, "The Branded Self: On the Semiotics of Identity", *American Sociologist*, XLII/2-3, 2011, p. 232–237 [non traduit].

14 Abraham Maslow, *Devenir le meilleur de soi : Besoins fondamentaux, motivation et personnalité* [1956], Eyrolles, 2022.

1970 pour placer les besoins cognitifs et esthétiques juste en dessous de l'accomplissement de soi. La même année, il ajoute la transcendance comme une sorte de nirvana. Il qualifie les niveaux supérieurs de la pyramide de « besoins de croissance » en les distinguant des quatre niveaux inférieurs qu'il appelle les « besoins déficitaires ».

Il existe de nombreuses preuves anecdotiques du pouvoir transformateur de vêtements bien choisis. Vous souvenez-vous de la fois où vous avez porté une magnifique tenue lors d'une soirée ? Vous vous sentiez merveilleusement bien et vous avez passé une excellente soirée. Ces moments sont rarement le fruit du hasard et le cerveau doit faire preuve de créativité.

Si le cerveau est fortement sollicité, par exemple lors de la préparation d'une grande occasion ou d'un mariage, le style sera mûrement réfléchi en utilisant la voie de traitement centrale du cerveau. L'autre possibilité est que la tenue ait été revêtue presque instinctivement, peut-être à partir des seuls vêtements propres au fond de l'armoire, en utilisant la voie de traitement périphérique du cerveau qui emprunte des voies neuronales familières. Même ces décisions inconscientes sont révélatrices. Ce sont des messages du Ça, notre Moi authentique, qui répond à l'instinct et aux pulsions[15]. On dit qu'un bon style est une combinaison des deux approches : on y réfléchit pendant l'assemblage et on n'y pense plus pendant le reste de la journée.

L'émergence des styles par les tendances

En 1962, le théoricien et sociologue Everett Rogers publie son élégante théorie de la diffusion de l'innovation. Il se concentre sur les caractéristiques de l'individu par rapport aux tendances et sur son appartenance à différentes catégories : celle des innovateurs pionniers, des premiers adeptes à l'avant-garde de la mode, de la majorité précoce à la mode, de la majorité tardive conservatrice ou, enfin, des retardataires sceptiques qui ne s'emparent de l'idée que lorsqu'elle tombe dans l'obscurité. Selon le modèle de Rogers, la diffusion peut prendre des mois ou des années.

Cette théorie explique le cycle des tendances de la mode avec ses cinq phases : l'introduction d'une tendance ; son acceptation et sa montée en popularité ; l'apogée, lorsqu'elle semble être omniprésente ; son déclin tout aussi rapide ; et enfin l'obsolescence, lorsqu'elle est considérée comme « démodée » et que plus personne n'en veut. Si une tendance est adoptée rapidement puis disparaît presque immédiatement, c'est qu'elle n'était qu'une passade.

Les tendances les plus durables vont et viennent sans jamais disparaître. Elles deviennent des classiques : la petite robe noire, le trench beige, le jean bleu à

15 Sigmund Freud, *Le moi et le ça* [1923], Payot, 2010.

Gareth Pugh printemps/été 2009, Fashion Week de Paris, 27 septembre 2008.

coupe droite et la veste en cuir noir. Ce sont les bases d'une garde-robe intemporelle, et les stylistes estiment que ces vêtements méritent de l'investissement. Les classiques ne sont pas seulement des vêtements spécifiques ; ils peuvent englober des styles et des looks et devenir des esthétiques permanentes, chargées de sens.

Les idées sont susceptibles d'être recyclées, et les créateurs de la mode moderne ne cessent de s'inspirer du passé. Pour sa collection de 1908, rejetant la corseterie de son époque, le grand couturier parisien Paul Poiret revisite le style de la période Directoire de la Révolution française (1875-1879), qui imaginait les robes comme des colonnes de tissu fluides. Le style Directoire original faisait lui-même référence au néoclassicisme et, à travers lui, les principes gréco-romains de simplicité, de vertu et de symétrie servaient de contrepoint à l'extravagance des styles rococo qui précèdent la Révolution française.

Il existe de nombreux exemples d'influence rétrospective où des décennies font référence à d'autres décennies, comme l'obsession des années 1960 pour les longueurs d'ourlets et l'ambiance des Années folles, ou encore l'interprétation par les années 1980 de la silhouette des années 1940 avec des épaules structurées, des tailles ceinturées et des chapeaux à larges bords. Au milieu des années 2000, les chercheurs constatent que le cycle s'est accéléré, grâce à l'ère numérique, avec la résurgence de tendances des années 1990 comme le grunge et le hip-hop. Dans les années 2020, les tendances du passage à l'an 2000 et du milieu des années 2000 font déjà l'objet d'une recherche de sens. Avec le temps, presque tout revient à la mode, à l'exception peut-être de la collerette dont le retour se fait attendre.

La diffusion des tendances dans la société

L'habillement fabriqué en masse, quand il est apparu en Occident avec la révolution industrielle en tant que produit du nouveau capitalisme, était destiné à fournir aux consommateurs des vêtements à porter aux prochaines saisons : printemps/été et automne/hiver. Comme les grandes capitales historiques de la mode se trouvent dans l'hémisphère Nord, les tenues étaient adaptées à ce climat. Aujourd'hui, les maisons de couture sont passées des mains de leurs fondateurs à celles de dynasties et de méga-marques. Au sommet de la chaîne de la mode se trouve la haute couture, niveau artistique le plus élevé, où les produits sont fabriqués sur mesure pour le client. Les marques doivent être invitées par la Fédération de la haute couture et de la mode – qui dirige l'industrie française de la mode – à participer à la Semaine de la haute couture à Paris. Puis, il y a les collections de prêt-à-porter proposées par les marques de luxe qui s'adressent à des consommateurs plus soucieux de leur budget.
En dessous, on trouve le marché intermédiaire, qui sert de passerelle vers la consommation de masse, à la base de la chaîne.

La théorie classique du ruissellement vers le bas postule que depuis la Révolution industrielle, les tendances de la mode ont été créées par les classes supérieures, ou sur les podiums de la haute couture, avant de descendre vers les marques et les enseignes bon marché. La théorie plus récente du ruissellement vers le haut des sous-cultures et des contre-cultures suggère que certaines tendances naissent dans la rue, sont remarquées par les créateurs et se cristallisent en idées lors des défilés. En réalité, le chemin de la diffusion des tendances est rarement linéaire, car les clients se côtoient et interagissent de multiples façons.

À l'ère numérique, les consommateurs ne sont plus séparés par la distance géographique. Les tendances se propagent dans la société à la vitesse de la lumière. Les smartphones nous amènent le monde dans la paume de la main, et, sur les réseaux sociaux, les micro-tendances grossissent et éclatent avant le changement de saison. Au milieu des années 2020, 1,81 millier de milliards de photos sont prises chaque année dans le monde. En 2030, ce chiffre devrait atteindre 2,3 milliers de milliards[16]. Des milliards d'heures de vidéos sont partagées sur des plateformes telles qu'Instagram et TikTok. L'engagement par le biais de *likes*, de partages et de suivis atténue le sentiment de solitude postmoderne. L'image que nous communiquons par le biais d'images fixes ou animées a de l'importance.

L'essor de l'intelligence artificielle aura un impact sur tous les secteurs. Dans l'industrie de la mode, des entreprises analysent des millions d'images partagées chaque jour sur les réseaux sociaux afin de fournir des données quantitatives sur l'évolution des préférences des consommateurs. Heuritech, créée en 2013 par deux spécialistes de l'apprentissage automatique, analyse trois millions d'images par jour et peut reconnaître plus de 2 000 détails de vêtements[17]. Les données sont revendues aux détaillants, dont les équipes de conception et les acheteurs peuvent faire de ces vêtements imaginés par les tendances une réalité. Les vêtements sont achetés et photographiés pour être diffusés sur les réseaux sociaux des consommateurs, et les images sont renvoyées à la machine comme le fantôme d'une tendance.

Style et durabilité

Dans le monde entier, les *fashion victims* soucieuses de l'éthique débattent pour savoir si l'agent de la surconsommation est la marque capitaliste avide d'argent ou le consommateur qui achète le produit. L'éthique doit être prise en compte à tous les stades du cycle de vie d'un produit, de la conception et de l'idéation à la

16 Matic Broz, "Number of Photos (2023): Statistics, Facts and Predictions", *Photutorial*, 21 février 2023, www.photutorial.com/photos-statistics [non traduit].

17 Données de Heuritech, 2023 ; www.heuritech.com.

fabrication et à la distribution, de la vente au détail, à l'achat, à l'usure et au recyclage en fin de vie.

Le problème, ce n'est pas que les gens veuillent changer de look, mais qu'ils achètent des vêtements neufs. Les marques de mode sont des armes de consommation de masse : un nombre démesuré de vêtements sont produits chaque année dans le monde, dont 92 millions de tonnes finissent à la décharge.
Si la tendance se poursuit, la production de déchets devrait atteindre 134 millions de tonnes par an d'ici 2030[18].

Le style pourrait être une réponse. Si le sens est encodé par l'assemblage de produits, rien ne dit que les produits assemblés doivent être neufs. Les recherches menées par le Dr Carolyn Mair, psychologue cognitive travaillant dans l'industrie de la mode, et publiées par Oxfam, montrent qu'il est en effet possible pour les consommateurs de trouver de la nouveauté en réarrangeant des articles de seconde main[19]. En outre, le plaisir d'avoir acheté un vêtement neuf s'estompe au bout d'environ quatre utilisations. Pourtant, 25 % des participants de l'étude déclarent que le sentiment de nouveauté durait plus longtemps lorsqu'ils achetaient des articles de seconde main. Selon Thredup, l'une des principales plateformes de revente en ligne de vêtements d'occasion, le marché mondial de la seconde main devrait passer de 96 milliards de dollars en 2021 à 218 milliards de dollars en 2026[20]. D'ici à 2030, la Fondation Ellen MacArthur estime qu'il pourrait atteindre 700 milliards de dollars[21].

La bonne nouvelle, c'est qu'une fois que le styliste ou la personne qui porte le vêtement comprend l'intention communiquée par un style, ils peuvent créer une multitude de looks à partir de quelques vêtements et accessoires. Ce dictionnaire vous aidera à en décrypter le sens caché.

18 Martina Igini, "10 Concerning Fast Fashion Waste Statistics", Earth.org, 2 août 2022, www.earth.org/statistics-about-fast-fashion-waste [non traduit].

19 Carolyn Mair, "Does the Thrill of Buying a New Item of Clothing Last Longer When You Buy Second Hand?", blog d'Oxfam, 16 août 2022, www.oxfam.org.uk/oxfam-in-action/oxfam-blog/does-the-thrill-of-buying-a-new-item-of-clothing-last-longer-when-you-buy-second-hand [non traduit].

20 Thredup, Resale Report, 2022, http://www.thredup.com/resale [non traduit].

21 "Rethinking Business Models for a Thriving Fashion Industry", Fondation Ellen MacArthur, www.ellenmacarthurfoundation.org/fashion-business-models/overview (consulté le 28 février 2023) [non traduit].

Mode d'emploi du dictionnaire

Les styles décrits dans cet ouvrage seront votre source d'inspiration pour forger votre look personnel et communiquer votre identité. Ils peuvent être utilisés comme référence par les stylistes dans le storytelling des séances photo, dans la définition d'un style vestimentaire et la rédaction d'éditoriaux pour les magazines, ainsi que dans la création de costumes pour le cinéma et la télévision. Ce livre s'adresse également aux influenceurs et aux blogueurs qui veulent communiquer une image – en forgeant à la fois leur propre style et en leur donnant les mots pour le décrire –, ainsi qu'aux journalistes de mode et aux spécialistes du marketing.

Le dictionnaire compte huit parties. Époque décrit les vêtements façonnés par des facteurs politiques, économiques, sociaux, environnementaux, technologiques et juridiques d'une période, qu'elle soit réelle ou imaginaire, passée, présente ou future. Toute mode peut être située dans le temps. Dans Utilitaire, nous verrons comment les vêtements se sont éloignés du besoin fondamental de protection contre les températures et les précipitations. Musique & Danse porte sur les styles qui ont évolué grâce à leur relation symbiotique avec les genres musicaux et les styles de danse. Jeu ouvre la malle aux costumes et en sort des styles qui représentent notre vrai moi, authentique, spontané et léger. Conformistes s'intéresse au besoin de sécurité de l'emploi et d'acceptation au sein des groupes sociaux, tandis que Sous-cultures & Contre-cultures traite des rebelles et de ceux qui osent s'opposer au *statu quo*. Affirmation analyse les styles qui, dans une plus ou moins large mesure, communiquent des idées et des philosophies. Enfin, Sexe & Genre explore la fonction du style dans l'amour et l'appartenance, l'intimité sexuelle et la séduction.

Symboles

Chaque style commence par un en-tête. Le symbole ≈ fait référence à ce que le style évoque. Cette ligne propose des synonymes proches. La ligne suivante, désignée par le symbole →, reprend les

styles cités qui ont leur propre entrée dans le dictionnaire.
Dans certains cas, les styles sont décrits en relation avec leurs proches antonymes, de sorte que cette liste peut inclure des styles opposés. Les styles qui participent à la formation ou à la diffusion du style en question sont également référencés ici.

La ligne qui suit, désignée par le symbole ⊕, nomme les associations avec d'autres styles. Par souci de clarté, les styles cités apparaissent ici ou dans la ligne précédente, mais pas dans les deux. Au fil du temps, de nombreux styles sont reliés à ceux qui les précèdent ou les suivent chronologiquement. Les styles peuvent bien sûr être utilisés dans n'importe quelle combinaison, et les associations ne sont que des suggestions ; elles n'ont pas pour but d'être normatives. En effet, tout l'art du style consiste à inclure de nombreuses références dans une tenue.

Le texte retrace l'histoire du style et son expression ultérieure sur les podiums ou dans la culture populaire. Lorsqu'un style décrit ailleurs dans le dictionnaire est mentionné dans l'entrée, il est souligné et fait l'objet d'une référence croisée. Nous présentons les vêtements ou les détails qui symbolisent le style, et nous décrivons le contexte plus large et les événements mondiaux qui l'ont façonné. Les termes qui apparaissent dans le glossaire sont soulignés par une ligne ondulée.

À la fin de chaque entrée, un encadré offre une vue d'ensemble des principales caractéristiques du style. La rubrique « Couleurs et motifs » présente la palette de couleurs associée au style, ainsi que les imprimés les plus courants. « Tissus » reprend quelques textiles utilisés dans le style. Les deux exceptions du dictionnaire sont la digital fashion (qui est une anomalie et qui, au sens physique, n'a pas de tissus ou de détails de conception spécifiques) et le « patrimoine » (dont les motifs et les textiles varient en fonction de l'époque). L'absence de ces rubriques est intentionnelle.

La rubrique « Vêtements et accessoires » énumère les principaux produits associés au style. « Détails » précise la longueur des ourlets, la coupe du patron et les ornements. Il est impossible de dresser une liste exhaustive, mais l'objectif est d'évoquer les éléments clés. Enfin, la dernière rubrique décrit la coiffure et le maquillage adoptés par les personnes qui portent le style.

Note de l'autrice

Le style est culturel.

Partout où je voyage, je suis fascinée par ce que les gens portent et par la façon dont ils présentent leur image aux autres. Les indices que les gens dévoilent sur leur personnalité à travers leur tenue vestimentaire sont révélateurs. Le style est un outil d'expression personnelle qui nous rapproche de personnes partageant les mêmes idées que nous. Il peut être adapté à différents environnements pour s'y intégrer ou s'en démarquer.

Lorsque je travaillais dans la mode en tant que journaliste, conférencière et consultante, j'ai participé à des centaines, voire des milliers de shootings, que ce soit en tant que directrice artistique ou productrice, ou pour sélectionner les photos. Les entrées du dictionnaire couvrent certaines des esthétiques les plus durables, qui réapparaissent régulièrement sur les podiums et dans la rue, ainsi que sur les pages des magazines. J'ai analysé les mêmes tendances lors des défilés et dans les photographies prises dans la rue lors des *fashion weeks*. D'après mon expérience, ces styles sont largement perçus dans l'industrie de la mode comme synonymes d'une combinaison spécifique de vêtements, de tissus, de textures et de couleurs.

Je me dois d'ajouter une mise en garde. Bien que je n'aie nullement l'intention d'être réductrice, les styles tels qu'ils imprègnent la conscience générale ont nécessairement engendré des stéréotypes. Il est également possible que le choix des styles figurant dans ce livre soit considéré comme fortement influencé par la culture occidentale. Comme je l'ai expliqué dans l'introduction, les réseaux sociaux à l'ère numérique ont exercé une certaine homogénéisation des tendances dans le monde entier. Mon objectif reste avant tout de célébrer la diversité de l'expression humaine.

Aucun style n'a surgi de nulle part. En écrivant ce livre, j'ai été constamment frappée par le lien qui unit tous les styles en tissant des fils dans le temps qui s'étirent jusqu'au présent. Nous sommes tous des stylistes qui créent un langage pour trouver nos tribus. J'espère que vous utiliserez ce dictionnaire pour comprendre le monde.

1. Époque

La mode est l'air du temps, le *zeitgeist*, l'esprit de son temps. Comme tout étudiant en marketing vous l'expliquera, elle est façonnée par les facteurs « STEEPLE » : socioculturels, technologiques, environnementaux, économiques, politiques, légaux et éthiques. C'est pourquoi les jupes ont raccourci avec l'émancipation des femmes et les vêtements sont devenus infiniment plus décontractés pendant la pandémie de Covid-19.

Certains styles, comme le look garçonne, sont intrinsèquement liés à une époque. D'autres, comme le cyberpunk, sont une vision d'une époque encore à venir. Cette partie met en lumière les styles qui évoquent le passé ou le futur (ou les deux, comme dans le cas du rétrofuturisme).

La mode est cyclique par nature et, depuis des décennies, les créateurs se tournent vers le passé pour s'en inspirer. Le grand couturier parisien Paul Poiret est largement considéré comme le premier créateur de mode moderne par son approche de la mode en tant que forme d'art. Pour sa collection publiée dans l'ouvrage illustré *Les Robes de Paul Poiret*, en 1908, il a été influencé par le style Directoire de la fin du XVIIIe siècle, présentant les robes comme des colonnes de tissu déstructurées qui évitaient la corseterie rigide de la Belle Époque ou de l'ère victorienne. Le style Directoire lui-même faisait référence au néoclassicisme, et les anciens principes gréco-romains de simplicité, de vertu et de symétrie ont été exploités avec nostalgie sous le règne de Napoléon Bonaparte, en contrepoint de l'extravagance des styles baroque et rococo qui ont précédé la Révolution française. Si les femmes ont adopté des versions du chiton de la Grèce antique, les hommes n'ont pas suivi le mouvement et ne sont pas revenus aux tuniques et aux toges. Ils ont toutefois coupé leurs cheveux courts, par opposition aux longues boucles de Louis XVI et, à ce jour, les cheveux courts restent le style dominant chez l'homme.

Les vêtements et les styles finissent toujours par revenir. Même le corset, banni par Poiret, fait son retour grâce à Vivienne Westwood, dans sa collection « Portrait » de l'automne/hiver 1990, comme une réappropriation féministe de la sexualité. Au début des années 2020, l'engouement pour tout ce qui a trait aux années 1990, y compris Westwood, et la popularité de la série Netflix *La Chronique des Bridgerton*, qui se déroule pendant la Régence, ont conduit au retour du corset.

Les looks qui font référence à un futur qui peut ou non se réaliser représentent une autre approche de la perception d'une époque. Ils permettent aux stylistes et aux créateurs de s'amuser avec la mode et ont exercé une forte influence réciproque sur le cinéma et la culture populaire, comme nous le verrons dans la 3e partie, Musique & Danse (p. 108).

Rétro

≈ VINTAGE, REVIVALISTE
→ NÉO-VICTORIEN, FLAPPER, ATHLEISURE, PUNK, PREPPY, BOURGEOISIE, SLOANE, BCBG, SKINHEAD, DANDY
+ ROCKABILLY, TEDDY BOYS & TEDDY GIRLS, FUNK, DISCO, HIPPY, MOD

Les styles rétro sont sciemment inspirés du passé. Ils se distinguent du « vintage » qui désigne des pièces authentiques d'une époque révolue ; le terme « rétro » désigne le look désuet d'un vêtement, qu'il s'agisse d'un habit neuf ou d'une pièce originale. Il est difficile de percevoir l'impact stylistique d'une décennie pendant qu'elle se déroule. Ce n'est qu'avec le recul que l'on parvient à distinguer les particularités des micro-tendances.

Les silhouettes évoluent de manière spectaculaire au cours du XXe siècle, en particulier chez la femme. Les années 1920 sont célèbres pour le style Flapper (p. 30), mais les jupes redescendent jusqu'au sol dans les années 1930 à mesure que s'impose le glamour de l'âge d'or hollywoodien. Le rationnement des années 1940 donne lieu à des vêtements simples et utilitaires, avec des ourlets juste en dessous du genou et des tailles cintrées. Deux ans après la fin de la guerre, Christian Dior dévoile son New Look avec ses jupes amples sous le genou et ses manches évasées. La silhouette en sablier popularisée par Dior perdure dans les années 1950, parallèlement à la tendance des robes fourreaux ajustées et des vestes droites. Les adolescents mélomanes des années 1950 sont influencés par le cuir et le denim du Rock & Roll (p. 110), tandis qu'en Grande-Bretagne, les Teddy Boys & Teddy Girls (p. 115) réinventent le style ajusté du Dandy édouardien (p. 247). La course à l'espace des années 1960 et l'esprit Futuriste (p. 33) inaugurent les lignes épurées du modernisme (voir Mod, p. 228) avec des costumes à coupe étroite et une nouvelle libération sexuelle marquée par la minijupe, qui se transforme en un style Bohème fluide (p. 217) dans les années 1970 sous l'influence de la liberté d'esprit du mouvement Hippy (p. 223).

Pour l'homme, la largeur des revers de veste et la hauteur des ourlets de pantalon ont fluctué (voir aussi Tailoring, p. 195). La palette

Gucci printemps/été 2016, Fashion Week de Milan, 23 septembre 2015.

de couleurs était généralement sombre jusqu'à la Peacock Revolution des années 1960, menée par des icônes telles que les Beatles, James Brown (voir Funk, p. 137), Mick Jagger (voir Classic Rock, p. 118), John Travolta et David Bowie (voir Glam Rock, p. 122).

Les mouvements Skinhead (p. 237) et Punk (p. 125) rejettent la nature aimante (et les cheveux longs) de la contre-culture hippie, mais de manière différente. Les premiers sont des militants de la classe ouvrière portant des bonnets, des bretelles et des Dr. Martens, tandis que les seconds rejettent les conventions sociales, détruisant les vêtements avant de les raccommoder avec des clous.

La Club culture voit l'émergence du style Disco (p. 139) langoureux. Dans les années 1980, le disco s'éteint pour laisser place au Hip-hop (aujourd'hui qualifié de *hip-hop old-school*) avec ses looks décontractés, Athleisure (p. 60) et Preppy (p. 191). Dans le même temps, la Bourgeoisie (p. 202) et plus particulièrement la très huppée Sloane de Londres (p. 205) et son équivalent parisien, BCBG (p. 207), se promène en portant des pulls en cachemire et des foulards en soie.

Toutes les tendances d'antan n'évoquent pas un style rétro. Le Grunge (p. 134) des années 1990 et le renouveau des styles liés au passage à l'an 2000 dans les années 2020 sont qualifiés de « nostalgiques » plutôt que de rétro. Mais tout style ancien n'est pas automatiquement rétro, puisque les styles de plus de cent ans sont plutôt qualifiés d'historiques. Par exemple, les corsets, les crinolines et les tournures de l'époque victorienne (voir Néo-Victorien, p. 26) sont rarement qualifiés de rétro, alors que les styles du milieu du siècle, des années 1950 aux années 1970, le sont. En règle générale, les tendances d'il y a dix à trente ans sont nostalgiques, tandis que tout ce qui a plus de trente ans est rétro et devient historique passé cent ans. Le tableau au verso décrit les grandes tendances du XXe siècle.

Rétro, suite.

	OURLET	REVERS	TAILLE	PANTALONS	COULEURS/MOTIFS/DÉTAILS
Années 1910	maxi, silhouette tubulaire	standard	corsetée (F) ; haute (H)	fuselés, revers à la cheville, à plis	couleurs de pierres précieuses, noir, gris, vieux rose, carreaux, jupe entravée, costume trois-pièces, montrant la cheville
Années 1920	au-dessus du genou, à mi-mollet, asymétrique	en pointe	basse (F) ; naturelle (H)	larges/ baggy	marine, marron, or, vert militaire, bordeaux, violet, noir, fleuri, pois, motifs géométriques, rayures, rubans, encolure bateau, perles, broderies, grosses broches, rangées de perles, chapeau cloche
Années 1930	mi-mollet à sous le mollet	large	haute, ceinturée	larges, retroussés à l'ourlet, à plis	framboise, marron, mauve, rose, impressions désordonnées, petits motifs, fines rayures, fleurs, nœuds, volants, plis, robe du soir en satin, dos nu, apparition du nylon et des fermetures à glissière
Années 1940	midi, sous le genou	large	naturelle et ajustée	larges, plissés	couleurs primaires, rayures, imprimés abstraits, fleuris, carreaux, épaules marquées, mouchoir de poche
Années 1950	au genou, trapèze	mince	haute/ sablier (F) ; ample (H)	droits, pantacourts, amples	noir et blanc, jaune, rouge, rose, sarcelle, pois, grosses fleurs, polo, costume et veste en tweed
Années 1960	mini	étroit ; puis large	droite	étroits	blanc, bleu clair, jaune, orange, marron, motifs cachemire, imprimés tropicaux, imprimés psychédéliques, vichy, robe babydoll, chasuble
Années 1970	micro, mini, maxi	large	haute	évasés, larges, pattes d'éléphant	couleurs naturelles, batik, tie-and-dye, imprimés indiens, jean effiloché, chaussures à semelles compensées, caftan, manches cloche, capeline
Années 1980	sous le genou	cranté ; à pointe	haute	à pinces ; collants, joggings et pantalons de survêtement	noir, rouge, blanc, jaune néon, motifs géométriques, imprimés graphiques, embellissements, plis, jupe tailleur, veste à double boutonnage, bretelles, justaucorps, sweat-shirt oversize, haut ample avec ceinture large
Années 1990	mini	en pointe	basse	baggy	couleurs de pierres précieuses, imprimés d'animaux, jean décoloré/foncé, nuisette, lunettes d'aviateur, sweat-shirt, bob
Années 2000	asymétrique	étroit ou large	basse, très basse	bootcut	blanc, rose pâle, violet, irisé, imprimés d'animaux, logos, jean bleu, boots Ugg, crop top

Héritage

≈ CULTUREL
→ PUNK, DANDY
+ CLASSIQUE

Les tendances s'homogénéisent à mesure qu'elles sont diffusées dans les médias traditionnels et sur les réseaux sociaux. Dans notre monde de plus en plus connecté, il y a le risque d'une évolution vers une monoculture mondiale. Pour l'éviter, l'Unesco protège l'artisanat, les traditions et les techniques locales par le biais de sa Convention de 2003 pour la sauvegarde du patrimoine culturel immatériel.

La mode est une métaphore symbolique importante de la relation entre l'individu et la culture dans laquelle il évolue. Elle peut être un moyen subtil mais puissant d'exprimer et de renforcer ses valeurs. Les humains ont donné une signification variée à la fabrication de textiles et à l'habillement, allant des *kelaghayi*, ces foulards de soie aux couleurs vives portés par les femmes d'Azerbaïdjan, à la dentelle au point d'Alençon (il faut sept heures pour réaliser un centimètre carré d'étoffe), en passant par l'artisanat ancestral de la fabrication de tissus d'écorce par les Bougandais, dans le sud de l'Ouganda, sans oublier les techniques japonaises de l'Ojiya-chijimi et l'Echigo-jofu pour la fabrication de tissus de ramie, tissés et teintés à la main.

Même chez les grandes enseignes de la mode, certains tissus traditionnels sont protégés, comme le luxueux Harris Tweed d'Écosse, qui fait l'objet d'une loi du Parlement et doit être « tissé et fini à la main par des insulaires chez eux dans les Hébrides extérieures à partir de pure laine vierge teintée et filée dans ces mêmes Hébrides extérieures ». Vivienne Westwood remet le tissu au goût du jour, et son logo emblématique incorpore d'ailleurs l'orbe du Harris Tweed entouré des anneaux de Saturne. Même l'art de la confection des costumes est protégé par la Savile Row Bespoke Association, fondée en 2004, pour promouvoir l'héritage de la confection sur mesure pratiquée dans cette célèbre rue londonienne (voir Dandy, p. 247).

Perpétuel carrousel de nouveautés, la mode est contrebalancée par un désir de tradition chez le consommateur. La recherche d'un style intemporel peut être qualifiée d'« anti-mode » (voir Classique,

p. 209). Les experts en stratégie de marque ont établi que l'héritage et l'authenticité sont des moteurs de la consommation de mode, et le storytelling autour du patrimoine de la marque apporte de la valeur ajoutée aux entreprises. Toutefois, l'ancienneté ne suffit pas à conférer un statut patrimonial à une marque. Il faut également mettre l'accent sur le contenu historique de l'identité de la marque.

Un style vestimentaire « patrimonial » se situe entre la célébration et l'appropriation culturelle. Nul ne verrait d'inconvénient à ce qu'un client chinois porte les carreaux typiquement britanniques de Burberry, un motif créé dans les années 1920. De même, il est acceptable pour un client occidental de porter une robe qipao moderne Shanghai Tang ou une veste Tang, bien que Shanghai et Hong Kong aient toutes deux adopté la convention de l'Unesco protégeant les pratiques culturelles, dont les détails de la fabrication du qipao de Shanghai et du cheongsam de Hong Kong.

Où se situe donc la limite entre l'appréciation et l'appropriation culturelles, et qui en décide ? Les spécialistes de la mode se demandent toujours pourquoi la plupart des Écossais tolèrent que le reste du monde porte un kilt, alors que porter une coiffe amérindienne à Coachella est toujours considéré comme offensant. Célébrer son propre patrimoine culturel est toujours acceptable. Apprécier celui d'autrui dépend du contexte, et la personne qui porte l'attribut vestimentaire doit respecter suffisamment la culture pour connaître la signification de certains vêtements et tissus. Certains articles seront toujours interdits, comme ceux qui ont une connotation religieuse, spirituelle ou historiquement sensible, ainsi qu'un symbolisme tribal.

Burberry, Fashion Week de Londres, 17 février 2020.

Néo-Victorien

≈ VIEUX CONTINENT, GUINDÉ
→ ÉQUESTRE, RURAL, BOHÈME, LA SAPE, ROMANTIQUE, FÉTICHISTE
+ STEAMPUNK, PRAIRIE, COTTAGECORE, LOLITA, GOTHIQUE

On ne peut comprendre le look néo-victorien sans connaître le style victorien qui doit son nom à la reine Victoria, qui règne de 1837 à sa mort en 1901. La période dite victorienne s'étend de 1820 à 1914 environ. Tandis que Charles Darwin élucide les mystères de l'évolution et que Charles Dickens connaît un succès d'édition sans précédent, les processus de fabrication de masse nés de la révolution industrielle rendent les vêtements plus abordables et plus variés. De nombreux fabricants de tissus voient le potentiel d'une classe moyenne de plus en plus riche et ouvrent les premiers grands magasins. Le tout premier est sans doute *Le Bon Marché*, fondé à Paris en 1838. *Harrods* ouvre ses portes à Londres en 1849 et *Marshall Field's*, à Chicago, en 1852, où un illustre partenaire, Harry Gordon Selfridge, fait ses premières armes dans le commerce de détail avant d'apporter le glamour des grands magasins américains à Londres, en 1909.

Alors que le moteur de la consommation se met en marche, la classe ouvrière se déplace en masse vers les villes, qui ne disposent pas encore de l'eau courante et d'un réseau d'égouts adéquat pour subvenir aux besoins de la population. La typhoïde, la tuberculose et le choléra font des ravages. Le *smog* dû aux centrales électriques alimentées au charbon noircit les maisons. Les citadins préfèrent porter des vêtements noirs sur lesquels la suie n'est pas visible.

En réaction au progrès industriel, la nostalgie du passé et le Romantisme (voir p. 263) se manifestent par un renouveau du médiévalisme et de ses idéaux de chevalerie et de vertu. Le designer textile William Morris s'inspire des motifs naturalistes des tapisseries médiévales et gothiques. Il appartient au groupe des préraphaélites, une « confrérie » de jeunes artistes et critiques d'art anglais qui s'opposent à la promotion rigide du maître de la Renaissance, Raphaël, par la très estimée Royal Academy. Les artistes fondateurs du groupe, Dante Gabriel Rossetti, William Holman Hunt et John Everett Millais, apportent un nouveau réalisme à la peinture, influencé

Joseph Abboud, collection homme automne/hiver 2016, Fashion Week de New York, 2 février 2016.

Néo-Victorien, suite.

par la légende du roi Arthur, les œuvres de Shakespeare et de Chaucer, et les épopées médiévales. Dans les tableaux des préraphaélites, les robes victoriennes sont souvent représentées avec les manches évasées, les décolletés carrés et les jupes fluides des robes médiévales.

Parallèlement, l'idée autotélique de « l'art pour l'art », dont la forme originale est attribuée au poète français du XIXe siècle Théophile Gautier, deviendra la maxime des Bohèmes (p. 217) à l'esprit libre. En rébellion contre les valeurs conservatrices de l'époque, les adeptes du Mouvement esthétique – parmi lesquels le poète irlandais Oscar Wilde – s'habillent pour choquer. Le manteau bronze et noir taillé sur mesure en forme de violoncelle qu'il porte lors d'un vernissage à la Grosvenor Gallery, à Londres, rappelle à certains égards le travail des Futuristes italiens (p. 33).

Toutes les représentations du style victorien n'ont pas la même signification. L'expansion coloniale de l'époque provoque des effusions de sang. Les Herero de Namibie subissent le premier grand génocide du XXe siècle, commis par des missionnaires allemands. Les victimes sont majoritairement féminines. Les femmes ont été forcées de porter des robes de style victorien. Pourtant, aujourd'hui, elles considèrent ces vêtements comme faisant partie intégrante de leur patrimoine et de leur identité. Ces robes aux couleurs vives et à l'élégance subversive peuvent nécessiter jusqu'à 10 m de tissu. La première robe faite main d'une jeune fille est un rite de passage vers la féminité. L'*ohorokova*, nom de la robe Herero, est complétée par un chapeau *otjikaiva* en forme de corne qui révèle l'importance du bétail en tant que symbole de statut social. (Nous reviendrons sur le passé colonial de l'Europe et son impact sur les styles. Voir La Sape, p. 240.)

Cependant, c'est le grand optimisme et l'ingéniosité de l'ère victorienne, avec ses avancées scientifiques et médicales, qui alimentent le look Néo-Victorien et le style rétrofuturiste du Steampunk (p. 42). Le néo-victorianisme prête également ses volants ouvertement féminins au style Lolita (p. 177), et ses racines dans la littérature gothique se retrouvent dans le style Gothique (p. 220).

Le style néo-victorien apparaît comme une sous-culture Hipster (p. 226) dans les années 2000 et il est représenté dans la culture populaire dans des films tels que *Sherlock Holmes* de Guy Ritchie (2009). Depuis, cette tendance récurrente sur les podiums a notamment inspiré le Cottagecore (p. 161). L'équitation ajoute des détails tels que des harnais en cuir et des bottes au style néo-victorien (voir Équestre, p. 70), et le look Fétichiste (p. 293) lui prête une touche BDSM.

La reine Victoria a elle-même lancé involontairement quelques tendances. Elle a choisi une robe blanche pour son mariage avec le prince Albert (ce choix audacieux pour l'époque est aujourd'hui de rigueur pour les mariées). Après la mort de son époux, elle a porté du noir tous les jours jusqu'à son décès 40 ans plus tard, établissant ainsi la norme pour les personnes endeuillées pour les décennies à venir.

COULEURS ET MOTIFS : noir, blanc, or, mauve, imprimés fleuris

TISSUS : coton, laine, soie, dentelle, twill, tweed, velours, satin, sergé

VÊTEMENTS ET ACCESSOIRES : culotte, pantalon, gilet, chemise, redingote, volants, corseterie, col carré, col montant, col ruffle, tournure, jupe longue, jupons, manches bouffantes

DÉTAILS : ceinture, haut-de-forme, boutons, col châle, éventail, gants, ombrelle, talons Louis XV, mules, bijoux contenant des mains imbriquées, des cœurs, des cordes et des nœuds, médaillons, perles, saphirs, rubis, résille, montre à gousset

Flapper

≈ JAZZ BABY, EDDY
→ RÉTRO, CAMP
+ ANDROGYNE, GARÇONNE, MODESTE

La *flapper* est immortalisée dans la culture populaire par l'image emblématique de la jeune fille aux cheveux coupés au carré, qui porte une robe à franges et danse le charleston, un cocktail dans une main et une cigarette dans l'autre. Toutefois, ce stéréotype qui se focalise sur l'apparence minimise l'influence significative qu'a eue la *flapper* sur le regard de la société vis-à-vis du genre, voire sur notre sens de la modernité.

On peut pardonner à la jeunesse des Années folles de vouloir s'amuser. La Première Guerre mondiale, qui a fait près de 20 millions de morts et 21 millions de blessés est suivie par l'épidémie de grippe espagnole de 1918-1919, qui tue environ 50 millions de personnes. C'est une période effrayante, aggravée par un caractère inhabituel de l'épidémie, à savoir un taux de mortalité élevé chez les jeunes et les personnes en bonne santé.

Les femmes avaient occupé les emplois des hommes pendant la guerre, prouvant ainsi que leur rôle ne se limitait pas seulement à celui de femmes au foyer. En août 1920, le 19e amendement à la Constitution américaine accorde le droit de vote aux femmes. Bien que le mouvement des suffragettes fût fort au Royaume-Uni, ce n'est qu'en 1928 que les hommes et les femmes se voient accorder pour la première fois l'égalité des droits de vote.

En arrière-plan, il y a le mouvement Art déco qui s'épanouit après la Première Guerre mondiale. Il fait souffler un vent de renouveau sur les arts décoratifs, tels que le mobilier, les textiles, la mode et la joaillerie, ainsi que la technologie (avec des inventions telles que la radio, l'aspirateur, l'automobile et le paquebot). C'est l'avènement d'une nouvelle ère de luxe, de consommation et de glamour qui, d'un point de vue esthétique, plonge ses racines dans les lignes abstraites et géométriques du cubisme et dans la palette de couleurs vives et impressionnistes du fauvisme, deux mouvements nés en France au début du siècle. Les voyages font découvrir les merveilles

Louise Brooks, vers 1926.

de l'Orient, ce qui donne naissance à ce que l'on appellerait aujourd'hui l'« orientalisme » colonial, tandis que la découverte du tombeau de Toutânkhamon, en 1922, suscite une fascination pour l'aventure dans le désert.

Les créations de Paul Poiret avaient fait tomber le corset en désuétude en 1908, mais l'effort de guerre lui porte le coup de grâce, car les femmes se mettent à porter des soutiens-gorge et de la lingerie déstructurée, afin de pouvoir travailler plus confortablement à l'usine. Les femmes veulent la liberté dont jouissent les hommes. Par défi, elles se coupent les cheveux ; certaines se bandent même la poitrine pour avoir une silhouette plus plate, à l'opposé de la courbe en « S » peu naturelle de l'époque édouardienne. Gabrielle « Coco » Chanel emprunte des détails à la mode masculine, popularisant le pantalon et le blazer droit. Le look Garçonne (p. 273) androgyne est

***Flapper*, suite.**

né. En 1925, les ourlets des jupes arrivent au genou. Ils n'ont jamais été aussi courts. (Au début de la période thinite en Égypte, vers 3150-2613 av. J.-C., les femmes de l'aristocratie portaient des robes qui descendaient jusqu'au sol, tandis que les hommes et les femmes plus modestes portaient de simples kilts qui descendaient jusqu'au genou ; il est intéressant de noter que les seins nus n'étaient pas rares dans l'Égypte ancienne pour les femmes. Voir Modeste, p. 284.)

Avec l'émancipation des femmes, l'évolution des normes de genre permet aux jeunes hommes d'exprimer également leur côté plus féminin. La *flapper* était une « Sheba » et son homologue masculin un « Sheik », qui doit son nom à la vedette du cinéma muet Rudolph Valentino, qui a joué dans *Le Cheik* (1921), film tiré du roman d'amour éponyme écrit par E.M. Hull. C'est ainsi que l'acteur immigré italien, de son nom complet Rodolfo Alfonso Raffaello Pierre Filibert Guglielmi di Valentina d'Antonguolla, popularise le look du *latin lover* élégant, aux cheveux gominés, les yeux soulignés d'eye-liner et le visage poudré. Valentino, véritable coqueluche, est un précurseur même si toute la société n'était pas prête à voir des hommes embrasser leur féminité (voir Camp, p. 275).

COULEURS ET MOTIFS : noir, argent, or, géométrique, pêche, gris tourterelle, mousse, acajou

TISSUS : soie, taffetas, satin, laine, jersey de coton, tricot, paillettes

VÊTEMENTS ET ACCESSOIRES : robe à taille basse, bibi, turban, gants

DÉTAILS : col en V, ourlet court, franges, perles, strass, plumes, foulards dans les cheveux

Futurisme

- ≈ FUTURISTE
- → MOD
- \+ AVANT-GARDE

Courrèges printemps/été 2022, Fashion Week de Paris, 29 septembre 2021.

D'un point de vue esthétique, le futurisme est né du mouvement artistique moderniste, qui voit le jour en 1908-1909, lorsque le poète et éditeur italien Filippo Tommaso Marinetti publie son *Manifeste du futurisme*. Le futurisme célébrait la vitesse, l'industrie, l'urbanisme et la technologie. L'automobile rugissante est jugée plus belle qu'une œuvre d'art du Louvre, et les artistes italiens qui animent le mouvement – parmi lesquels Umberto Boccioni, Carlo Carrà et Luigi Russolo – veulent s'affranchir du passé qu'ils considèrent comme englué dans le classicisme.

Le *Manifeste* glorifie la guerre comme moteur de changement, renonce aux musées, aux bibliothèques et aux académies, et est souvent cité comme antiféministe (bien que Marinetti ait précisé plus tard que son « mépris de la femme » faisait référence aux versions idéalisées de la « femme » en tant que femme au foyer, femme fatale ou muse). En réalité, le mouvement, en rupture avec la tradition, a accueilli des femmes artistes. Des peintres futuristes comme Benedetta Cappa, l'épouse de Marinetti, contribuent à ouvrir la voie au féminisme de la première vague. Les œuvres futuristes se distinguent par leur dynamisme et leur utilisation de la couleur, capturant l'essence de la vitesse d'une manière qui trouve ses racines dans les styles de peinture distillés par les post-impressionnistes et les cubistes.

Futurisme, suite.

Les futuristes n'étaient pas seulement des artistes et des agitateurs politiques ; ils voulaient révolutionner la gastronomie, le spectacle, l'architecture et la mode. Giacomo Balla décrit ce nouveau style dans son *Vêtement masculin futuriste : manifeste* (1914) : « Nous devons inventer des vêtements futuristes, des vêtements audacieux aux couleurs vives et aux lignes dynamiques. Ils doivent être simples et, surtout, ne durer que peu de temps afin d'encourager l'activité industrielle et de procurer à notre corps des plaisirs constants et inédits. Employer des couleurs musclées, violettissimes, rougissimes, bleuissimes, verdissimes, les jaunes intenses, l'orange, le vermillon – et des tons squelettiques blanc, gris et noir. Et il faut inventer des dessins dynamiques. La coupe doit intégrer des lignes dynamiques et asymétriques. »

L'invention de la combinaison, attribuée au styliste Ernesto Michahelles, dit Thayaht, constitue une évolution notable dans les vêtements. Conçue en 1920 pour être unisexe, utilitaire et peu coûteuse, cette combinaison tout-en-un était appelée *tuta*, de l'italien *tutta*, qui signifie « tout ».

La représentation visuelle du style futuriste, qui a suivi est apparue avec la transposition cinématographique du genre littéraire de la science-fiction. Le film muet *Metropolis* (1927), réalisé par l'expressionniste allemand Fritz Lang, montre des gratte-ciel et le robot humanoïde « Maria ». En 1936, *Les Mondes futurs*, adaptation cinématographique d'un roman de H.G. Wells, montre des silhouettes minimales, des ourlets courts, des épaules sculpturales, des cols ronds, de longues capes et des tissus blancs. *Flash Gordon* (1936) ajoute des touches métalliques, plus de chair visible, toujours des cols et des encolures rondes et des capes.

Le terme « futurologie » – l'étude des tendances actuelles pour prédire les scénarios futurs – est inventé par le professeur allemand Ossip K. Flechtheim dans les années 1940. Avec le modernisme du milieu du siècle et l'optimisme de l'ère atomique des années 1950, cette sensibilité vers l'avenir inspire les stylistes André Courrèges, Pierre Cardin et Paco Rabanne (voir aussi Mod, p. 228) pour créer leurs modèles de « l'ère spatiale », emblématiques des années 1960. La maison Paco Rabanne, célèbre pour la collection qui marque son entrée dans le monde de la couture, « Douze robes importables en matériaux contemporains » (1966), pousse le concept d'« importable » encore plus loin, en 2023, avec une collection de douze robes NFT conceptuelles (voir Digital Fashion, p. 54).

La course à l'espace inspire de nouveaux créateurs qui l'interprètent dans la silhouette trapèze libératrice (similaire à la ligne A, avec des épaules étroites, mais un ourlet plus large), des bottes à semelle plate à mi-mollet, des casques et des lunettes ressemblant à ceux des astronautes, des lunettes surdimensionnées, des tissus argentés réfléchissants, des combinaisons, des découpes et une palette de blanc chirurgical contrebalancée par des couleurs primaires audacieuses. Faisant écho au dynamisme des premiers futuristes, Courrèges et Cardin savent que les femmes ne se contentent plus de marcher ; elles courent, dansent, conduisent, et les vêtements ne doivent pas entraver leurs mouvements. La culture populaire reprend ces tendances à travers les costumes de séries télévisées, telles que *Star Trek* et *Perdus dans l'espace*.

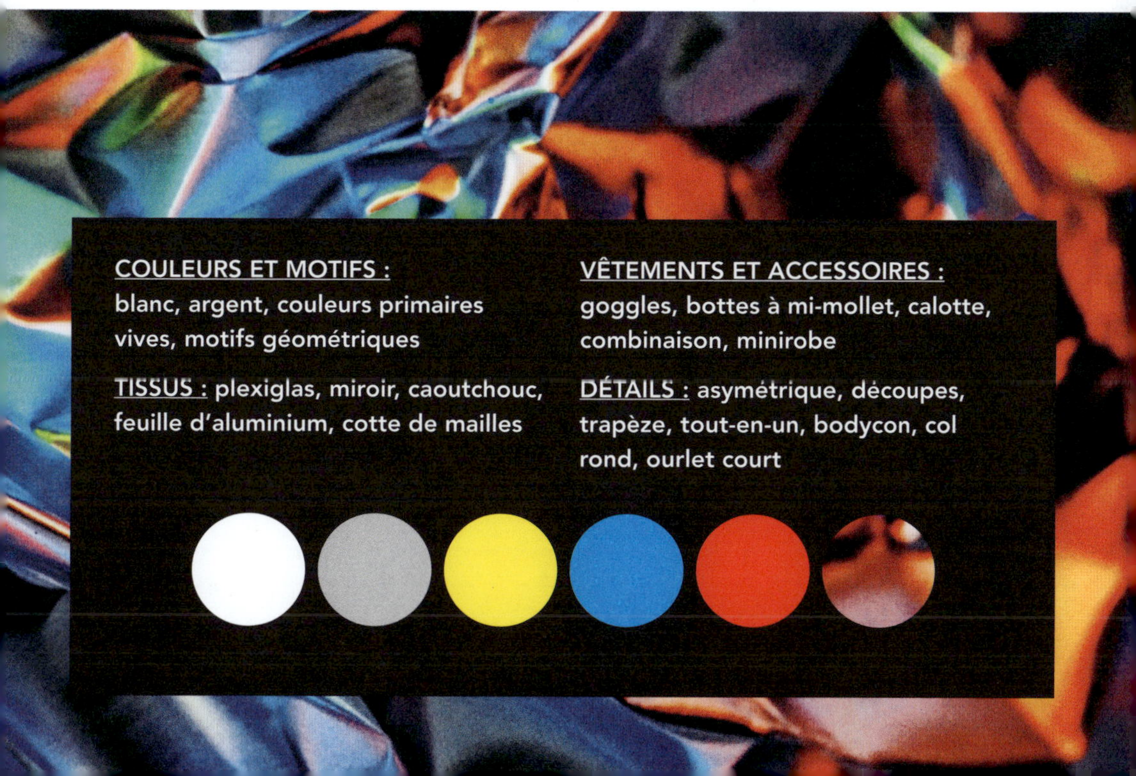

COULEURS ET MOTIFS :
blanc, argent, couleurs primaires vives, motifs géométriques

TISSUS : plexiglas, miroir, caoutchouc, feuille d'aluminium, cotte de mailles

VÊTEMENTS ET ACCESSOIRES :
goggles, bottes à mi-mollet, calotte, combinaison, minirobe

DÉTAILS : asymétrique, découpes, trapèze, tout-en-un, bodycon, col rond, ourlet court

Rétrofuturisme

≈ RÉTROFUTURISTE
→ RÉTRO, NÉO-VICTORIEN
+ CYBERPUNK, STEAMPUNK, DIESELPUNK, AFROFUTURISME

Les années 1970 sont marquées par le style exubérant du Glam Rock (p. 122) et le personnage de David Bowie, Ziggy Stardust, qui coche toutes les cases du costume futuriste : combinaison à rayures, bottes en plastique, épaules surdimensionnées et maquillage au symbolisme planétaire. Si Ziggy est tourné vers l'avenir, d'autres créateurs de l'époque révisent les visions passées du futur, donnant naissance au rétrofuturisme.

Du point de vue de la mode, le rétrofuturisme a plusieurs significations. Tout d'abord, il est immortalisé par l'idéologie « youthquake » des créations de l'ère spatiale des années 1960 qui nourrissent une vision optimiste de l'avenir vu du passé. Ensuite, il transpose les styles Rétro (p. 20), tels que les looks Néo-Victorien (p. 26) et Cow-boy (p. 79), à une autre époque située quelque part entre le passé, le présent et le futur, comme dans le sous-genre Steampunk (p. 42), ou la fusion Dieselpunk (p. 45) des uniformes de la Première et de la Seconde Guerre mondiale (voir Militaire, p. 91) et des moteurs à combustion interne vrombissants.

COULEURS ET MOTIFS : argent, noir, blanc

TISSUS : plastique, plexiglas, cotte de mailles, aluminium

VÊTEMENTS ET ACCESSOIRES : minijupe, bottes à hauteur de genou, combinaison

DÉTAILS : col Mao, détails sculpturaux

Jane Fonda dans le film *Barbarella*, 1968.

Cyberpunk

≈ MATRIX
→ STEAMPUNK, DIESELPUNK, DIGITAL FASHION, PUNK
+ MILITAIRE, RAVE, GOTHIQUE, FÉTICHISTE

Quelque part dans le paysage urbain teinté de néons d'une dystopie, nous rencontrons le cyberpunk. Ce genre littéraire émerge sous sa protoforme dans l'esprit d'écrivains de science-fiction appartenant à la New Wave, ou nouvelle vague, tels que Roger Zelazny, J.G. Ballard, Philip José Farmer et Harlan Ellison, et se cristallise dans les années 1980 dans le style que nous connaissons aujourd'hui. Le terme « cyberespace », qui signifie « technologie numérique interconnectée », est attribué à William Gibson dans sa nouvelle *Gravé sur Chrome* (1982), publiée deux ans avant son premier roman, *Neuromancien* (voir aussi Digital Fashion, p. 54).

Le thème récurrent du cyberpunk est une vision nihiliste de l'implosion d'une société capitaliste avancée, avec des thèmes tels que le crime, la drogue et le sexe, ainsi que le transhumanisme à travers la technologie, la robotique et l'intelligence artificielle. Il s'agit d'une esthétique « *high tech, low life* ».

Le cyberpunk est le premier des styles Rétrofuturistes (p. 36). Il est à l'origine des autres dérivés « punk », tels que le Steampunk (p. 42) et le Dieselpunk (p. 45). Reste à savoir s'il s'agit véritablement d'un style Rétro (p. 20). Il présente des similitudes avec les tropes très stylisés du film noir des années 1940 : le protagoniste solitaire luttant contre le crime, les décors urbains sombres et la fusion de la bravoure et du glamour.

Au fil des incarnations à l'écran, le cyberpunk rassemble des éléments de la tenue rétro des années 1940, 1980 et 1990. Il est fortement influencé par les films de science-fiction, notamment *Blade Runner* (1982), adapté du roman *Les androïdes rêvent-ils de moutons électriques ?* (1968) de Philip K. Dick. L'action se déroule dans une année 2019 imaginaire, à Los Angeles, où des réplicants humains sont conçus pour travailler dans des colonies spatiales. Dans les années 1980, on assiste à un retour à la taille cintrée et aux épaulettes du New Look de Dior, et le costumier de *Blade Runner*, Charles Knode,

Carrie-Anne Moss incarne Trinity dans le film *Matrix Reloaded*, 2003.

Cyberpunk, suite.

fait des références visuelles directes à cette silhouette pour la belle réplicante Rachael, interprétée par Sean Young. Le protagoniste, Rick Deckard (Harrison Ford), détective à la retraite devenu chasseur de réplicants, porte un grand trench-coat – vêtement classique des films noirs – assorti d'une chemise et d'une cravate à motifs graphiques pour ajouter un élément Futuriste (p. 33). Le chef des réplicants est vêtu d'un trench-coat en cuir noir qui descend jusqu'au sol et qui devient un élément vestimentaire récurrent.

L'emblématique film d'animation *Akira* (1988) du mangaka japonais Katsuhiro Otomo – qui se déroule également dans une année 2019 imaginaire – offre une version orientale du style. Son iconographie d'une métropole en décomposition fait écho à Tokyo ou à la citadelle de Kowloon, à Hong Kong, aujourd'hui démolie, qui était devenue un lieu de non-droit notoire dirigé par les triades. L'influence japonaise sur le cyberpunk est parfois interprétée comme un style Kawaii (p. 170). Un autre chef-d'œuvre de l'animation, *Ghost in the Shell* (1995), reprend la palette de couleurs en noir et chrome et renforce le thème de la culture du hacker et de la cybernétique, comme le film *Johnny Mnemonic* de la même année, basé sur une autre nouvelle de Gibson.

La question de savoir si le cyberpunk est véritablement « Punk » (p. 125) n'est pas tranchée. À l'époque de Shakespeare, le terme « punk » désignait une prostituée. Ensuite, il désigne un marginal ou un voyou. Le combattant du roman noir en rupture avec la société correspond vaguement à cette description. Depuis les années 1970, le terme « punk » évoque la rébellion de la contre-culture qui se matérialise dans les longs trench-coats en cuir de *Matrix* (1999), avec des éléments de techwear et ce que l'Internet aime appeler *warcore* : des détails d'inspiration Militaire (p. 91) hardcore, tels que des Rangers et des treillis, des boucles et des sangles. On retrouve aussi des éléments de récupération bricolés à l'aspect vieilli ; les textiles sont délibérément synthétiques et conçus pour choquer, associés à du latex et du PVC noirs et lisses qui reprennent des éléments du style Fétichiste (p. 293). Des créateurs contemporains, tels que Rick Owens, Gareth Pugh et Yohji Yamamoto, ont enrichi le récit.

Dans le cyberpunk, on retrouve aussi la sous-culture cybergoth, qui fusionne des éléments de Rave (p. 146) et de Gothique (p. 220). Les jeunes désœuvrés attendent l'apocalypse en dansant sur de la techno industrielle dans des tenues transparentes qui mettent leur corps en valeur et des boléros en fausse fourrure résolument an 2000. Les fausses dreadlocks, les tatouages de circuits imprimés, les têtes d'extraterrestres, les motifs d'égaliseur et les modifications corporelles, telles que les cornes et les piercings sous-cutanés, sont autant de signes de ce look. Il convient de noter que les cyberlocks artificiels peuvent offenser et constituer une appropriation culturelle, comme le constate le créateur américain Marc Jacobs après avoir coiffé ses mannequins (majoritairement blancs) de dreads aux couleurs de l'arc-en-ciel pour son défilé printemps/été 2017.

Tandis que nous fonçons vers le métaverse, le cyberpunk commence à ressembler davantage au présent qu'au futur.

COULEURS ET MOTIFS : noir, chrome, rose fluo, bleu fluo, violet fluo, jaune acide

TISSUS : cuir, PVC, résille, élasthanne

VÊTEMENTS ET ACCESSOIRES : trench-coat, Rangers, tricot déchiré, micro-lunettes de soleil sans monture

DÉTAILS : styles des années 1940, New Look, bodycon, boucles et sangles, bricolé et usé, robotique

Steampunk

≈ FUTURISME VICTORIEN, CLOCKPUNK, RÉTRO TECH
→ COW-BOY
+ NÉO-VICTORIEN, COSPLAY

Inspiré par des écrivains du XIXe siècle, tels que H.G. Wells et Jules Verne, et la technologie et les idées de l'époque (machines à vapeur, dirigeables, horlogerie, alchimie), le steampunk est le deuxième style rétrofuturiste dérivé à avoir été décrit. Le terme lui-même n'a été inventé qu'en 1987, prétendument par l'écrivain K.W. Jeter, auteur de *Morlock Night* (1979), dans une lettre au magazine de science-fiction *Locus* : « Personnellement, je pense que les fantaisies victoriennes vont avoir le vent en poupe, à condition que nous puissions trouver un terme collectif approprié pour [Tim] Powers, [James] Blaylock et moi-même, qui serait basé sur la technologie de l'époque, comme *steam-punks*, peut-être. » Ce style s'est manifesté bien plus tôt dans les mangas et les films d'animation japonais des années 1950, comme *Next World* (1951), écrit et illustré par Osamu Tezuka, et jusque dans les années 1970, comme dans *La Rose de Versailles* (1972), manga axé sur la gent féminine.

Vêtu dans le style édouardien ou Néo-Victorien (p. 26), ou à la manière d'un Dandy (p. 247), le scientifique élégant du steampunk semble en contradiction avec notre compréhension du Punk (p. 125). Pourtant, des éléments de l'esthétique bricolée de ce style peuvent être vus dans la célébration de l'ingéniosité du steampunk. Certains représentants sont engagés dans les combats politiques du punk, tels que l'anti-colonialisme, l'anti-impérialisme et la lutte des classes.

En tant que forme de fiction spéculative, le steampunk peut également être transposé dans le Far West (voir Cow-boy, p. 79) ou emprunter des éléments fantastiques. Le cinéma pille l'esthétique steampunk dans de nombreux films, de la reprise en 2002 de *La Machine à explorer le temps* (1960) de H.G. Wells, à *Wild Wild West* (1999), *Capitaine Sky et le monde de demain* (2004), *Sherlock Holmes* (2009) de Guy Ritchie et *Les Animaux fantastiques* (2016).

La mode a un faible pour le steampunk, avec sa juxtaposition de costumes aux coupes nettes, de corsets, de volumineuses jupes à

Défilé de la collection MGPIN de la Mao Geping Image Design Art School, lors de la Fashion Week chinoise Mercedes-Benz, à Pékin, 27 mars 2013.

Steampunk, suite.

tournure et de quincaillerie métallique sculpturale, sans oublier son penchant pour une abondance d'accessoires. En tant que tendance, elle reste latente pendant de longues périodes, en dehors de sa popularité dans le Cosplay (p. 158) et d'autres déguisements. Elle est apparue dans les défilés d'Ann Demeulemeester automne/hiver 2009, Dior automne/hiver 2010 et Prada homme automne/hiver 2012, entre autres, et c'est une référence permanente chez Alexander McQueen dans les robes, les manteaux et les pantalons en cuir structuré et en métal.

COULEURS ET MOTIFS :
marron, cuivre, gris, noir, beige, fauve, blanc, vert foncé, bordeaux

TISSUS : cuir, chanvre, jute, coton, lin, velours, dentelle

VÊTEMENTS ET ACCESSOIRES :
queue-de-pie, culotte, corset, jupe à tournure, costume et tailleur, gilet, chapeau haut-de-forme, chapeau melon, montre à gousset, goggles, parasol

DÉTAILS : chemises, brandebourgs, rouages, vis, tuyaux, bricolé et usé

Dieselpunk

≈ BIOSHOCK
→ RÉTRO
+ BIKER, COSPLAY

Les horreurs de la Seconde Guerre mondiale donnent naissance à des idées de futurs alternatifs terrifiants chez les auteurs de fiction spéculative, tels que Len Deighton et Philip K. Dick, dont les romans contre-factuels *SS-GB* (1978) et *Le Maître du haut château* (1962) envisagent les conséquences de la victoire des nazis. Ces œuvres protodieselpunk ont influencé les écrivains et cinéastes ultérieurs.

La littérature dieselpunk imagine un avenir dépendant des carburants fossiles, comme dans les *Mad Max*. Souvent post-apocalyptique, elle s'accompagne de la sémiotique d'un retour imaginaire aux racines de l'humanité dans des sociétés tribales aux vêtements en lambeaux, à la peau sale et aux tatouages de runes.

Avec le cyberpunk comme genèse, d'autres styles rétrofuturistes se propagent. Parmi eux, on trouve le biopunk (cyberpunk, mais utilisant la biotechnologie), le solarpunk (une vision optimiste de l'avenir basée sur les énergies renouvelables et la low tech), le lunarpunk (un futur écologique similaire avec des thèmes spatiaux, des planètes, des motifs fleuris sombres et de la sorcellerie), le medievalpunk (du Moyen Âge), le bronzepunk (de l'âge de bronze), le silkpunk (comme le steampunk, mais basé sur l'esthétique et la philosophie orientales) et l'atompunk (l'ère atomique des années 1950 fascinée par l'énergie nucléaire). Le genre du rétrofuturisme ne cesse d'évoluer.

De gauche à droite : Charlize Theron, Zoë Kravitz, Courtney Eaton, Riley Keough, Tom Hardy et Nicholas Hoult dans le film *Mad Max: Fury Road*, 2015.

COULEURS ET MOTIFS : noir, étain, gris acier, sable, rouge sang

TISSUS : cuir, coton, chanvre

VÊTEMENTS ET ACCESSOIRES : combinaison de vol, blouson d'aviateur, blouson de motard, salopette, lunettes de protection, masque à gaz, bibi, fédora

DÉTAILS : styles des années 1950, détails militaires

Afrofuturisme

≈ MOUVEMENT CULTUREL AFRODIASPORIQUE
→ FUTURISME, PUNK
+ CYBERPUNK, GLAM ROCK, FUNK

Les premières formes de Futurisme (p. 33) promettaient les étoiles, mais elles ne représentaient pas correctement la diaspora noire. Pour beaucoup, il y avait une métaphore plus profonde à trouver dans le récit de l'homme blanc envahissant des mondes inconnus et kidnappant des gens par le biais d'enlèvements par des extraterrestres.

Le mouvement afrofuturiste s'émancipe de la narration dominante des événements historiques, en présentant un avenir alternatif et optimiste d'une utopie noire, qui renoue avec l'héritage tribal perdu. Le terme « afrofuturisme » a été inventé en 1994 par le critique culturel et écrivain Mark Dery dans l'essai « Black to the Future », publié dans son livre *Flame Wars*. Il explique : « La notion d'afrofuturisme donne lieu à une antinomie troublante : une communauté dont le passé a été délibérément effacé, et dont l'énergie a ensuite été consommée par la recherche de traces lisibles de son histoire, peut-elle imaginer des futurs possibles ? »

Le mouvement culturel est né dans les années 1920 des écrits de science-fiction de W.E.B. Du Bois dans sa nouvelle « The Comet », en passant par Octavia E. Butler et le free jazz d'avant-garde des années 1950 et 1960. Des artistes tels que Sun Ra (qui prétendait venir de Saturne) et son Arkestra ont défini le genre avec leur album *Space Is the Place* (1972), ainsi que John Coltrane et l'artiste de blues Jimi Hendrix, qui était un fervent amateur de science-fiction.

L'obsession des années 1960 pour les thèmes futuristes se retrouve dans des séries télévisées telles que *Star Trek*, où Nichelle Nichols innove en jouant le rôle autoritaire du lieutenant Nyota Uhura, responsable des communications, et en partageant le premier baiser interracial à l'écran avec le capitaine Kirk en 1968. Malgré la controverse publique, Martin Luther King persuade Nichelle Nichols de rester dans la série, car le pasteur reconnaît l'importance pour le grand public de voir des Noirs astronautes, médecins et professeurs.

Dans les années 1970 et 1980, des artistes, tels que George

Lupita Nyong'o (à gauche) et Letitia Wright dans le film *Black Panther*, 2018.

Clinton et Bootsy Collins (tous deux membres de Parliament-Funkadelic) et Prince, marquent le futurisme dans le Funk (p. 137), et Grace Jones ajoute un côté « glam punk » New Wave (voir Glam Rock, p. 122, et Punk, p. 125). Au cours de sa prolifique carrière, l'artiste Jean-Michel Basquiat exprime des thèmes afrofuturistes de têtes abstraites ressemblant à des robots ou à des masques africains. Dans les années 1990, le duo Outkast (voir Hip-hop, p. 142) et la star du R&B Erykah Badu perpétuent le look. Des artistes tels que Janelle Monáe, Kendrick Lamar, Thundercat, Childish Gambino et Solange Knowles reprennent le flambeau de l'afrofuturisme.

Le look afrofuturiste fusionne des motifs futuristes, tels que la technologie et les matériaux durables, avec l'artisanat et le mysticisme africains.

Afrofuturisme, suite.

Dans la culture populaire contemporaine, le look apparaît dans l'armure Cyberpunk (p. 38) de la trilogie de chasseurs de vampires *Blade*, avec Wesley Snipes, et notamment dans le film *Black Panther* (2018), avec des costumes de Ruth E. Carter, qui remporte l'Oscar de la meilleure création de costumes. Carter incorpore à ses looks des éléments provenant de peuples africains, notamment les anneaux de cou des Ndebele d'Afrique du Sud, le tissu inspiré des scarifications des femmes Nouba et des Dinka du Soudan, et le tissu rouge des Maasaï du Kenya.

Sur les podiums, la créatrice britannique Priya Ahluwalia, d'origine indienne et nigériane, le blog de streetwear et label de mode Daily Paper et de nombreux autres créateurs et musiciens noirs perpétuent ce style rétrofuturiste.

COULEURS ET MOTIFS : or, argent, rouge, bleu, orange, vert vif, jaune, imprimés d'animaux, imprimé Ankara, imprimé isi-agu (tête de lion)

TISSUS : cuir, coton, velours, kente, aso-oke, ukara, adire, *bogolan*, bois

VÊTEMENTS ET ACCESSOIRES : cape, pattes d'éléphant, combinaison, vêtements techniques, armure, tunique dashiki/kitenge, coiffe isicholo

DÉTAILS : étoiles et lunes, perles, paillettes, détails d'armure, visière, bois, colliers, bracelets de cheville, égyptologie

CHEVEUX : bantu knots, tresses Fulani, brosse

E-boy & E-girl

≈ ELECTRONIC BOY, ELECTRONIC GIRL, ELECTRONIC EMO
→ COSPLAY, DECORA, ACADEMIA, PREPPY
+ EMO, GRUNGE, KAWAII, GOTHIQUE, SKATE

L'e-boy et l'e-girl sont des *digital natives* de la Gen-Z qui vivent leur vie en ligne, souvent des gamers actifs sur les plateformes de streaming Twitch ou Discord. Apparu vers 2018 sur TikTok, ce style emprunte beaucoup aux looks antérieurs. Le melting-pot de styles alimenté par Internet fusionne la tristesse de l'Emo (p. 129) avec la palette du Gothique (p. 220), l'angoisse du Grunge (p. 134), la philosophie contre-culturelle du Skate (p. 231), la provocation du BDSM (voir Fétichiste, p. 293), l'uniforme scolaire et l'intellectualisme de l'Academia (p. 188), l'innocence du Kawaii (p. 170), l'éclectisme et l'expression personnelle du Decora (p. 173) en y ajoutant des éléments cartoonesques du Cosplay (p. 158) et la beauté *gender-fluid* de la K-pop.

Comme souvent pour qualifier les sous-cultures, « e-girl » était à l'origine un terme péjoratif utilisé à l'encontre des femmes qui se lançaient dans les jeux vidéo. Il décrit désormais une fille séduisante, au look alternatif, présente en ligne. La perception de l'e-girl comme une sirène utilisant son apparence pour attirer l'attention et/ou gagner de l'argent découle en partie de l'engouement pour la pose hyper-sexualisée de l'*ahegao*, couramment observée dans le *hentai* (porno animé japonais) : yeux révulsés par l'extase, visage rougi, cœurs dans les yeux, bouche ouverte, langue tirée. L'e-girl porte également des robes de poupée semblables à celles du style Lolita (p. 177). Comme la plupart des tendances de la génération Z – nourrie de mèmes –, ce look est empreint d'une ironie sous-jacente. Il plonge ses racines dans le look original de la Tumblr Girl du milieu des années 2000, où les filles publiaient des photos planifiées, mais candides d'elles-mêmes « au réveil », le visage maquillé et des cheveux savamment ébouriffés.

Les termes « e-boy » et « e-girl » sont *gender-fluid*. Le maquillage joue un rôle important dans le look, faisant souvent référence aux couleurs des dessins animés japonais. L'e-boy se caractérise par ses

E-boy & E-girl, suite.

cheveux détachés, l'utilisation de fard à joues et de vernis à ongles noir – des éléments *soft boy* utilisés par l'acteur Timothée Chalamet et le musicien Yungblud. Une soft girl ou un soft boy se délecte de son statut de bêta, préférant l'intellect aux muscles (voir aussi Academia, p. 188, et Preppy, p. 191), et a souvent une prédilection pour les couleurs pastel. Certains adeptes du look se concentrent sur la santé mentale et la toxicomanie, ainsi que sur un sentiment de malaise, se qualifiant eux-mêmes de *sadboys* et de *sadgirls*.

Le look est apparu sur les podiums avec le créateur Hedi Slimane lors du défilé Celine homme printemps/été 2021 : pantalon de costume, jupe plissée, chemise en flanelle, chaînes en argent, *beanie*

Yungblud se produit au *Tabernacle* d'Atlanta, le 28 janvier 2022.

Digital Fashion

≈ AVATARS, WEB 3.0, STYLE MÉTAVERSE
→ AFROFUTURISME
+ FUTURISME, CYBERPUNK, STEAMPUNK

À l'avenir, l'être humain passera de plus en plus de temps dans une réalité augmentée, virtuelle et fusionnée. En 1992, dans son influent roman Cyberpunk (p. 38) *Le Samouraï virtuel*, l'écrivain Neal Stephenson invente le terme « métaverse » pour décrire « un monde au-delà de celui dans lequel nous vivons ». Le livre fait le lien entre *Neuromancien* (1984) de William Gibson et le roman *Player One* (2011) d'Ernest Cline, adapté en 2018 au cinéma par Steven Spielberg dans *Ready Player One*.

Pour simplifier, le métaverse est l'Internet en trois dimensions avec des environnements numériques de plus en plus immersifs, soutenus par des technologies telles que des casques, des oreillettes et des gants à détection de mouvement qui permettent d'utiliser des gestes naturels pour naviguer dans l'espace. À ses débuts dans les années 2020, le métaverse apparaît comme une collection fragmentée de mondes distincts, parmi lesquels Decentraland, Roblox, Sandbox et Bloktopia. La plupart de ces mondes – où l'on peut acheter et vendre des terrains virtuels, échanger des NFT (jetons non fongibles) et interagir socialement avec d'autres utilisateurs – sont alimentés par une blockchain spécifique, telle que la blockchain décentralisée et *open source* Ethereum. L'Ether est sa cryptomonnaie native, comme le bitcoin mais les métadonnées de sa blockchain enregistrent également qui détient et échange l'actif numérique. Elles fournissent une preuve irréfutable de la provenance et peuvent être attachées à des actifs tangibles et intangibles. Ces « contrats intelligents » sont automatisés, auto-exécutoires et irréversibles.

Dans cette existence parallèle générée par ordinateur, nous continuons à porter des vêtements, ce qui offre aux marques des possibilités infinies de commercialiser leurs produits. En 2021, Nike, en avance sur son temps, a acquis le studio américain spécialisé dans la création de sneakers virtuelles et d'objets à collectionner RTFKT (prononcer « artefact ») pour un montant qui, selon les rumeurs,

Leomie Anderson portant l'accessoire de l'Institute of Digital Fashion sur le tapis rouge des Fashion Awards, au *Royal Albert Hall*, à Londres, le 29 novembre 2021.

Digital Fashion, suite.

avoisinerait le milliard de dollars. La même année, Facebook se rebaptise Meta, affirmant ses intentions tridimensionnelles, et la multinationale américaine d'investissement Morgan Stanley prédit que le métaverse et les NFT représenteront 10 % du marché des produits de luxe d'ici 2030, soit 50 milliards de dollars.

Les vêtements de la digital fashion sont souvent vendus comme des NFT. Tandis que les jetons fongibles sont divisibles et non uniques (un dollar à Washington vaut autant qu'un dollar à Londres, et un bitcoin est le même partout), les jetons non fongibles sont uniques. Vous pourriez échanger un sac Birkin contre un autre Birkin, mais il ne s'agira pas du même sac d'Hermès. L'objet numérique peut être « porté » au sein d'une plateforme métaverse spécifique, ou prendre vie grâce à la réalité augmentée et projeter son image dans votre espace à l'aide d'un smartphone. Certains NFT s'accompagnent d'une version réelle et d'une version numérique du vêtement, ainsi que d'un accès à des expériences exclusives pour les clients – le *nec plus ultra* de la fidélisation.

En 2022, la musicienne Grimes clôture la première Metaverse Fashion Week lors d'un défilé sur la plateforme Decentraland, vêtue d'un body CGI conçu par la maison de « luxe » numérique Auroboros. Selon les créateurs, le body a été inspiré par Mystique, le personnage métamorphe des *X-Men*, et par les costumes futuristes de Ruth E. Carter pour *Black Panther* (2018 ; voir Afrofuturisme, p. 48), qui ont été récompensés aux Oscars.

La digital fashion peut également être portée à l'aide de lentilles de réalité augmentée sur les réseaux sociaux ce qui en fait une solution prometteuse pour combler leur appétit insatiable pour de nouveaux contenus, d'une part, et pour pallier le problème de la *fast fashion* jetable, d'autre part. Lors des Fashion Awards, à Londres, en 2021, l'Institute of Digital Fashion invite le public sur le tapis rouge pour essayer, par le biais de la réalité augmentée, un accessoire numérique ressemblant à un harnais de plumes métalliques, conçu pour inclure tous les corps (et les handicaps éventuels) et tous les genres. Cet accessoire a ensuite été mis en vente sur la plateforme de digital fashion The Dematerialised, où il a été épuisé au bout de 24 minutes.

Les marques font de plus en plus appel à des influenceurs virtuels dans leurs communications marketing. Miquela Sousa, « robot » CGI hispano-brésilien de 19 ans qui « vit » à Los Angeles, pose pour des marques telles que Prada et Calvin Klein. En réalité, Miquela Sousa n'est ni un robot ni dotée d'une intelligence artificielle (IA). C'est simplement une marionnette numérique gérée par une équipe marketing de la société Brud. Prada a également dévoilé son propre porte-parole numérique, Candy, dans une campagne de parfum. Les humains virtuels alimentés par l'IA vont se généraliser et remplaceront les *chatbots* des services clientèle. Shudu, proclamée « premier mannequin numérique du monde » par son créateur, Cameron-James Wilson, ne peut porter que des vêtements conçus en 3D ou générés grâce à une image composite d'un modèle humain photographié en tant que « muse » portant le look, superposée à l'image de Shudu créée par Wilson.

Le gamer hardcore habite un espace virtuel depuis des années. Il est habitué à acheter des *skins*, accessoires cosmétiques qui personnalisent l'apparence d'un personnage. Les collaborations entre les marques de mode et les créateurs de jeux vidéo commencent en 2012 avec *Final Fantasy* × Prada ; en 2015, il y a un moment de pop culture avec *Super Mario* × Moschino, suivi en 2020 par les collaborations d'*Animal Crossing* avec une foule de marques, de Net-A-Porter à Valentino, et la collaboration *Fortnite* × Balenciaga de l'automne/hiver 2021. Les marques désireuses de s'engager au niveau du marketing expérientiel avec la Gen-Z développent des *advergames* : des jeux autonomes conçus pour faire la publicité d'un produit ou d'une collection. Le jeu *Afterworld: The Age of Tomorrow* de Balenciaga, par exemple, a été utilisé pour promouvoir la collection automne/hiver 2021.

Dans les espaces virtuels, il n'est pas rare que les gens conçoivent leur avatar afin qu'il ressemble à leur forme réelle (phénomène connu sous le nom d'« effet Proteus »). Certains créent une version similaire, mais « améliorée » d'eux-mêmes, tandis que d'autres se détachent complètement du monde réel et s'identifient à un extraterrestre ou à une créature mythique. Cela ouvre des possibilités passionnantes pour les créateurs de mode.

Sites de digital fashion et places de marché NFT :

The Dematerialised, www.thedematerialised.com
The Fabricant, www.thefabricant.com
OpenSea, www.opensea.io
Known Origin, www.knownorigin.io
RTFKT, www.rtfkt.com

2. Utilitaire

Se vêtir est une nécessité physiologique fondamentale pour les êtres humains. Avec notre chair fragile, nous sommes mal équipés, par rapport à d'autres mammifères, pour faire face aux températures extrêmes et aux éléments. Dans cette partie, nous examinerons les styles qui ont évolué à partir du besoin de se protéger, de se déplacer et de se battre.

Les vêtements militaires associent la fonctionnalité nécessaire à l'effort physique à l'apparat du grade. La guerre est passée du combat au corps à corps à l'utilisation d'armes à longue portée, ce qui a entraîné la nécessité du camouflage. L'armée continue à exercer une influence durable sur la mode qui revient invariablement d'année en année.

Pendant cinq mille ans, le cheval a été le mode de transport le plus rapide, le fidèle allié en temps de guerre et de paix, jusqu'à ce qu'il y a un peu plus de cent ans, l'humble puissance des équidés soit usurpée par le moteur à combustion interne. Aujourd'hui, notre histoire commune est toujours visible dans les détails des vestes de costume. Les fabricants de harnais et de sellerie en cuir solide et souple, tels que Hermès et Gucci, ont élargi leur gamme pour devenir des fournisseurs d'accessoires de luxe, avant de se lancer dans le prêt-à-porter.

Le cow-boy qui se sert du cheval pour rassembler le bétail a marqué durablement l'image du Far West, telle la marque laissée par le fer rouge sur le taureau. Avec lui est apparu l'esprit de la vie quotidienne dans la prairie. Plus au sud, le mode de vie des éleveurs de bétail est reflété par les gauchos et leurs textiles tissés influencés par le design espagnol.

Les humains aiment aller vite, que ce soit sur la route, en mer ou dans les airs. Si, dans les années 1920 et 1930, les motos étaient réservées aux gentlemen, dans les années 1950, elles sont devenues accessibles aux vétérans de la Seconde Guerre mondiale et aux rebelles, qu'ils aient ou non une cause à défendre. Le cuir noir de la culture biker est entré en collision avec le Rock & Roll (p. 110) et ne l'a plus jamais quitté.

Plus récemment, le sport, les matières techniques synthétiques et la décontraction croissante de la garde-robe ont favorisé l'émergence de l'athleisure comme norme, de la rue aux podiums. Le citadin vante les mérites d'un équipement digne d'une expédition, même s'il ne fait que se rendre à l'épicerie du coin. Le style utilitaire privilégie généralement la fonction à la forme, et nous pouvons lui en être reconnaissants. Habillez-vous en adéquation avec l'environnement et vous ne serez jamais trop habillé.

Athleisure

≈ ACTIVEWEAR, CASUAL, LOUNGEWEAR
→ POLO
+ HIP-HOP, NORMCORE

Selon l'histoire apocryphe de l'athleisure, l'homme d'affaires canadien Chip Wilson, qui a créé Lululemon en 1998, a fait du port du legging, du tapis de yoga au brunch, en passant par la salle de réunion et le bar, une tendance mondiale. Bien que Wilson ait apporté une contribution significative à l'« athleisure » (mot formé à partir de *athletic* et *leisure* qui signifie porter des vêtements destinés à l'activité physique dans la vie quotidienne), le style existe au moins depuis les joueurs de tennis et de Polo (p. 76) des années 1920. Cela dit, la tendance s'est considérablement développée depuis l'invention des tissus techniques tels que l'élasthanne (ou Lycra) dans les années 1950, et les innovations ultérieures telles que le polyester Dri-Fit, qui évacue l'humidité, et le tissage 3D.

L'athleisure est né sur la piste d'athlétisme et a grandi dans la rue. Le survêtement, d'abord porté par les sportifs pour s'échauffer avant et après l'entraînement dans les années 1930, est devenu tendance loin du stade dans les années 1970. Lorsque la scène Hip-hop (p. 142) a fait son apparition dans les années 1980, Run-DMC a fait du survêtement à trois bandes, la signature d'Adidas, un look emblématique. Dans les années 1980 et 1990, le survêtement est devenu un emblème de la contre-culture porté par la jeunesse désœuvrée du monde entier. Cette population s'est vue qualifiée de divers termes péjoratifs, dont *chav* au Royaume-Uni, où elle était associée au hooliganisme des stades de football, « racaille » dans les banlieues françaises, et *gopnik* en Russie, en Ukraine et au Bélarus, sous l'influence des uniformes Adidas portés par l'équipe soviétique aux Jeux olympiques de Moscou en 1980, ainsi que par l'équipe de foot du Spartak Moscou pour la saison 1980-1981. Certains des créateurs de mode les plus en vue du XXIe siècle, dont le Russe Gosha Rubchinskiy et le Géorgien Demna Gvasalia (d'abord en tant que fondateur de Vetements, en 2014, avec son frère Guram, puis en tant que directeur artistique de Balenciaga, à partir de 2015), se réfèrent à

Le groupe de hip-hop américain Run-DMC, vers 1985.

cette esthétique de la jeunesse de l'après-guerre froide.

Comme on pouvait s'y attendre, les marques de mode américaines ont été le fer de lance de la révolution *casual*, parmi lesquelles Original Penguin (créée en 1955), Nike (1964), Calvin Klein (1968), Perry Ellis (1976) et Tommy Hilfiger (1985). L'athleisure a fait son apparition sur les podiums vers 2010, lorsqu'Alexander Wang l'a interprété en reprenant les codes esthétiques du football américain. Sa collaboration avec H&M en 2014 a été un succès, de San Francisco à Shanghai. Le créateur a avoué porter du sportswear, bien qu'il ne soit pas sportif. Virgil Abloh (fondateur d'Off-White en 2012), qui a été le premier directeur artistique afro-américain de Louis Vuitton, de 2018 jusqu'à son décès en 2021, a démocratisé ce qui pouvait être perçu comme du luxe mêlé à du streetwear. La maison avait déjà fait des incursions dans l'athleisure sous la direction de Nicolas Ghesquière, qui, en 2016, s'était fait l'écho du sentiment selon lequel nous vivons désormais tous dans nos vêtements de sport.

Plusieurs musiciens ont bâti des empires d'athleisure grâce à des collaborations avec de grandes enseignes de vêtements de sport. Parmi eux, Kanye West se distingue avec sa franchise Yeezy, qui a

Athleisure, suite.

d'abord collaboré avec Nike (2009-2014), puis avec Adidas (2015), et plus tard avec Demna Gvasalia et l'enseigne américaine Normcore (p. 199) Gap, en 2022. La marque Ivy Park de Beyoncé a été lancée avec Topshop en 2015 et relancée avec Adidas au début de 2020. Le partenariat de Fenty, la marque de Rihanna, avec Puma, qui a duré de 2016 à 2018, a été bien accueilli par la critique, et la femme d'affaires désormais milliardaire vend des leggings et des vêtements d'intérieur par l'intermédiaire de sa marque Savage × Fenty.

Pendant la pandémie de Covid-19, la nourriture réconfortante et l'habillement confortable ont donné un coup de pouce supplémentaire à l'athleisure, l'établissant fermement comme un style durable. Malgré la méfiance notoire de Karl Lagerfeld à l'égard des survêtements – qu'il considérait comme un signe de défaite –, les leggings et les shorts cyclistes ont reçu la bénédiction de Chanel lors du défilé prêt-à-porter printemps/été 2019, avant-dernier défilé du créateur pour la maison avant son décès. Les ceintures élastiques n'ont jamais été aussi belles.

COULEURS ET MOTIFS : couleurs primaires, noir, blanc, rayures

TISSUS : élasthanne, nylon, polyester, jersey, velours

VÊTEMENTS ET ACCESSOIRES : leggings, baskets, crop top, survêtement, brassière de sport, short cycliste, casquette de baseball

DÉTAILS : fermetures à glissière, boutons-pressions, capuche, poches

Aviateur

≈ AIR FORCE, PILOTE
→ FUTURISME, BIKER, PREPPY, VARSITY
+ COMBAT, HIP-HOP

Au début de l'aviation, après la première tentative réussie d'Orville et Wilbur Wright en 1903, les aviateurs se déplaçaient beaucoup plus lentement que l'automobile de l'époque, avec une vitesse inférieure à 65 km/h et une altitude ne dépassant pas 2 000 mètres. Le manteau en tweed, l'écharpe et la casquette offraient une protection suffisante au gentleman. Lorsque l'ingénieur et inventeur français Louis Blériot traverse la Manche en 37 minutes, en juillet 1909, il porte un costume en tweed, une combinaison en coton bleu, une veste kaki doublée de laine, des bottes doublées de peau de mouton, des lunettes de protection et un chapeau à rabat sur les oreilles. Avec l'augmentation du nombre de pilotes, des magasins tels que *Burberry's* et *Dunhill's* se sont mis à produire des articles spécialisés, notamment des pardessus en cuir, des gants et des combinaisons en twill doublées de molleton. Une écharpe de soie blanche évitait les courants d'air dans le cou, faisait office de protection contre la poussière ou les fumées, et servait de chiffon pour nettoyer les lunettes et les instruments. La couleur pâle est fonctionnelle : le pilote peut ainsi voir où le tissu a été utilisé et éviter d'étaler la saleté.

À mesure que les avions s'élèvent à plus de 6 000 mètres (20 000 pieds) d'altitude et que la vitesse augmente, les pilotes se retrouvent à la merci du froid et du vent dans leur cockpit ouvert. La combinaison de vol d'une seule pièce s'impose pendant la Première Guerre mondiale, au cours de l'hiver 1916, quand Sidney Cotton, pilote du Royal Naval Air Service (précurseur de la Royal Air Force, créée en 1918), a dû grimper dans son avion, à peine les réparations terminées, vêtu d'une combinaison tachée de graisse. À l'atterrissage, il constate que ses collègues pilotes grelottent, tandis que lui ne ressent pas le froid. Il demande alors au magasin de vêtements londonien Robinson & Cleaver de lui confectionner une combinaison à double boutonnage et à trois couches : une couche extérieure en tissu Burberry, une couche intermédiaire en soie coupe-vent, et une

doublure et un col en fourrure ; ce costume est déposé sous le nom de « Sidcot Suit » en l'honneur de son inventeur. La combinaison, dont la fabrication est lancée en 1917 avec quelques modifications, reste l'uniforme des pilotes alliés jusqu'à la Seconde Guerre mondiale, quand les cockpits sont fermés et les cabines chauffées. La pièce de poitrine enveloppante et de biais reste une caractéristique des blousons d'aviateur qui a inspiré les premiers modèles de blousons de moto dans les années 1920 (voir Biker, p. 67).

La première combinaison de vol sert de prototype à la tenue du parachutiste, et cette forme moderne, ainsi que le Futurisme (p. 33), inspire des créateurs de mode comme Elsa Schiaparelli dans les années 1930.

Le blouson aviateur classique doublé de mouton a été imaginé en 1926 par l'Américain Leslie Irvin, aviateur, cascadeur et inventeur de la poignée d'ouverture du parachute, qui s'installe au Royaume-Uni et fournit la RAF pendant la majeure partie de la Seconde Guerre mondiale. La veste est dotée d'une fermeture à glissière verticale sur le devant, d'une poitrine enveloppante et de fermetures à glissière sur les manches pour permettre le port de gants. Il y a souvent confusion entre cette veste et le bombardier, qui découle d'un modèle porté dans l'US Army Air Corps. Lancé la même année que la veste Irvin, il s'agit d'une veste d'aviation d'été en cuir de cheval, doublée de coton, dotée de grandes poches cargo, de poignets et d'une ceinture en laine tricotée. Alors que la veste A-1 se boutonne sur le devant, la veste A-2 (1931) se ferme à l'aide d'une fermeture éclair. Un modèle similaire de veste de vol avec un col en fourrure, le M-422, est mis au point par la marine américaine dans les années 1930 et devient la veste G-1 des aviateurs de la marine américaine pendant la Seconde Guerre mondiale. Elle a été popularisée par Tom Cruise dans le film *Top Gun* (1986) et reste l'équipement standard des pilotes de la marine américaine en service actif. Les pilotes décoraient leur veste de broderies et d'écussons détaillant les missions qu'ils avaient accomplies.

En 1943, l'armée de l'air américaine décide que le cuir est un luxe et lance la veste de vol en coton vert sauge B-10 (toujours avec un col en fourrure). Avec l'avènement de l'ère des avions à réaction dans les années 1950, les cockpits sont de plus en plus climatisés, de sorte que la veste épaisse n'est plus indispensable. La veste MA-1 est en nylon avec un col en tricot plus sobre et une doublure orange

Burberry Prorsum automne/hiver 2010 femme, pendant la Fashion Week de Londres, au Parade Ground, Chelsea College of Art, Londres, 23 février 2010.

Aviateur, suite.

réversible en cas d'urgence. Ce style de bombardier a été l'un des premiers à passer de l'usage militaire à l'usage civil général, et son motif utilitaire continue d'inspirer les créateurs de mode et de costumes. Il constitue également la base du blouson letterman (voir Varsity, p. 193) et rappellera à certains le blouson Harrington (voir Preppy, p. 191).

Avant la Seconde Guerre mondiale, les parachutes étaient fabriqués en soie (principalement importée du Japon), mais, après les essais réussis de la pilote, cascadeuse et parachutiste Adeline Gray, en 1942, le nylon a été utilisé. Des nuages de soie ou de nylon froncés par des cordons apparaissent dans de nombreux défilés, notamment ceux de John Galliano pour Dior Couture automne/hiver 1999, Brioni, Jil Sander et Z Zegna pour le printemps/été 2016, Thierry Mugler pour le prêt-à-porter printemps/été 2019 et Holzweiler pour le printemps/été 2023. Les détails inspirés du parachute, tels que les pantalons amples, les tailles à cordon et les poignets noués, prennent une tournure Combat (p. 95) ou Hip-hop (p. 142) dans le streetwear.

COULEURS ET MOTIFS :
bleu #00308F RAF, Commonwealth Air Force et US Air Force, vert sauge, châtain, camel, blanc

TISSUS : cuir, peau de mouton, soie, nylon

VÊTEMENTS ET ACCESSOIRES :
combinaison, survêtement, blouson d'aviateur, bombardier, Rangers, montre-bracelet, goggles, casque, lunettes d'aviateur, écharpe blanche

DÉTAILS : corde de parachute, grandes poches, écussons

Biker

≈ MOTARD
→ AVIATEUR, ÉQUESTRE, ROCKABILLY, DISCO
+ ROCK & ROLL, PUNK, INDIE, GRUNGE

La clé de voûte du look biker est le blouson de moto, un classique. Cette forme emblématique a été conçue et fabriquée en 1928 par les frères Irving et Jack Schott, fils d'immigrants russes vivant dans le Lower East Side de Manhattan, à New York. Ils se sont inspirés des blousons d'aviation de la Première Guerre mondiale (voir Aviateur, p. 63). Le modèle présente le même rabat enveloppant au niveau de la poitrine et la même fermeture éclair en diagonale. C'est la première veste civile dotée de cette fermeture moderne. La veste, baptisée « Perfecto » d'après la marque de cigares préférée d'Irving, était vendue pour la modique somme de 5,50 dollars chez un distributeur Harley-Davidson. La marque de motos, créée en 1903, était déjà célèbre à l'époque, et ses engins étaient capables de rouler à plus de 160 km/h.

C'est Marlon Brando dans *L'Équipée sauvage* (1953) qui fait connaître le blouson Schott au grand public. James Dean, passionné de vitesse et pilote de course en herbe, est photographié portant un blouson Schott peu avant sa mort tragique dans un accident de la route en 1955. Au milieu du siècle dernier, la sous-culture américaine des blousons noirs exprimait un esprit d'adolescent éternellement rebelle avec un mélange de graisse pour moteur et de cheveux gominés. Le look Rock & Roll (p. 110) et Rockabilly (p. 113) est immortalisé à l'écran dans le film *Grease* (1978), où Olivia Newton-John confirme sa transformation en « Bad Sandy » en portant un blouson de motard noir brillant, un pantalon Disco (p. 139) moulant et en fumant une cigarette.

Le cuir résistant de la veste Schott offre aux motards une bonne protection en cas de chute. Comme il était moins pratique dans le climat pluvieux du Royaume-Uni, deux marques concurrentes y prennent la relève. Barbour, spécialisé dans la chasse et la pêche, fondé par John Barbour en 1894, et populaire auprès des aristos, se diversifie dans les blousons de moto dans les années 1930. En 1924, à Stoke-on-Trent, dans le Staffordshire, Eli Belovitch et son gendre

Biker, suite.

Marlon Brando dans le film *L'Équipée sauvage*, 1953.

Harry Grosberg fondent Belstaff et fabriquent des vestes en coton ciré imperméable et respirant. Lancé en 1948, le modèle Trialmaster, avec ses quatre poches utilitaires et sa taille ceinturée, existe toujours. Le blouson devient instantanément un classique et a été porté par des légendes telles que le révolutionnaire argentin Che Guevara et le « King of Cool » Steve McQueen dans le film de guerre *La Grande Évasion* (1963). L'acteur était un passionné de moto et a participé à de nombreuses courses de motos. On lui attribue une collection de 210 motos, 55 voitures et 5 avions. Il possédait également des vestes Barbour, et les deux marques revendiquent l'héritage de la star.

Le mouvement Punk (p. 125) des années 1970, avec les Ramones, à New York, puis les Sex Pistols, à Londres, s'approprie le Perfecto Schott comme symbole de l'insubordination en y ajoutant des embellissements tels que des clous, des pointes et des slogans peints à la main. Blondie et Patti Smith, dans les années 1970, Joan Jett et Madonna, dans les années 1980, prouvent que ce vêtement n'est pas réservé aux garçons. Au milieu des années 1980, les motos japonaises, telles que la Kawasaki Ninja, gagnent en popularité, apportant une esthétique plus sportive et moderne, caractérisée par des couleurs primaires audacieuses, des teintes citron et fluo, des accents blancs, des rayures et des motifs graphiques, des logos de sponsors et une silhouette profilée pour les courses de MotoGP et de Superbike.

Le style biker comprend quelques accessoires clés, tels que la botte de motard, qui rappelle la botte de mécanicien des années 1930, conçue à l'origine pour protéger le pompier des charbons ardents qui s'échappaient de la chambre de combustion du train à vapeur. Elle se caractérise par un simple tube en cuir noir, sur le modèle des anciennes bottes d'équitation de style anglais (voir Équestre, p. 70), qui protège de la chaleur dégagée par le bloc-moteur et offre une bonne stabilité sur les pédales. Les motards apprécient également la chaîne de poche pour éviter de perdre leurs clés (adoptée par les punks), ainsi que les gants en cuir. Le style biker reste un moyen très prisé de s'habiller de manière utilitaire, avec un certain sex-appeal et un soupçon de danger.

COULEURS ET MOTIFS : noir, chrome

TISSUS : cuir, jean, coton ciré

VÊTEMENTS ET ACCESSOIRES : blouson de motard, gilet en cuir, casque, bottes de motard, pantalon en cuir

DÉTAILS : épaules et manches rembourrées, fermetures éclair, chaînes, têtes de mort, boucles

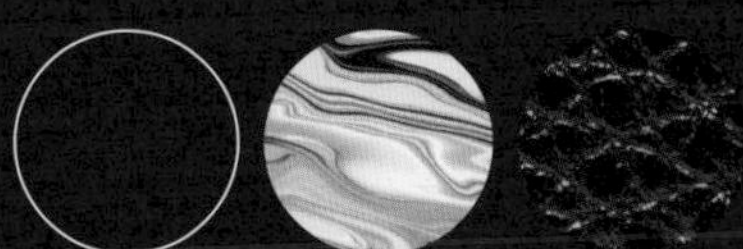

Équestre

≈ CAVALIER
→ NÉO-VICTORIEN, TAILORING, ROCOCO, ANDROGYNE
+ MILITAIRE, PREPPY, CLASSIQUE, FÉTICHISTE

Au cours de 5 500 années d'évolution à nos côtés, le noble destrier a été notre moyen de locomotion et notre partenaire pour le sport et les loisirs. La domestication des chevaux sauvages a commencé dans les vastes plaines des steppes eurasiennes, et ce n'est pas un hasard si les premiers modèles de pantalons apparaissent à la même époque chez les cavaliers nomades de l'ouest de la Chine (essayez donc de monter à cheval sans rien pour protéger la partie rebondie de votre anatomie). Le cheval devient à la fois un précieux compagnon et un symbole de statut social. Des ossements ont été retrouvés dans les tombes de souverains et de guerriers. La tombe du duc Jing de Qi (547-490 av. J.-C.), dans laquelle les ossements de 600 chevaux ont été retrouvés, est l'une des plus remarquables.

De nombreux vêtements actuels présentent des vestiges de notre passé équestre. À l'origine, la fente au dos de tout costume d'affaires (voir Tailoring, p. 195) était une caractéristique du frac du XIXe siècle, conçue pour tomber plus facilement derrière la selle et permettre à la pluie de s'écouler. Le frac (*morning coat*), que l'on porte aujourd'hui principalement dans les mariages occidentaux en tant qu'élément de costume, a été nommé d'après l'exercice d'équitation matinal d'un gentleman aisé. Sa partie avant est courte et effilée, tandis que la redingote, plus formelle, est ouverte et tombe d'aplomb. La queue-de-pie Régence était un manteau populaire jusqu'en 1830 environ, supplantée par les redingotes des années 1840 ; celles-ci ont à leur tour été remplacées par les fracs plus décontractés associés à l'ère victorienne (voir Néo-Victorien, p. 26). La queue-de-pie est aujourd'hui réservée aux grands événements et aux chefs d'orchestre.

Le frac a évolué à partir d'un style ancien de manteau d'équitation. Les cavaliers qui entreprenaient de longs voyages à cheval étaient à la merci des éléments. Au début des années 1700, les Britanniques ont donc mis au point une redingote chaude, à double boutonnage et à longs pans pour protéger les jambes du

John Galliano pour Christian Dior prêt-à-porter automne/hiver 2010–2011, jardin des Tuileries, Paris, 5 mars 2010.

Équestre, suite.

cavalier des intempéries. Le nom redingote vient de l'anglais *riding coat*. Ce vêtement utilitaire a ensuite été adapté aux dames pour qu'elles puissent monter en amazone. Sa partie supérieure masculine est équilibrée par une ample jupe féminine en dessous, et complétée par une chemise androgyne en coton – ce qui en fait un premier exemple de mode inspirée des vêtements masculins (voir Androgyne, p. 270). Historiquement, le « frac » était un vêtement à longs pans ample qui a évolué pour devenir la redingote.

Tandis que l'anglomanie déferle sur la société française vers 1780, Marie-Antoinette (voir aussi Rococo, p. 257) suit la mode de la redingote, bien qu'elle porte aussi la culotte pour monter à califourchon. La cour s'en offusque. Les femmes à cheval en pantalon ne deviennent socialement acceptables qu'au début du XXe siècle, en partie grâce aux créations de Coco Chanel, qui était passionnée d'équitation et montait en compagnie de ses nombreux amants joueurs de polo, dont l'officier de cavalerie, aristocrate et propriétaire de chevaux de course Étienne Balsan, et le fringant Boy Capel.

La présence sur les podiums de vestes d'équitation écarlates, de culottes et de bottes en cuir bien cirées évoque à la fois la tenue Militaire (p. 91) et la chasse au renard. Cependant, la plupart des cavaliers d'aujourd'hui se sont débarrassés du lien avec la chasse. Les cavaliers de saut d'obstacles et de dressage suivent un code vestimentaire strict : veste, chemise, bottes, culotte, cravate et plastron. Les cavaliers du Grand Prix de dressage portent encore un haut-de-forme et un frac selon le style de l'École espagnole d'équitation de Vienne, recommandée en 1572 par la monarchie des Habsbourg comme le meilleur lieu d'apprentissage de l'équitation pour la famille royale.

Avec une clientèle historiquement fortunée, qui apprécie le travail du cuir de première qualité et le design intemporel, il n'est pas surprenant que plusieurs des plus grandes maisons de luxe du monde aient un héritage équestre. Thierry Hermès fonde son atelier à Paris en 1837 pour fournir des articles de sellerie aux nobles. En 1953, Gucci introduit dans sa gamme d'accessoires son mors désormais emblématique (un mors à olives à simple brisure, pour les initiés), ce qui plaît aux aristocrates européens et aux riches clients d'Hollywood. Les amateurs d'équidés restent une référence clé pour de nombreuses marques. Pour l'automne/hiver 2021, Chanel fait galoper la princesse monégasque Charlotte Casiraghi sur son cheval bien-aimé Kuskus, vêtue d'une veste en tweed, quintessence du style Classique (p. 209). Les courses hippiques influencent parfois aussi les tendances équestres par le biais des casaques légères en soie aux motifs de couleurs vives portées par les jockeys, comme on a pu le voir sur le podium Gucci la même saison.

En raison de la prédominance des brides et des harnais en cuir, des fouets et des éperons, le style équestre est parfois détourné par les créateurs de mode pour ajouter une touche Fétichiste (p. 293).

COULEURS ET MOTIFS : noir, brun clair, cognac (brun foncé), carreaux Tattersall, rayures Newmarket, rouge, vert chasseur, blanc

TISSUS : cuir, daim, tweed, sergé, laine, velours, soie

VÊTEMENTS ET ACCESSOIRES : queue-de-pie, culotte, jodhpurs, chemise, veste fendue, chapeau d'équitation, chapeau melon, bottes d'équitation, bottes Chelsea, plastron, cravate, cravate, gants

DÉTAILS : lanières de cuir, mors, cravache, éperons, manchettes à volants, étriers

Rural

≈ COUNTRY, ARISTO
→ BIKER, MILITAIRE, ACADEMIA, BOURGEOISIE, SLOANE
+ HÉRITAGE, PREPPY, CLASSIQUE

La vie rurale requiert sa propre garde-robe ; la version de luxe dans laquelle vous parcourez votre propriété avec vos chiens de chasse, pas pour traire les vaches à l'aube. La popularité de la série télévisée *Downton Abbey* (2010-2015) et la fascination persistante de la mode pour l'aristocratie britannique et la famille royale ont rendu élégants des articles traditionnellement fonctionnels tels que les vestes en coton ciré (voir aussi Biker, p. 67) et les bottes en caoutchouc (voir Cow-boy, p. 79, et Militaire, p. 91). Une veste matelassée dans une couleur conservatrice, comme le vert chasseur ou le bleu marine, est un must-have. En tant qu'icône de style malgré elle, la reine Élisabeth II associait la sienne à un foulard en soie, un look qui a été repris par le designer britannique Richard Quinn lors du défilé de la Fashion Week de Londres en 2018.

Les tissus de style Héritage (p. 23) sont appropriés, comme le tweed dans divers carreaux traditionnels, parmi lesquels les grands carrés du carreau-fenêtre, le chevron classique et le tweed du garde-chasse (également apprécié des professeurs ; voir Academia, p. 188). Le tartan écossais Glen plaid se caractérise par un entrecroisement de fines rayures pied-de-poule noires et blanches. Il a été popularisé par le roi Édouard VII, qui s'était pris d'affection pour les uniformes portés par les gardiens du domaine de la comtesse de Seafield, dans sa propriété de la vallée du Glen Urquhart, dans les Highlands d'Écosse. Le tissu est nommé « Prince de Galles » d'après le petit-fils d'Édouard VII, Édouard VIII, qui abdique un an après avoir accédé au trône pour épouser Wallis Simpson, deux fois divorcée. Après s'être retiré de la tête de la « Firme », Édouard peut s'adonner à son passe-temps favori, les mondanités, et il adapte le tissu classique en y ajoutant des couleurs vives, lançant ainsi la tendance dans le beau monde.

Le style aristocratique raffiné s'immisce dans l'esthétique de la Bourgeoisie (p. 202), et plus particulièrement dans le look Sloane

La reine Élisabeth II au Royal Windsor Horse Show, le 13 mai 1989.

(p. 205) des années 1980, très décrié. Il influence également des créateurs anglophiles tels que Ralph Lauren et se retrouve dans le style Ivy League du look Preppy (p. 191).

Dans l'esprit de ce style, on évite de porter des vêtements de ville dans une propriété à la campagne ou de se présenter avec une tenue citadine et des chaussures à talons hauts peu pratiques.

COULEURS ET MOTIFS : vert foncé, brun foncé, brun moyen, marine, tweed, jacquard, tweed à chevrons, tweed de garde-chasse, carreaux Prince de Galles, carreaux Tattersall

TISSUS : tweed, laine, coton ciré, caoutchouc, velours côtelé

VÊTEMENTS ET ACCESSOIRES : veste matelassée, costume en tweed, veste de chasse, culotte, cuissardes, gilet, bottes, casquette, écharpe en soie, écharpe en laine, pull-over tricoté, brogues, deerstalker, pardessus

DÉTAILS : matelassage, protège-épaule

Polo

≈ TENNIS
→ GAUCHO, MILITAIRE
+ ATHLEISURE, HIP-HOP, PREPPY, NORMCORE

Le polo, le plus ancien sport d'équipe au monde, remonte aux nomades eurasiens, vers 600 avant notre ère, et devient un passe-temps de la noblesse perse sous l'Empire sassanide (224-651) en tant qu'exercice d'entraînement de la cavalerie. Les femmes jouaient aussi, et l'on trouve des références anciennes à la princesse arménienne Shirin qui rencontre son futur mari, le roi perse Khosro II (590-628), en pratiquant ce sport. Le jeu se répand en Inde au XIIIe siècle et est ensuite adopté par les Militaires (p. 91) britanniques, qui créent le premier club de polo à Silchar, dans l'Assam, en 1859. Les joueurs de polo du sous-continent indien portent des chemises à manches courtes pour lutter contre la chaleur, certaines avec des cols boutonnés pour éviter qu'elles ne claquent au vent lorsqu'ils galopent après la balle.

Élément clé d'une tenue élégante, le polo d'aujourd'hui a deux versions. L'original a été conçu par John E. Brooks, petit-fils du fondateur de la marque américaine Brooks Brothers, qui assiste à un match de polo en Angleterre, en 1896, et remarque que les joueurs portent leur col boutonné. Brooks incorpore cette caractéristique dans une chemise fabriquée en tissu oxford, ce qui donne la chemise oxford moderne.

La transition vers ce que nous appelons aujourd'hui le polo se fait par le biais du tennis qui, au début des années 1920, se joue avec des chemises blanches amidonnées à manches longues. Le joueur français René Lacoste, sept fois vainqueur du Grand Chelem, trouve ce modèle trop contraignant. Lorsqu'il dispute un match avec son ami le marquis de Cholmondeley, qui entre sur le court vêtu de son polo, Lacoste est frappé par l'aspect pratique de ce modèle. La coupe semi-formelle conserve l'élégance du col, utile lorsqu'il est relevé pour se protéger du soleil, avec un piqué de coton plus sportif et des manches courtes. Il demande à son tailleur de lui en confectionner en coton et en laine, en les allongeant dans le dos pour que le polo reste

Lacoste femme printemps/été 2018, Fashion Week de Paris, 27 septembre 2017.

Polo, suite.

coincé sous la ceinture lorsqu'il frappe la balle. En l'honneur de son surnom, « Le Crocodile », il ajoute son emblème sur la poitrine. Au cours de la même décennie, le polo se répand en Argentine, où les Gauchos (p. 82), bons cavaliers, s'adonnent naturellement à ce sport.

En 1933, Lacoste s'associe au fabricant de tricots André Gillier et les chemises, présentées comme adaptées au tennis, au polo, au golf et à la plage, connaissent un vif succès. Lacoste est saluée comme la première entreprise de mode appartenant à une « célébrité », ainsi que comme la première marque de vêtements à afficher ostensiblement son logo. En 1951, le fabricant Izod obtient la licence pour produire et distribuer les chemises Lacoste aux États-Unis, et les premiers exemples de *seeding* d'influenceurs auprès de grands noms tels que John F. Kennedy, Dwight D. Eisenhower et Bing Crosby hissent le vêtement au rang de symbole de richesse pour les étudiants et les amateurs de sport.

En 1972, un jeune immigrant entreprenant du Bronx, Ralph Lifshitz, mieux connu sous le nom de Ralph Lauren, reproduit le modèle dans une large palette de couleurs, chacune portant l'emblème du cheval de polo. Le polo reste un élément clé du style Preppy (p. 191) et il revient au goût du jour dans les années 1990 avec le style Hip-hop (p. 142). Notez qu'il est de très mauvais goût de remonter le col.

COULEURS ET MOTIFS :
bleu roi, bleu marine, rouge, vert émeraude, jaune primaire, blanc, arlequin, larges rayures

TISSUS : coton piqué, tissu oxford

VÊTEMENTS ET ACCESSOIRES :
polo, chinos

DÉTAILS : col souple, logos

Cow-boy

≈ WESTERN, AMERICANA
→ GAUCHO, MILITAIRE
+ BIKER, ROCKABILLY, METAL

L'histoire du cow-boy prend racine dans les haciendas de la péninsule Ibérique. Lors de son deuxième voyage aux Antilles, en 1493, Christophe Colomb emporte du bétail et de beaux chevaux andalous ; Gregorio de Villalobos importe d'autres vaches et, après la conquête espagnole de l'empire aztèque par Hernán Cortés, en 1521, il y a suffisamment d'animaux des deux espèces pour en lancer l'élevage au Mexique.

La culture de l'élevage se répand des plaines du Mexique vers le nord jusqu'aux prairies d'Amérique du Nord, et vers le sud jusqu'à la pampa d'Argentine, d'Uruguay, du Brésil et de la Patagonie. À l'époque de l'archétype de l'Ouest, entre la fin de la guerre de Sécession en 1865 et 1912, lorsque les derniers territoires de l'Ouest deviennent des États (à l'exception de l'Alaska et d'Hawaï, qui sont ratifiés en 1959), les éleveurs s'appelaient des cow-boys, des *vaqueros* et des Gauchos (p. 82). Ils étaient d'origine espagnole, amérindienne et/ou africaine, et les ouvriers agricoles qui soignaient les chevaux étaient des *wranglers*. La chemise dite « western » s'inspire de la *guayabera* mexicaine, connue pour ses broderies éclatantes et ses empiècements renforcés ; de solides boutons-pressions remplacent les boutons de la chemise traditionnelle.

Les *chaps* en cuir ou en daim qui enveloppent les jambes protègent des broussailles épineuses, le *chaparral*, et évitent que la selle blesse l'intérieur des cuisses. Les franges sont répandues et, bien qu'elles aient été reprises plus tard par les stars du Metal (p. 120) pour l'effet théâtral, elles ont été inventées par les autochtones (d'Amérique) pour faciliter l'écoulement de l'eau de pluie. Les jours de sécheresse, un long manteau ample, le « cache-poussière », peut être porté pour protéger les vêtements. Cette silhouette est toujours populaire pour les vêtements d'extérieur.

En 1853, le marchand bavarois Levi Strauss suit la ruée vers l'or de New York à San Francisco, où il ouvre une mercerie qui vend, entre

Cow-boy, suite.

autres, du sergé de Nîmes, un tissu français résistant, appelé familièrement « denim ». En 1873, avec un tailleur local, Jacob Davis, il brevète une salopette de travail renforcée, dotée de poches rivetées pour mieux supporter le poids des pépites d'or trouvées par les prospecteurs chanceux. Très vite, ces pantalons bleus remplacent les *bombachas* des gauchos. Par coïncidence, ce sont les tentatives des fabricants de textile nîmois de recréer un tissu populaire de la ville italienne de Gênes qui donne le nom de « jeans ». Le blue-jeans reste un motif clé de l'Americana et réapparaît dans la sous-culture Biker (p. 67).

Dsquared2 automne/hiver 2018 homme, Fashion Week de Milan, 14 janvier 2018.

La forme de la botte de cow-boy a différentes origines. Elle est principalement attribuée au style de botte d'équitation portée par Arthur Wellesley, 1er duc de Wellington, vainqueur de Napoléon Bonaparte à la bataille de Waterloo, en 1815. Wellington avait demandé à son bottier d'adapter la botte militaire à la hessoise de la période de la Régence (1795-1820), très ouvragée et ornée de glands, pour la rendre plus proche de la jambe, plus simple dans sa conception, taillée dans un cuir de veau souple et plus basse autour du mollet, afin qu'elle convienne aussi bien à l'équitation qu'aux réceptions. Ces bottes ont été largement adoptées par des dandys à la pointe de la mode tels que George « Beau » Brummell (voir Dandy, p. 247). Le bout légèrement pointu aide les cavaliers à enfiler les étriers, et le talon empêche le pied de se coincer dans l'étrier et le cavalier d'être traîné en cas de chute (le talon des chaussures modernes date des cavaliers mongols du XIIe siècle, qui l'ont inventé dans le même but). Le modèle de botte Wellington est importé aux États-Unis et c'est l'un des premiers articles produits en masse pour équiper la cavalerie américaine (voir également Militaire, p. 91). Les cow-boys et les *vaqueros* l'ont adaptée pour avoir une longue pointe à l'extrémité, un devant et un derrière festonnés et des languettes qui facilitent l'enfilage à la hâte ; des coutures fantaisistes sur la tige en cuir permettent à la botte de garder sa forme lorsqu'elle sèche.

Bien que très fonctionnel à l'origine, le look cow-boy est transformé par Hollywood pour les costumes portés à l'écran. Les stars de la musique country et les cavaliers de rodéo ajoutent plus d'ornements et de franges, cristallisant le look, au sens propre comme au sens figuré, avec l'application généreuse de strass.

COULEURS ET MOTIFS : bleu, brun clair, argent, imprimé vache

TISSUS : cuir, denim, daim, coton, calicot, lin

VÊTEMENTS ET ACCESSOIRES : chemise western, jean coupe droite, bottes de cow-boy, Stetson, sombrero, poncho, bandana, chaps, cache-poussière, cravate bolo, ceinture de cow-boy avec grande boucle argentée

DÉTAILS : franges, broderies, cuir gaufré, pointes de col, strass

Gaucho

≈ RANCHER SUD-AMERICAIN
→ COW-BOY
+ CROISIÈRE, TAILORING, BOHÈME

Le style gaucho est une version sud-américaine de la culture de l'élevage de bétail. Le gaucho est un cavalier habile, au mode de vie semi-nomade, qui parcourt la pampa – couvrant plus d'un million de kilomètres carrés de prairies en Amérique du Sud. Dans le folklore, comme dans le poème épique *El Gaucho Martín Fierro* de l'écrivain argentin José Hernández (1872), il est présenté comme le dernier représentant d'un mode de vie en voie de disparition, dont la liberté n'est limitée ni par les clôtures ni par la loi.

Le gaucho porte des vêtements folkloriques plus traditionnels que la plupart des cow-boys californiens, notamment le *bombacha* ample et confortable, bordé d'un revers à l'ourlet et enfilé dans des bottes d'équitation traditionnelles, au lieu des bottes plus courtes et pointues des cow-boys.

Le chapeau à large bord et à sommet plat de style ibérique est souvent appelé boléro. Il ne faut pas le confondre avec la veste courte et ouverte que portaient les gauchos, également appelée boléro, bien que les deux doivent leur nom à une danse espagnole énergique. L'autre chapeau préféré était la *boina*, qui ressemble à un croisement entre un béret tricoté et une casquette plate. Un tissu rectangulaire appelé *chiripá* est enroulé autour de l'aine à la manière d'une couche avec une ceinture pour fournir un rembourrage sur la selle lors des longues chevauchées (ce vêtement n'a pas encore été adopté par les créateurs de mode). Le *chiripá* se ferme à l'aide d'une écharpe en tissu à motifs appelée *faja* (où le fameux couteau du gaucho était généralement rangé), sur laquelle est bouclée une ceinture en cuir ornée de pièces de monnaie.

Pour voyager léger, les objets doivent être polyvalents, et le poncho, qui est fabriqué en laine résistante, peut être porté pour se réchauffer ou servir de couverture. On trouve des ponchos dans tout le sud de l'Amérique latine, où ils sont souvent tissés avec les motifs géométriques traditionnels des peuples indigènes. L'un des motifs

Jean Paul Gauthier pour Hermès prêt-à-porter femme, printemps/été 2011, Fashion Week de Paris, 6 octobre 2010.

NEW
SPRINGS

Gaucho, suite.

symétriques les mieux représentés est celui de la « Guarda Pampa » (peuple de la terre), qui représente les montagnes des Andes se reflétant dans les lacs de la région, et a été créé par les Mapuches d'Argentine et de Patagonie chilienne.

Dans les défilés, le look gaucho est repris par Gabriela Hearst, qui a grandi dans un ranch familial en Uruguay, avant de suivre une formation de styliste à New York. Elle rehausse le look avec des jupes midi en cuir et des chemisiers en dentelle, des trenchs en cuir travaillé, des bottes d'équitation, des ferrures métalliques robustes et des tricots colorés à motifs audacieux. Gabriela Hearst milite pour le développement durable et s'est engagée à ne plus utiliser de matériaux neufs dans ses collections, à récupérer les tissus invendus et à organiser des défilés neutres en carbone. Lorsqu'elle y était directrice artistique, Chloé est devenue la première marque de luxe à obtenir le label B-Corp. Cette certification indépendante l'engagement sociétal et écologique des marques. En 2021, le taux de réussite des entreprises ne dépasse pas 4 %.

La marque TOMS, qui produit des *alpargatas* de style traditionnel, c'est-à-dire des espadrilles à semelle de corde et à tige de jute, également chaussées par les gauchos argentins, obtient aussi le label B-Corp.

COULEURS ET MOTIFS : noir, brun clair, rouge, blanc, Guarda Pampa

TISSUS : daim, coton, cuir, laine tricotée

VÊTEMENTS ET ACCESSOIRES : poncho, *bombachas*, chapeau boléro, veste boléro, chapeau *boina*, chaps, bottes d'équitation, *alpargatas*, ceinture en cuir, ceinture *faja*

DÉTAILS : franges, broderies, cuir ouvragé, boucle de ceinture en argent

Prairie

≈ COW-GIRL
→ NÉO-VICTORIEN, STEAMPUNK, HIPSTER
+ RÉTRO, COW-BOY, COTTAGECORE, BOHÈME, MODESTE

Le style prairie, bien que similaire au style Cow-boy américain de la côte ouest (p. 79), illustre la vie sédentaire de la Frontière, mêlant travail manuel à l'ancienne, culture, soin du bétail et vie de famille dans un avant-poste isolé. L'apogée du Far West se situe à l'époque victorienne (voir aussi Néo-Victorien, p. 26, et Steampunk, p. 42), et l'on retrouve des similitudes dans le style vestimentaire de la prairie, comme les volumineuses jupes à volants portées sur des jupons, les bordures en dentelle et les décolletés modestes. Ce n'est peut-être pas le vêtement utilitaire le plus pratique, mais il évoque la nostalgie d'une époque plus simple.

À la ferme, les vêtements étaient simples et coupés dans des tissus bon marché, comme le calicot, un coton grossier non blanchi. Les motifs préférés étaient des imprimés floraux clairs et délavés qui dissimulaient la saleté, et le carreau vichy. Pour la plupart, ces vêtements étaient cousus main – loin de la confection soignée des ateliers parisiens de renommée mondiale. Le style prairie est parfois illustré dans les défilés par des imprimés patchwork et des jupes à ourlet mouchoir, ce qui s'inscrit dans le mouvement de recyclage des chutes de tissus dans le cadre d'une approche durable.

On retrouve des éléments du style prairie dans l'émergence du Cottagecore (p. 161), soucieux d'autosuffisance et défendant les idéaux bucoliques du jardin de campagne anglais. La pièce maîtresse de ces deux styles est la « robe prairie », qui se caractérise par une jupe longue qui descend jusqu'au sol, des manches longues et des froufrous féminins. Le smock – qui, avant l'invention de l'élastique, était un moyen de permettre aux vêtements de bouger avec la personne qui les portait – est un élément clé. Cette « énergie des grandes robes » est la signature de la créatrice londonienne Molly Goddard, avec ses robes de tulle spectaculaires, et de l'ancien élève du Royal College of Art Erdem Moralıoğlu, connu pour ses imprimés naturalistes complexes ; elle se retrouve aussi dans l'héritage

John Galliano printemps/été 2019, Fashion Week de Paris, 2 octobre 2018.

américain de la marque new-yorkaise lancée par Batsheva Hay (ancienne avocate réagissant délibérément à la saturation du Minimalisme noir new-yorkais, p. 252) et dans les silhouettes romantiques de Vampire's Wife, fondé par Susie Cave, épouse de l'auteur-compositeur-interprète Nick Cave.

L'esprit libre et les coupes amples du style prairie présentent également quelques similitudes avec l'esthétique Bohème (p. 217) qui était populaire dans les années 1970. La superposition de longs colliers et le remplacement du Stetson par une capeline à larges bords pousseront le look vers l'extrémité Rétro (p. 20) du style. Les styles cottagecore et prairie sont suffisamment polyvalents pour s'adapter au changement de saison avec l'ajout de bottes pour l'hiver : bottes Chelsea, bottes en caoutchouc ou bottes hautes pour le premier et bottes de cow-boy pour le second.

La version masculine de ce look rappelle la ceinture et les bretelles des premiers colons, portées avec un pantalon en denim brut ou en velours côtelé, des bottes de travail, un gilet, une chemise en coton écru à col « grand-père » ou Mao, manches retroussées, accessoirisée d'une montre à gousset, d'un bandana et d'une barbe. Transplanté en ville, ce look définitivement Hipster (p. 226) est populaire au tournant du millénaire.

COULEURS ET MOTIFS :
blanc, imprimé fleuri crème, bleu ciel

TISSUS : lin, coton, calicot, broderie anglaise, dentelle, vichy, daim

VÊTEMENTS ET ACCESSOIRES :
robe, chemise à lacet, bottes de cow-boy, cache-poussière

DÉTAILS : volants, smocks, col montant, manches ballon, longueur maxi, rubans, col ruffle

Gorecore

≈ GORPCORE, RANDONNÉE ET ESCALADE
→ ATHLEISURE, NORMCORE
+ RÉTRO, RURAL

Le style Gorecore clame haut et fort que vous pourriez survivre dans la nature, même si vous arpentez les rues de la ville à la recherche d'un repas à emporter. Le look suit la même étymologie que son précurseur du milieu des années 2010, le Normcore (p. 199), et lui ressemble dans son approche anti-mode. Son nom vient du Gore-Tex, un tissu imperméable et respirant, bien que des rédacteurs de mode l'appellent Gorpcore, d'après le terme utilisé par les randonneurs pour désigner le mélange sucré-salé à grignoter. Le camping et la randonnée font leur apparition dans les défilés en 2016 chez Prada. Influencé par l'omniprésent mouvement Athleisure (p. 60), ce style est une preuve supplémentaire de la décontraction de la tenue moderne.

Trois grands films d'escalade, *The Dawn Wall* (2017), *Free Solo* et *Silence* (tous deux de 2018), font entrer ce sport et l'esprit d'aventure dans la culture populaire. Combiné à l'introduction de l'escalade aux Jeux olympiques de 2020, ceci entraîne une augmentation spectaculaire du nombre de pratiquants et de l'intérêt pour des marques traditionnellement outdoor telles que Rab, Arc'teryx, Columbia, Stone Island, Helly Hansen, Tevas, Birkenstock, Moncler et Mammut. Il convient de mentionner Patagonia, la marque américaine fondée par le grimpeur et écologiste Yvon Chouinard, l'un des pionniers de la responsabilité sociétale des entreprises en s'engageant à payer une taxe de 1 % pour la planète. La campagne publicitaire de Patagonia lancée à l'occasion du Black Friday 2011 « Don't Buy this Jacket » (N'achetez pas cette veste), publiée dans le *New York Times*, touche une corde sensible anti-consumériste chez les consommateurs des générations Y et Z soucieux de l'environnement.

La pandémie mondiale ravive l'amour du plein air et de la randonnée. Le look atteint son apogée en 2021 avec une collaboration entre la marque technique North Face et la maison de luxe italienne Gucci, qui insuffle au look une touche de Rétro (p. 20) des années 1970.

Versace femme printemps/été 2017, Fashion Week de Milan, 23 septembre 2016.

Gorecore, suite.

Les éléments clés du vestiaire gorecore sont l'anorak et la parka, tous deux inventés à l'origine par les Inuits, peuple indigène de l'Arctique. L'anorak est techniquement un vêtement à capuche, imperméable et à enfiler par la tête, et de nombreuses versions contemporaines sont dotées d'une grande poche ventrale pour ranger les objets essentiels, ainsi que d'un cordon de serrage à la taille et à la capuche. La parka est matelassée pour protéger du froid et descend sur les hanches. Dans les années 1950, l'US Air Force crée la parka N-3B *snorkel*, très résistante, avec une capuche en fourrure, pour les équipages stationnés dans des climats froids (voir également Aviateur, p. 63), tandis que l'US Army développe la parka M-51 *fishtail*, avec son dos fendu distinctif (voir Combat, p. 95). Cette dernière devient l'un des articles préférés de la sous-culture Mod (p. 228) des années 1960 et influence la Britpop des années 1990. Combinant les qualités imperméables de l'anorak et la longueur de la parka, le « coupe-vent » est un imperméable arrivant au genou, non doublé, à capuche, généralement à fermeture éclair, qui peut être plié.

COULEURS ET MOTIFS : noir, sable, gris, orange, bleu ciel, vert olive, jacquard, tartan, écossais, vichy, carreaux

TISSUS : polaire, Gore-Tex, nylon, Econyl, tricot torsadé, softshell, gabardine, caoutchouc, élasthanne

VÊTEMENTS ET ACCESSOIRES : tee-shirt, anorak, pantalon cargo, doudoune, veste imperméable, cardigan, pull, leggings, gilet, parka, coupe-vent

DÉTAILS : cordon, boucles, bonnet, sac à dos, bob, baskets, lacets ronds, chaussures et chaussettes de randonnée, capuche, boucle enfichable, sandales, sac banane

Militaire

≈ ARMÉE, RÉGIMENT, SOLDAT
→ HÉRITAGE, CYBERPUNK, ÉQUESTRE, NAUTIQUE
+ ROCK & ROLL, DANDY

L'amalgame du décorum et de la fonctionnalité dans la tenue militaire exerce un impact durable sur la mode et la culture populaire. Les vestes militaires aux couleurs vives ont été rendues célèbres par les Beatles pour leur album conceptuel *Sgt Pepper's Lonely Hearts Club Band* (1967). Jimi Hendrix se produit avec une pelisse d'époque (voir ci-dessous), et Michael Jackson, autoproclamé « roi de la pop », porte sur scène des versions authentiques et des versions à paillettes du costume sur scène. Sur les podiums, le créateur français Olivier Rousteing donne vie à la « Balmain Army » dans sa collection printemps/été 2010, qui présente toutes les caractéristiques des vestes militaires ornées de boutons dorés fantaisie, d'épaules affirmées et de broderies grandioses.

Cuirassier néerlandais (à gauche) et trompette du 3ᵉ régiment, 1823. Gravure de Dirk Sluyter d'après un dessin de Bartholomeus Johannes van Hove.

La veste militaire occidentale n'a guère évolué depuis celle des hussards, audacieux cavaliers hongrois réputés pour leur bravoure. Au XVIIᵉ siècle, ils s'étaient débarrassés de leur lourde armure au profit d'une veste appelée « dolman », resplendissante avec ses rangées de boutons, son tressage complexe de cordes appelé « passementerie » (qui englobe la broderie, les franges et les glands) et ses brandebourgs – style de fermetures originaire de Chine, où elles sont connues sous le nom de *pankou* ou *haniou*, qui signifie « bouton de fleur » (voir aussi Héritage, p. 23). Sur l'épaule gauche, les hussards

Militaire, suite.

portaient une courte surveste tressée et garnie de fourrure, la pelisse, pour se protéger des coups d'épée ou comme couche supplémentaire contre le froid.

Au XVIIIe siècle, les forces militaires européennes portent toutes des uniformes similaires inspirés des hussards, composés d'une queue-de-pie et d'une culotte (voir Équestre, p. 70), d'un gilet et de bottes d'équitation montant jusqu'aux genoux ou de guêtres boutonnées. Les différences résident dans la couleur des manteaux et de leurs parements : cols, revers de manche, garnitures des queues-de-pie et passementerie. Les insignes de grade n'existaient pas à l'époque et les officiers – généralement des aristocrates – étaient réticents à porter une livrée en tant que telle, car ils considéraient qu'il s'agissait d'un vêtement dégradant, ressemblant à celui que portaient leurs domestiques. Des officiers portaient un couvre-gorge métallique appelé gorgerin, symboliquement, comme un retour à l'armure médiévale. Concernant les armures, les plaques métalliques apparaissent dans des collections plus Avant-gardistes (p. 244) et sont une signature de la maison Paco Rabanne, croisant des éléments historiques avec l'ère spatiale depuis 1967 jusqu'aux collections actuelles. La cotte de mailles a été réinventée par Gianni Versace, sous le nom d'Oroton, en 1982.

À partir de 1768, les officiers de l'armée britannique reçoivent l'ordre d'afficher leur grade au moyen d'épaulettes. L'épaulette à glands permet de fixer les armes au moyen de sangles et s'inspire des rubans décoratifs, tels que ceux portés par Louis XIV. Le modèle, qui est cousu en travers de la couture du col jusqu'au haut de la manche, s'appelle techniquement un passe-port, mais les rédacteurs de mode l'appellent souvent familièrement épaulette. Il en va de même pour toute marque d'épaule plate indiquant le grade sur les uniformes actuels. Les marins (voir Nautique, p. 98) adoptent également des insignes d'épaule, et les boutons indiquent le grade et la compagnie de l'officier.

Une version simplifiée de la veste de hussard avec des queues plus courtes, appelée *coatee*, a été privilégiée au XIXe siècle. La Grande Armée de Napoléon Bonaparte a ajouté des boutons non fonctionnels aux poignets, prétendument sur ordre de l'empereur, afin que les soldats ne puissent pas s'essuyer le nez (ou les larmes, beaucoup d'entre eux n'étant que de jeunes garçons) et gâcher leur élégante apparence. Les boutons en étain, qui servaient également à

Lily Stewart en John Galliano automne/hiver 2016-2017, Fashion Week de Paris, 6 mars 2016.

Militaire, suite.

fermer la veste, ont peut-être même contribué à la défaite de Bonaparte en Russie en 1815 : par des températures glaciales, le métal devient cassant et poudreux, et l'armée est frigorifiée.

Le manteau capote de l'époque ressemble beaucoup à celui fabriqué par les maisons de couture modernes : en laine épaisse, tombant jusqu'au mollet, à double boutonnage avec des boutons en métal pour plus d'éclat, et suffisamment ample pour être porté par-dessus une veste. Certains manteaux capotes ont une cape attachée, et les Dandys (p. 247) flamboyants de la Régence se pavanaient avec jusqu'à dix capes sur leur manteau. Ces pardessus sont chauds, mais pas imperméables, et la solution au problème de la pluie a été trouvée avec le trench-coat. Bien qu'il ait été nommé dans les tranchées, il a été inventé avant la Première Guerre mondiale par deux marques britanniques : Aquascutum, créée en 1851, et Thomas Burberry, qui fonde sa marque en 1856 et invente la gabardine, un tissu léger et imperméable, en 1879. Le trench-coat connaît un vif succès, tant dans le domaine militaire que civil, et devient la marque de fabrique des détectives des films noirs des années 1940 et, plus tard, des protagonistes du néo-noir (voir Cyberpunk, p. 38).

COULEURS ET MOTIFS :
écarlate, gris, bleu nuit, vert forêt, or, laiton, argent, chevrons

TISSUS : laine, velours, fourrure, cuir, cotte de mailles

VÊTEMENTS ET ACCESSOIRES :
veste, capote, culotte, pantalon, képi, shako

DÉTAILS : double boutonnage, boutons, brandebourg, broderie, franges, glands, étoiles, aigles

Combat

≈ ARMÉE, MILITAIRE
→ GORECORE, NAUTIQUE, SAFARI, PREPPY, HIPPY, MOD
+ PUNK, HIP-HOP, GOTHIQUE

À l'époque des combats au corps à corps, les uniformes aux couleurs vives permettaient de distinguer ses amis des ennemis sur le champ de bataille, mais l'avènement des armes à longue portée pendant la Première Guerre mondiale fait du camouflage le mot d'ordre. Les vestes militaires décorées sont reléguées aux tenues de cérémonie, au profit de modèles moins chers et moins tape-à-l'œil.

L'armée britannique a été la première à introduire l'uniforme kaki (voir Safari, p. 105), en 1848, et la tendance aux tenues de combat ternes se répand dans le monde entier, la plupart des pays adoptant un mélange de kaki, de gris et/ou de vert terne. Sur les podiums, cette palette de couleurs complétée par des poches utilitaires, souvent assorties de grosses Rangers à lacets (voir aussi Gothique, p. 220, et Punk, p. 125), signifie pour l'*aficionado* que le créateur s'inspire de l'armée. Ce style a aujourd'hui pris une signification non violente.

Nous le devons principalement aux Hippies (p. 223) des années 1960, dont beaucoup étaient d'anciens combattants de l'armée américaine de retour de la guerre du Viêt Nam (1954-1975), qui ont subverti leur tenue militaire, souvent la veste de campagne M-65, en y ajoutant des symboles de paix. John Lennon, qui était un fervent pacifiste, portait une chemise OG-107 de l'armée américaine, offerte par un fan. En Angleterre, les Mods (p. 228) se procuraient des parkas M-51 *fishtail* de l'armée américaine (voir aussi Gorecore, p. 88) dans les surplus militaires pour garder leurs costumes Tailoring (p. 195) impeccables lorsqu'ils conduisaient.

Les chinos, pantalons faciles à porter mais élégants, avec un devant plat et une jambe fuselée, sont un pilier du style Preppy (p. 191). Nés d'un conflit, lorsque l'armée américaine était stationnée aux Philippines pendant la guerre hispano-américaine de 1898, ils ont des débuts difficiles. Les soldats portaient des pantalons fabriqués à partir de sergé chinois importé qui s'appelaient des *pantalones chinos*, « pantalons chinois ». C'est au cours de cette même guerre

Landlord Menswear, Fashion Week de New York, 12 juillet 2017.

que l'humble tee-shirt est commercialisé pour la première fois en tant que « maillot de corps de célibataire », destiné aux hommes qui n'avaient pas d'épouse pour coudre leurs boutons. Il intègre l'uniforme de la marine américaine en 1913 (voir Nautique, p. 98).

Le pantalon cargo, également appelé « treillis » – plus utilitaire que le chino en apparence, avec une coupe ample et des poches pratiques sur les cuisses – a été créé en 1938 par les Britanniques et adopté par les Américains. Combinant robustesse et insouciance, on le retrouve dans les looks Hip-hop (p. 142) et plus tard Gorecore (p. 88) pour son côté purement utilitaire ; avec le short cargo, c'est un élément de base anti-mode du Normcore (p. 199).

L'imprimé emblématique du style est le camouflage, motif conçu pendant la Première Guerre mondiale par le peintre français Lucien-Victor Guirand de Scévola et des artistes cubistes. L'imprimé est apparu dans la couture post-apocalyptique de John Galliano pour Christian Dior printemps/été 2001, et teinté de fluo chez Versace printemps/été 2016. Il réapparaît de saison en saison telle une signature de la maison dans les looks streetwear de luxe d'Off-White. Libéré de son passé militaire, l'imprimé camouflage est aujourd'hui un bon moyen de se démarquer.

COULEURS ET CARACTÉRISTIQUES : olive, gris, vert, vert-de-gris, camouflage, noir

TISSUS : laine, coton, nylon

VÊTEMENTS ET ACCESSOIRES : tee-shirt, veste et chemise treillis, pantalon cargo, Rangers, montre-bracelet

DÉTAILS : poches, sangles, boucles

Nautique

≈ NAVAL, MARIN, SHIPSTER
→ FLAPPER, GORECORE, MILITAIRE, COMBAT, HIPSTER
+ CROISIÈRE, PREPPY

Plus encore que celui des autres forces armées, le style naval a un côté voyou : voyage et tradition teintés de rhum, de tatouages et de débauche. Il ne se passe pas une saison de villégiature (voir Croisière, p. 164) sans qu'une flotte de cabans, de rayures bleu et blanc, de pantalons larges, de ceintures en corde robustes et de boutons dorés éblouissants ne défile sur les podiums. Jean Paul Gaultier a bâti un empire du parfum avec sa fragrance érotique *Le Mâle*, dont le flacon présente un torse rayé et une protubérance suggestive. À l'origine, Gaultier s'est inspiré du marin du film d'art et d'essai *Querelle* (1982) de Rainer Werner Fassbinder, qui met en scène meurtres, trafics de drogue et sodomie – pas nécessairement dans cet ordre.

L'archétype de la marinière rayée comporte 21 rayures, censées représenter chacune des victoires de Napoléon sur les Britanniques. En 1858, elle a été intégrée à l'uniforme de la marine française, et les rayures étaient également fonctionnelles : une forme de haute visibilité pour aider les marins à localiser leurs camarades qui étaient passés par-dessus bord. C'est à Coco Chanel que l'on doit la popularisation de ce look après guerre. Sa collection nautique de 1917 est inspirée par les cols marins qu'elle voyait depuis sa résidence côtière du sud de la France, *La Pausa* à Roquebrune-Cap-Martin. Son amour de la mer se reflète également dans l'ouverture de sa première boutique à Deauville, sur la côte normande. Par ailleurs, le col marin caractéristique, avec son devant en V profond, ses larges revers et son dos carré, serait un clin d'œil à la coutume du XVIIIe siècle qui voulait que les marins enduisent leur queue-de-cheval de goudron pour éviter qu'elle ne se prenne dans le gréement ; le col large était un moyen de garder le reste de l'uniforme propre.

Les rayures graphiques étaient à la mode dans les années 1920 (voir aussi Flapper, p. 30), et des versions de la marinière ont été portées par des acteurs et des artistes emblématiques aussi divers que Brigitte Bardot, Audrey Hepburn, Marilyn Monroe, James Dean,

Leon Dame en Maison Margiela printemps/été 2020 femme, Fashion Week de Paris, 25 septembre 2019.

Nautique, suite.

John Wayne, Pablo Picasso et Andy Warhol.

Le caban classique en laine épaisse est à double boutonnage pour garder la chaleur et coupé aux hanches pour faciliter les mouvements (ce qui le différencie du long manteau porté par le capitaine sur le pont) ; il arbore un large col qui peut être remonté pour se protéger des éléments. Il a été intégré à l'uniforme de la Royal Navy britannique en 1890 pour être porté par les quartiers-maîtres. Pour son premier défilé après avoir quitté Dior en janvier 1962, Yves Saint Laurent présente une version féminine du caban, avec un pantalon blanc à jambes larges. Les cabans authentiques sont dotés de boutons portant l'emblème de l'ancre encrassée, c'est-à-dire une ancre prise dans une amarre, symbolisant les épreuves et les tribulations de la vie en mer.

Les marins portaient des pantalons amples et évasés afin de pouvoir les rouler facilement lorsqu'ils pataugeaient en eau peu profonde, avec un tablier boutonné sur le devant afin de pouvoir les retirer rapidement s'ils tombaient à l'eau (imaginez devoir retirer un pantalon étroit sous l'eau). Les jambes amples se remplissent d'air et peuvent servir de dispositif de flottaison d'urgence. Ce n'est qu'à la fin des années 1990 qu'apparaît le style Combat (p. 95) à coupe droite, à la grande indignation des conservateurs.

Récemment, de la même manière que le Gorecore (p. 88) s'est imposé, les pêcheurs ont été une source d'inspiration pour les citadins des climats tempérés. L'apparition de barbes taillées, de micro-bonnets, de cols roulés, de pulls torsadés et de cirés chez les créatifs buveurs de bière artisanale conduit des rédacteurs de mode à surnommer cette tendance le « Shipster » (voir Hipster, p. 226). Le duffle-coat, qui tire son nom du tissu résistant de la ville belge de Duffel, est doté d'une fermeture à corde et à bouton facile à utiliser, même avec des gants. De même, le mackintosh en caoutchouc vulcanisé, inventé par Thomas Hancock et Charles Macintosh dans la bruine écossaise, il y a plus de 200 ans, connaît un regain d'intérêt, en particulier dans sa couleur jaune classique. C'est un vêtement idéal pour les matelots travaillant dans des climats brumeux, et parfait pour remonter le moral.

L'uniforme bleu marine et blanc a été introduit par la marine royale britannique en 1748, principalement pour se différencier des manteaux rouges de l'armée de terre (voir Militaire, p. 91). La teinture indigo provenait des territoires britanniques en Inde, et le véritable bleu marine est presque noir. Les versions estivales et tropicales des uniformes navals tendent à être d'un blanc pur, ce qui s'explique par leur capacité à refléter les rayons du soleil et par le fait que cette couleur est un symbole universel de paix pour les marins qui partent à la rencontre de nouvelles terres et de nouveaux peuples.

COULEURS ET MOTIFS : bleu marine, noir, blanc, rouge, or, jaune, rayures

TISSUS : laine, jersey de coton

VÊTEMENTS ET ACCESSOIRES : caban, duffel-coat, mackintosh, marinière, bonnet, pattes d'éléphant, pull torsadé

DÉTAILS : ancres, corde, boutons, col bateau, foulard, col marin

Pirate

≈ BOUCANIER
→ MILITAIRE, PUNK, COTTAGECORE
+ BOHÈME, ROCOCO, ROMANTIQUE

Bien que l'emploi du terme « pirate » pour désigner une forme de vêtement utilitaire moderne puisse être un peu tiré par les cheveux, il peut être rattaché à la catégorie des vêtements de style Nautique (p. 98) et a été repris par la mode et la musique pour son esthétique anarchique.

Lorsque la grande dame du punk, Vivienne Westwood, a cherché une nouvelle orientation, c'est vers les pirates qu'elle s'est tournée pour sa collection emblématique du même nom, en 1981. L'esthétique Punk (p. 125) avait fait son temps et la New Wave, terme générique pour tout ce qui était post-punk, avait besoin d'une interprétation plus Romantique (p. 263). Malcolm McLaren, partenaire de Westwood et manager des Sex Pistols, aide à relooker le musicien Adam Ant dans le style pirate au cours des mois précédant le défilé, avec une veste de hussard (voir Militaire, p. 91). Les mannequins défilent en portant des bottes à boucles et des bicornes, des épaulettes en dentelle et des blouses surdimensionnées pour les hommes et les femmes.

Westwood a été la première à présenter le style pirate sur les podiums, mais elle n'est pas la dernière. John Galliano propose des corsages très sexués, des cuissardes et des minijupes à ceinture écharpe dans sa collection de prêt-à-porter printemps/été 1993. À l'origine, les ceintures écharpes servaient à tenir les armes et à soutenir les lombaires. La vie imitant l'art, la sortie de la superproduction *Pirates des Caraïbes* (2003) coïncide avec la collection de prêt-à-porter « haute couture pour la haute mer » d'Alexander McQueen pour le printemps de la même année, qui met en scène des sirènes naufragées et balayées par le vent, vêtues de cuir et de tulle. Le corsage emblématique du style pirate a une origine historique : on dit que les femmes pirates exposaient leurs seins lorsque leurs ennemis agonisaient, pour montrer qu'ils avaient été tués par une femme. En 2007, la créatrice new-yorkaise Anna Sui

Libertine printemps/été 2018, Fashion Week de New York, 11 septembre 2017.

Pirate, suite.

offre une version plus ludique du style avec des robes imprimées aux épaules dénudées, certaines en patchwork, à l'instar de l'artisanat du Cottagecore (p. 161), assorties de collants déchirés.

Les motifs de têtes de mort, comme on peut en voir chez Libertine printemps/été 2018, étaient utilisés par les pirates pour semer la terreur. Le pavillon pirate Jolly Roger, qui était à l'origine rouge sang, doit son nom au français « joli rouge ». Les boucles d'oreilles étaient des breloques célébrant les expéditions, empilées en plusieurs exemplaires sur le lobe de l'oreille avec fierté. Si nous imaginons les pirates en chemise blousante, en réalité ils ne portaient pas ce qu'ils appelaient des « vêtements longs », car l'étoffe risquait de s'accrocher dans le gréement.

COULEURS ET MOTIFS : noir, rouge, bleu marine, imprimés tête de mort

TISSUS : soie, cuir, coton

VÊTEMENTS ET ACCESSOIRES : bottes cavalières au genou, culottes, cuissardes, chemise à lacet, veste militaire, bicorne, boucles d'oreilles, foulards et bandanas

DÉTAILS : usé, déchiré, échancré

Safari

≈ EXPÉDITION, SAVANE
→ COW-BOY, MILITAIRE
+ CROISIÈRE, CLASSIQUE

Dolce & Gabbana printemps/été 2020, Fashion Week de Milan, 22 septembre 2019.

Le style safari revient tous les étés. La mode a une longue histoire d'appropriation de cette esthétique des climats chauds. Ce look trouve son origine dans l'uniforme kaki porté par l'armée britannique des Indes, à partir de 1848 (*khaki* signifie « couleur poussière » en ourdou), et étendu au reste des forces armées britanniques (voir Militaire, p. 91) avant la deuxième guerre des Boers (1899-1902). La saharienne, ou veste de brousse, était fabriquée en coton non doublé, léger mais résistant, avec un large col de chemise, et était fermée avec une ceinture en coton plutôt qu'en cuir, pour plus de confort. Quatre grandes poches à soufflet et à plis creux pouvaient s'agrandir pour contenir tous les accessoires de l'aventure, tels qu'une carte et une boussole, des jumelles et des cartouches de fusil. Associée à un pantalon ou à un short assorti, la saharienne devient un costume de safari. L'habit kaki reste une tenue de combat jusqu'en 1949 pour les opérations dans le désert et sous les tropiques, et il est encore porté par les forces armées britanniques stationnées dans des climats chauds.

L'énigmatique écrivain Ernest Hemingway (qui rangeait ses carnets de notes et ses cartouches de fusil dans ses poches surdimensionnées) a écrit plusieurs ouvrages ayant pour cadre l'Afrique, notamment *Les Vertes Collines d'Afrique* (1935), inspiré d'un voyage de dix semaines qu'il a effectué avec sa femme et *Les Neiges du Kilimandjaro*, nouvelle

Safari, suite.

publiée pour la première fois dans le magazine *Esquire* en 1936. Il est peut-être surprenant que Hemingway ait été équipé par Abercrombie & Fitch, qui était à l'époque une marque pour les aventuriers et les explorateurs – assez différente de l'image passe-partout qu'elle aura plus tard. Les publicités de l'époque décrivent la saharienne comme un « manteau-chemise », ce que les rédacteurs de mode appellent aujourd'hui une surchemise ou *shacket*, un vêtement de base utile pour la garde-robe intersaison.

Dans les années 1940 et 1950, le safari devient incontournable à Hollywood, et plusieurs films adoptent cette esthétique. Le bien nommé *Safari* (1940) fait sensation avec Douglas Fairbanks Jr et Madeleine Carroll, puis, en 1952, Gregory Peck, Susan Hayward et Ava Gardner jouent dans l'adaptation cinématographique des *Neiges du Kilimandjaro*, mettant à nouveau en valeur les mérites de la saharienne. *Mogambo* (1953), avec Clark Gable et Grace Kelly, souligne l'attrait intemporel de ce style. Le livre *Vivre libre* (1960) de Joy Adamson et le film qui en est tiré en 1966, avec Virginia McKenna et Bill Travers dans le rôle d'un couple élevant des lionceaux sauvages, font perdurer le rêve africain.

Le créateur français d'origine algérienne Yves Saint Laurent a une affinité particulière pour le continent. Il présente pour la première fois une saharienne en 1967 pour sa collection de couture et il met au point deux modèles : une version osée à devant en dentelle qui confère au look un sex-appeal des années 1960, et la saharienne à quatre poches et ceinture de style militaire qui reste une pièce emblématique de la maison (sous sa nouvelle marque Saint Laurent) et qui est réinventée d'une saison à l'autre. Le design original d'Yves Saint Laurent avec une large ceinture à maillons circulaires est également repris en son hommage dans les défilés actuels.

Dans les années 1970 et 1980, Roger Moore, dans le rôle de James Bond, arbore une myriade de vestes et de chemises de safari, dont une veste en soie et lin crème et une chemisette vert sauge dans *L'Homme au pistolet d'or* (1974), une surchemise en coton beige dans *Moonraker* (1979), accompagné d'un empiècement de type chemise western (voir Cow-boy, p. 79), et une chemise militaire en coton beige avec surchemise en laine fauve dans *Octopussy* (1983). En 1984, le prince Charles devient une icône improbable du style en portant une version de la saharienne réalisée par son tailleur de Savile Row, Anderson & Sheppard, pour un voyage en Papouasie-Nouvelle-

Guinée. En 1985, Meryl Streep et Robert Redford reprennent ce style dans le drame romantique *Out of Africa*.

Sur les podiums, l'aspect militaire est adouci par des tissus diaphanes de soie et de satin qui respirent le confort. Le lin est un autre tissu caractéristique du style safari, plus résistant que le coton et meilleur conducteur de chaleur. Fabriqué à partir de la plante de lin, c'est le plus ancien textile connu au monde (il a été retrouvé dans des tombes égyptiennes et mentionné dans la Bible, et des vestiges provenant de grottes préhistoriques remontent à plus de 36 000 ans). Paradoxalement, pour un tissu qui convient parfaitement au voyage, il a tendance à se froisser dès que vous sortez.

Étant donné que le style safari a été utilisé dans le passé comme vêtement militaire et de chasse au gros gibier, et que ses liens avec la colonisation posent problème, les stylistes ont tout intérêt à ne pas l'interpréter de manière trop littérale. Les casques de protection, les fusils ou les gros félins ne paraissent plus appropriés.

COULEURS ET MOTIFS : kaki, sable, beige, brun clair, gris-vert, olive, rouille, imprimé serpent, imprimé zèbre, imprimé léopard, imprimé girafe

TISSUS : coton, gabardine, treillis, lin, Aertex, popeline, daim, laine peignée, moleskine

VÊTEMENTS ET ACCESSOIRES : surchemise, short, chemise à manches courtes, Borsalino, Tilley

DÉTAILS : poches, bretelles, poches à soufflet, boucles de cartouche, ceinture circulaire, corde, raphia et paille

3. Musique

La mode est le langage visuel de la musique. À chaque genre musical, correspond un style vestimentaire.

Les styles peuvent être rattachés à la décennie au cours de laquelle ils sont apparus. Les années 1950 sont marquées par le rock & roll et le rockabilly associés aux blue-jeans, au vichy, à la jupe swing et à l'optimisme de l'après-guerre. Les sixties apportent un nouveau groove avec l'exhibitionnisme du funk, précurseur des paillettes, de l'hédonisme et de la vie nocturne du disco. En 1969, le festival de Woodstock marque l'histoire en tant que manifestation pour la paix et l'amour libre. À partir de là, le son classique du rock continue à s'épanouir, généreusement saupoudré de sexe et de drogues, de pantalons de cuir moulants et de longues chevelures.

& Danse

Dans les années 1970, le rock passe du hard rock au metal, s'alliant au passage au symbolisme Fétichiste (p. 293) et au symbolisme du Combat (p. 95). Pendant les courtes années de son règne, de 1970 à 1974, le glam rock frappe fort avec David Bowie dans le rôle de Ziggy Stardust, Marc Bolan et T. Rex et la théâtralité de Queen. C'est un phénomène typiquement britannique qui traverse l'Atlantique pour inspirer le glam metal. À cette esthétique brillante et pailletée s'oppose l'idéologie anarchiste du punk, qui fait rage assez longtemps pour devenir populaire avant d'imploser. Le punk est mort, mais l'esprit indé a survécu.

Les années 1980 sont marquées par l'avènement du hip-hop et de sa fusion entre *breakbeat* et rap, par la démocratisation des tendances et par la naissance du streetwear. Le rôle du DJ ne cesse de croître et la musique électronique devient un genre à l'aube de la rave. Dans les années 1990, le rock se débarrasse des couches d'artifices, revenant à une esthétique grunge *lo-fi*.

Au XXIe siècle, ceux qui n'écoutent qu'un seul genre musical sont aussi rares que ceux qui ne s'attachent qu'à un seul style vestimentaire. Que nous écoutions de la musique sur des plateformes de streaming, que nous nous rassemblions dans les champs boueux des festivals ou que nous dansions lors des défilés de carnaval, nous apprécions l'expérience rituelle et nous trouvons nos tribus autour de la musique.

Rock & Roll

≈ AMERICANA DES FIFTIES, ROCK
→ RÉTRO, COMBAT, PREPPY
+ BIKER, VARSITY

Il existe autant de nuances dans le style vestimentaire rock que de divergences dans le genre musical lui-même. Le rock & roll est né des formes antérieures du Rhythm'N'Blues afro-américain et du gospel, ainsi que des sons folks de la country. Parmi les premières chansons rock, citons *Good Rockin' Tonight* (1948) de Wynonie Harris (réenregistrée par Elvis Presley en 1954) et le morceau de boogie-woogie *Rock the Joint* (1949) de Jimmy Preston, bien qu'il manque à ce dernier l'élément crucial de la guitare électrique qui caractérise le rock & roll. Le swing distinctif, la guitare électrique énergique et le sens du spectacle sont développés par Chuck Berry, qui enregistre *Maybellene* en 1955, l'année où le titre *Rock around the Clock* de Bill Haley arrive en tête des charts américains.

Bien que les termes « Rock & Roll » et « Rockabilly » (p. 113) soient parfois utilisés indifféremment par les rédacteurs de mode pour décrire le style vestimentaire Rétro (p. 20), l'esthétique rock & roll originale est purement américaine des années 1950, avec la chemise bowling, le jean, les mocassins et la chemise hawaïenne. Certains adoptent le look Preppy (p. 191) plus conservateur en portant des chinos (voir aussi Combat, p. 95) et une *sport jacket*. À l'origine, la sport jacket est une invention de la confrérie de la chasse et du tir (voir aussi Rural, p. 74). Il s'agit d'une veste indépendante taillée dans une variété de tweeds et d'écossais, ce qui la différencie des couleurs unies du blazer (voir Varsity, p. 193). Ces deux types de vestes sont portés avec un pantalon assorti, sans être identique, contrairement au costume deux ou trois pièces, dans lequel toutes les pièces sont coupées dans la même étoffe.

Les actifs sortis de l'adolescence (comme bon nombre d'artistes musicaux) préfèrent les costumes Brooks Brothers, premiers costumes produits en série, qui présentent une construction simple à deux panneaux, sans pinces à la poitrine, et des pantalons droits et sans plis, conçus pour s'adapter à une variété de morphologies masculines

Mannequins portant la mode des années 1950. Photographie non datée.

Rock & Roll, suite.

(voir aussi Tailoring, p. 195). Pour les plus jeunes, le look Varsity (p. 193) des années 1950 se retrouve souvent dans les vestes letterman des étudiants, tandis que les femmes de tous âges portent un pull moulant et des pantalons Marlene à jambes larges et à la garçonne, inspirés par l'actrice Marlene Dietrich. Pour danser, on privilégie la jupe cercle à la taille cintrée, en hommage à la silhouette du New Look de Christian Dior de 1947.

Portées par les stars de cinéma, présentées dans les magazines, largement considérées comme la première tendance de la mode pour adolescentes et un exemple précoce de diffusion des tendances par effet de ruissellement, ces jupes – initialement fabriquées maison – sont le fruit de l'imagination d'une jeune actrice new-yorkaise entreprenante, Juli Lynne Charlot, qui avait besoin d'une tenue de fête bon marché, mais qui ne savait pas coudre. Fabriqué à partir d'un cercle de feutre, facile à couper et ne nécessitant pas d'ourlet, le modèle de Charlot, qui fait parler de lui avec ses motifs caniches, de voitures à l'ancienne, de flamants roses et de grosses fleurs, a été produit pour les grands magasins américains. Il reste un vêtement emblématique de la décennie pour les collectionneurs de vintage.

COULEURS ET MOTIFS : jonquille, rose, turquoise, sarcelle, cramoisi, vert jungle, imprimés atomic art

TISSUS : laine, coton, feutre, denim

VÊTEMENTS ET ACCESSOIRES : costume deux pièces, blue-jeans, chemise bowling, mocassins, chaussures en daim, chino, chemise hawaïenne, jupe cercle, jupe caniche, cardigan, pull, sport jacket, étole, boléro, chaussettes bobby

DÉTAILS : col en V, montures œil de chat

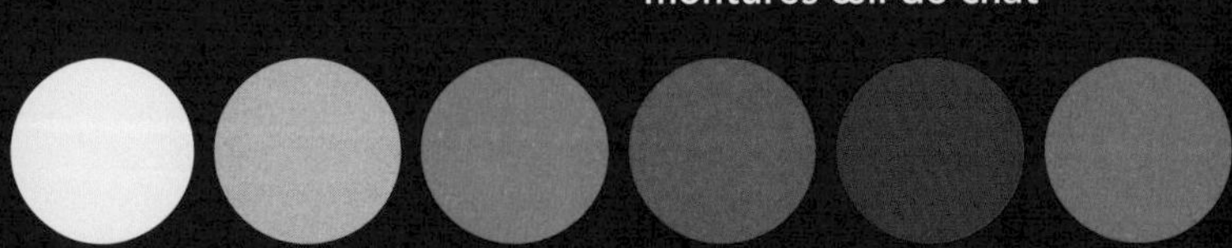

Rockabilly

≈ NÉO-GREASER
→ RÉTRO, BIKER
+ COW-BOY, NAUTIQUE, PIN-UP

Elvis Presley, vers 1958.

Le rockabilly, à forte inflexion de musique country du Sud profond, dont Elvis Presley fut le pionnier, s'appuie sur l'esthétique originale du Rock & Roll (p. 110) en y ajoutant des tissus comme le vichy, les décolletés en cœur et des cardigans pour les filles, des chemises western et des cravates bolo pour les garçons (voir Cow-boy, p. 79). Le look Greaser (voir Biker, p. 67) est adopté par les adolescents rebelles adeptes du rock & roll, avec leurs jeans retroussés, leurs tee-shirts faisant ressortir les muscles et d'épaisses vestes de motards popularisées par les stars de cinéma Marlon Brando et James Dean. Comme pour le rock & roll, la chemise bowling à larges rayures est très prisée par les rockabillys, tout comme la jupe caniche fantaisiste.

Les années 1950 marquent le début d'une nouvelle ère dans la sexualité des femmes qui montrent plus de peau, encouragées par l'attrait de sirènes telles que Marilyn Monroe, Bettie Page et Sandra Dee, connues pour leur style Pin-up (p. 290) et leur penchant pour la tenue de marin (voir Nautique, p. 98). La jupe crayon moulante, les bas à coutures, le bustier décolleté et les escarpins *peep-toe* complètent le look minette.

La coiffure, le maquillage et la toilette sont des éléments clés du look. L'homme a le choix parmi les coupes comme la pompadour (tous les cheveux sont brossés vers le ciel en un bouffant précis), la banane (seule la mèche de devant est lissée vers l'arrière), le *jelly roll* ou la « trompe d'éléphant » (où la mèche de devant est ramenée en avant et frisée). Ces styles peuvent être combinés avec le *ducktail*, où les cheveux des deux côtés sont ramenés en forme de V au niveau de la nuque, ou le Boston, où les cheveux sont coupés en ligne droite dans le cou.

Les rockabellas contemporaines offrent une interprétation glamour de l'esthétique des années 1950, avec des *pin curls* et des pinces à fleurs, complétées par un rouge à lèvres écarlate. Les *Victory rolls*, coiffure qui consiste à relever les cheveux en rouleaux autour du

Rock & Roll, suite.

visage, doivent leur nom à la manœuvre que les pilotes de la Seconde Guerre mondiale effectuaient après avoir abattu un avion ennemi. Une queue-de-cheval basse sur le côté, un bandana ou un foulard suffisent pour un look de jour simple.

La chanteuse soul britannique Amy Winehouse associait un son rétro au style rockabilly des années 1950 et du début des années 1960. Après son décès en 2011, le créateur de mode Jean Paul Gaultier lui rend hommage lors de son défilé haute couture du printemps 2021 avec des jupes crayon rockabilly portées par des mannequins arborant la choucroute et l'eye-liner en virgule qui la caractérisaient.

COULEURS ET MOTIFS : pois, imprimé léopard, rayures, vichy, rouge, noir, blanc, bleu

TISSUS : laine, velours, denim, coton

VÊTEMENTS ET ACCESSOIRES : chemise western, blue-jeans, veste en jean, cravate bolo, creepers, blouson Harrington, bandeaux, pantalon Capri, robe dos nu, tea dress, kitten heels, saddle shoes, jupe crayon, salopette, playsuit

DÉTAILS : revers, col marin, camp collar, tatouages

CHEVEUX ET MAQUILLAGE : pompadour, banane, court et bouclé, ducktail, Boston, bouffant, queue-de-cheval, fleurs dans les cheveux, eye-liner, rouge à lèvres rouge

Teddy Boys & Teddy Girls

≈ NÉO-ÉDOUARDIEN, TEDS, JUDIES
→ NÉO-VICTORIEN, ROCK & ROLL, ROCKABILLY, PUNK, DANDY
+ TAILORING

Alors que le Rock & Roll (p. 110) et le Rockabilly (p. 113) sont nés aux États-Unis, une sous-culture parallèle émerge au sein de la jeunesse anglaise. En 1954, les tailleurs de Savile Row, à Londres, réagissent à la fin du rationnement en proposant un nouveau costume drapé aux épaules structurées et inclinées, inspiré d'un style de veste de soirée porté par les Dandys (p. 247) de l'époque édouardienne. C'est un vêtement à simple boutonnage, souvent doté d'un col châle en velours et de poignets mousquetaires contrastés, d'une coupe carrée dans le dos sans fente, ample et non cintré à la taille dans un style rappelant le *zoot suit* américain des années 1930, qui est porté avec un pantalon serré et fuselé (voir aussi Tailoring, p. 195). Il était destiné aux jeunes des classes moyennes et de l'aristocratie, mais la plupart rejettent la tendance. Au contraire, les costumes sont adoptés par les jeunes de la classe ouvrière, qui avaient du mal à payer les essayages et versaient parfois des acomptes hebdomadaires.

Le costume évoque les films de gangsters américains, ou les redingotes des as de la gâchette dans le Far West (voir Néo-Victorien, p. 26). Ces jeunes habillés comme des néo-édouardiens sont surnommés « Teddy Boys » par la presse. Ils associent les costumes à des chemises blanches avec un col « Mr B » (style breveté par le chanteur Billy Eckstine), à de somptueux gilets en brocart, à des cravates étroites « Slim Jim » ou des cravates bolo d'inspiration western. Ils arborent des coiffures gominées dans le style rockabilly et portent des *creepers*. Ces chaussures en daim, semblables à celles portées par les soldats de la Seconde Guerre mondiale en Afrique du Nord, doivent leur nom à leur épaisse semelle en crêpe et à l'engouement pour une danse lente appelée « The Creep » d'après la chanson de Ken Mackintosh de 1954.

Les Teddy Girls, surnommées « Judies », appartiennent presque

Teddy Boys, dans la région de Tyneside, au nord de l'Angleterre. À l'arrière : Rockin Jim Newark (29), Boppin Brian Dixon (19), Jumpin John Hunter (20), Rockin Ron Lewis (19), Alan 'The Jet' Duel (22). Premier rang : Laurie the Lar Bell (22), Mick Rankin Pink Panther (26), Chris Crazy Legs Magee (23).

exclusivement à la classe ouvrière et, bien qu'elles fréquentent les garçons, elles sont toujours tenues de participer aux tâches domestiques. La plupart des jeunes filles quittent l'école à l'adolescence pour travailler comme réceptionniste ou dans des usines et, bien qu'elles soient les premières adolescentes de l'après-guerre à disposer d'un certain revenu pour acheter des produits tels que des disques, la loi de 1970 sur l'égalité des salaires est encore loin d'être appliquée. Leurs tenues vestimentaires inspirées des classes supérieures témoignent de l'idée qu'elles se font d'un mode de vie raffiné : veste sur mesure, chemise et cravate masculine ou édouardienne, jupe cintrée ou entravée, jean retroussé, puis jupe cercle plus tard au cours de la décennie. Elles portent un parapluie par tous les temps, souvent des espadrilles incongrues, un canotier ou un chapeau chinois, et tiennent une élégante pochette.

À l'origine, les Teds dansent sur du jazz et du *skiffle*, jusqu'à ce que le rock & roll débarque en Grande-Bretagne. Les films *Graine de violence* (1955) et *Rock'n'roll* (1956) inspirent des danses exubérantes dans les travées qui occasionnent des dégâts matériels dans les cinémas. Les Teddy Boys commencent à être vilipendés par la presse, qui les considère comme des voyous. Leur présence lors des émeutes raciales de Notting Hill, en 1958, finit d'entacher leur réputation.

Le style Teddy Boy cède la place à l'esthétique Mod (p. 228) des années 1960, avant d'être ravivé dans les années 1970, caractérisé cette fois par des vestes drapées aux couleurs vives, associées à des jeans et des chemises criardes. Les jeunes Punks (p. 125) se heurtent aux Teds plus âgés dans les rues de Londres pour défendre leurs choix musicaux. À la fin des années 1970 et dans les années 1980, leurs styles vestimentaires et musicaux fusionnent dans l'esthétique post-punk de la New Wave.

COULEURS ET MODÈLES : noir, marine, pied-de-poule, carreaux Prince de Galles classiques

TISSUS : laine, velours, denim, brocart, coton

VÊTEMENTS ET ACCESSOIRES : garçons : veste drapée, jean cigarette, cravate bolo, chaussures winklepicker ; filles : jupe cercle, jupe crayon, veste cintrée, jean court, canotier, pochette, espadrilles ; les deux : cravate, chemise blanche, parapluie

DÉTAILS : poches passepoilées, montre gousset et chaîne

COIFFURE : banane, pompadour, Boston, ducktail, banane à la Tony Curtis, pattes

Classic Rock

Steven Tyler et Joe Perry d'Aerosmith, Londres, 28 juin 2014.

≈ ROCK
→ HIPPY, SURF, POLITIQUE
+ INDIE, FESTIVAL, ANDROGYNE

À la fin des années 1950, le rock a perdu de sa superbe. Elvis s'engage dans l'armée et, un jour funeste de février 1959 (surnommé « The Day the Music Died » dans la chanson *American Pie* de Don McClean, en 1971), les stars du rock & roll Buddy Holly, Ritchie Valens et Jiles Perry Richardson Jr, connu sous le nom de The Big Bopper, trouvent la mort dans un accident d'avion. Au début des années 1960, la pop, la Motown et le Surf rock (p. 234) règnent sur les ondes. Et ce jusqu'à la « British Invasion » de 1964.

Il y a un contraste entre les Beatles, qui veulent vous « tenir la main », et les Rolling Stones, qui ne peuvent « obtenir aucune satisfaction ». Les Stones sont fermement décidés à cultiver une image de durs à cuire et, pour se démarquer des Fab Four, plus propres sur eux, ils ne portent pas de costumes sur scène.
Les cheveux ébouriffés et crêpés sont une condition *sine qua non*. Mick Jagger se pavane sur scène harnaché de cuir ; l'adorable voyou Keith Richards n'est jamais photographié sans une cigarette qui pend de ses lèvres ; Bill Wyman fait claquer sa basse ; et Charlie Watts met la batterie à l'honneur. Avant sa mort prématurée à l'âge de 27 ans, le multi-instrumentiste virtuose Brian Jones a eu au moins cinq enfants de femmes différentes et collectionné plusieurs addictions. L'indissociable trio composé de batifolage, de stupéfiants et de musique place la barre très haut pour l'apogée du rock, qui perdure pendant deux décennies.

À San Francisco, étonnamment, ce sont des groupes Hippies (p. 223) anticonsuméristes pionniers du rock psychédélique, tels que Jefferson Airplane et Grateful Dead (plus précisément leur producteur, Bill Graham), qui, les premiers, ont l'idée géniale de vendre des produits dérivés pour compléter les revenus des artistes. L'ère des tee-shirts de groupes de musique a commencé. Tout au long des années 1960, alors que les manifestants s'opposent à la guerre du Viêt Nam, l'humble tee-shirt devient aussi le support de messages (voir Politique, p. 260), format qui s'est perpétué dans les collections récentes des créateurs.

Dans les années 1970, la théâtralité du rock atteint des proportions surnaturelles pour devenir le Glam Rock (p. 122), bulle brillante éclatée par la contre-culture du Punk (p. 125), qui se transforme en Grunge (p. 134) dans les années 1990. Le rock classique se divise en plusieurs sous-genres, tels que le rock progressif, le rock alternatif, la *power pop* et le *soft rock*.

La symbiose entre le rock et la mode est soulignée au moment où le créateur français Hedi Slimane, directeur artistique d'Yves Saint Laurent de 2012 à 2016, supprime de manière controversée « Yves » du nom de la marque et déménage l'atelier de création et les défilés de mode de la maison traditionnellement parisienne à Los Angeles. À cette époque, plusieurs créateurs se penchent sur le thème du tee-shirt de groupe, notamment Versace pour le printemps/été 2014 et Vetements pour l'automne/hiver 2016. Le rock reste une influence omniprésente sur la mode et revient dans les années 2000 dans le cadre de l'esthétique Indie (p. 131) *lo-fi*. Si le rock est un genre musical qui évolue, l'image de la rock star, elle, est intemporelle.

COULEURS ET MOTIFS : noir, rouge, gris, blanc, bronze, argent, rayures, pois, imprimé léopard, cachemire

TISSUS : velours, cuir, coton

VÊTEMENTS ET ACCESSOIRES : jean, tee-shirt, tee-shirt de groupe, jean déchiré, veste en cuir, écharpe fine, chapeau, veste de motard, lunettes de soleil, lunettes rondes, pantalon en cuir, gilet, bottes Chelsea, bottes de cow-boy, bijoux en argent

DÉTAILS : talon cubain, déchiré, évasé, skinny, tatouages, médiator, guitares, franges

COIFFURE ET MAQUILLAGE : cheveux hirsutes, cheveux bouclés, cheveux longs, eye-liner

Metal

≈ HARD ROCK, HEAVY METAL, MÉTALLEUX
→ COMBAT, ROCK & ROLL, GLAM ROCK, PUNK, BOHÈME, CAMP, FÉTICHISTE
+ BIKER, GOTHIQUE

Le rock évolue en heavy metal à la fin des années 1960 et durant les années 1970, sous l'influence des solos de guitaristes de rock psychédélique imprégnés de blues Eric Clapton et Jimi Hendrix. Les groupes britanniques Led Zeppelin, Deep Purple et Black Sabbath ouvrent la voie avec un style initialement qualifié de hard rock. Définis par une batterie au rythme effréné, des voix d'opéra et des thèmes diaboliques, les albums de metal contiennent aussi des moments d'introspection. Aux États-Unis, Alice Cooper et MC5 transforment le hard rock en proto-punk, tandis que Gene Simmons de Kiss le fait évoluer vers le Glam Rock (p. 122). En 1973, les icônes australiennes du hard rock metal AC/DC se forment, bien que le groupe ait toujours insisté sur son appartenance au Rock & Roll (p. 110).

Dans les années 1980, la New Wave of British Heavy Metal (NWOBHM) donne naissance aux groupes Iron Maiden, Motörhead et Saxon, qui ont tous une prédilection pour les lettres gothiques et les motifs de guerriers vikings. Le groupe Judas Priest, dirigé par Rob Halford, est réputé pour avoir incorporé des éléments de la culture Fétichiste (p. 293), Biker (p. 67) et des gangs : veste en cuir, ceinture, gantelets cloutés et veste kutte coupée, également connue sous le nom de « battle jacket », en jean ou en cuir, ornée d'écussons, de chaînes et de clous. À Los Angeles et en Californie, les Guns N' Roses développent un son américain, Van Halen introduit la virtuosité, tandis que Mötley Crüe et Aerosmith s'orientent vers le glam, ce qui leur vaut le surnom de *hair metal*. Les « Big Four », Metallica, Megadeth, Anthrax et Slayer, pratiquent le *thrash metal*.

Les fans imitent le style des artistes qui portent un jean déchiré à force de glisser sur la scène, un pantalon en cuir coloré à la bombe, une veste de motard et de nombreux bijoux, une écharpe en soie fine et des franges pour accentuer les mouvements sur scène, une chemise bouffante rappelant le style Bohème (p. 217), ou à motifs

Guns N' Roses à Londres, 1986.

criards, jetée sur un débardeur, un chapeau extravagant et un eye-liner à la limite du look Camp (p. 275), avec des bottes de cow-boy à talon cubain pour se grandir. Le tee-shirt de groupe est omniprésent en signe d'allégeance à une tribu spécifique. Dans le metal le plus lourd, les fans ont tendance à être farouchement anti-mode, portant des bermudas cargo en treillis provenant des surplus de l'armée (voir Combat, p. 95).

Plus encore que le classic rock, les groupes de metal résistent aux modes musicales. De nombreux groupes continuent de se produire avec des leaders septuagénaires.

COULEURS ET MOTIFS : noir, blanc, rouge, camouflage, gris acier

TISSUS : cuir, jean noir, élasthanne

VÊTEMENTS ET ACCESSOIRES : jean noir, jean bleu, tee-shirt de groupe, ceinture cartouchière, veste de motard, Rangers, bottes de moto à plateformes, bermuda cargo, pantalon cargo, chemise, veste kutte, chaussures de skate, Converse, gantelets, bijoux gris acier, collier ras-du-cou

DÉTAILS : clous, sangles, boucles, caractères gothiques, lobes d'oreilles étirés, piercings, déchirures

CHEVELURE ET MAQUILLAGE : cheveux longs, teints en bleu ou en rouge, barbe, eye-liner, peinture corporelle

Glam Rock

≈ GLITTER ROCK
→ METAL, PUNK, HIPPY
+ FUTURISME, AVANT-GARDE, ANDROGYNE, CAMP

L'année 1971 est difficile pour les Britanniques. Le chômage atteint son plus haut niveau de l'après-guerre, l'inflation franchit son record depuis 30 ans, Rolls-Royce dépose le bilan, le Royaume-Uni décide de se retirer de la course à l'espace et les tensions en Irlande du Nord virent aux bains de sang.

À la même époque, le rock est en plein essor. Le premier *Hard Rock Cafe* ouvre ses portes à Londres, le festival de Reading fait son apparition, les Who sortent leur album emblématique *Who's Next* et, lors de l'émission *Top of the Pops*, Marc Bolan de T. Rex interprète *Get It On* vêtu d'une veste en lamé argenté aux épaules sculpturales, d'un pantalon rose, d'un gilet en brocart doré et de paillettes sur les pommettes. Sur le plan musical et esthétique, il s'agit d'une rupture avec son style folk et Hippy (p. 223) antérieur. Le glam rock a débarqué.

L'alter ego de David Bowie, Ziggy Stardust, définit le genre : c'est un personnage de fiction basé sur l'histoire d'un extraterrestre Androgyne (p. 270). Vêtu d'une combinaison métallique, les yeux très maquillés, lèvres d'un rouge brillant, disque d'or en forme de soleil sur le front et mulet cramoisi, il lance la tendance pour les hommes comme pour les femmes. Ziggy est une déclinaison de l'archétype de la rock star complaisante, avec des éléments de l'absurdité dada et du Futurisme (p. 33), des mouvements exagérés du mime et du théâtre japonais kabuki. Bowie était fasciné par la culture japonaise, et certains des costumes les plus mémorables de Zigg (voir Avant-garde, p. 244) ont été conçus par Kansai Yamamoto.

Le look omniprésent influence des groupes tels que Queen et Def Leppard, tout en engendrant Roxy Music, Sweet, Alvin Stardust et Mott the Hoople (pour lequel Bowie a écrit une chanson), ainsi que Slade avant qu'il ne soit seulement connu pour son célèbre chant de Noël. Si le phénomène est essentiellement britannique, des artistes américains en marge, comme Suzi Q, s'approprient la combinaison en

Jean Paul Gaultier printemps/été 2013, Fashion Week de Paris, 30 septembre 2012.

Glam Rock, suite.

cuir argenté, et d'autres s'y engouffrent, comme Alice Cooper ou Kiss, qui poussent le phénomène jusqu'aux extrêmes du shock rock et du glam metal (voir Metal, p. 120).

Le glam rock a une relation compliquée avec le Punk (p. 125), qui veut également s'éloigner de la nature de plus en plus mainstream du rock des années 1970, tout en dénonçant l'excessivité du glam. Des groupes comme les New York Dolls comblent le fossé avec le glam punk.

Bowie tue Ziggy en 1973 et réapparaît sous le nom d'Aladdin Sane, avec le motif iconique de l'éclair sur le visage et un son plus blues, inspiré par les Rolling Stones et par son séjour aux États-Unis. Les incarnations glam rock de l'artiste, y compris son personnage de l'époque de l'album *Diamond Dogs* de 1974, sont évoquées directement par Jean Paul Gaultier lors du défilé printemps/été 2013 et par Philipp Plein *Resort* 2019, indirectement chez Balmain automne/hiver 2011, et constamment dans les collections de la créatrice londonienne Pam Hogg.

Le groupe italien Måneskin, qui remporte le concours Eurovision de la chanson en 2021, est l'instigateur d'un renouveau glam rock et fait sensation en portant des combinaisons en cuir rouge dignes de Bowie.

COULEURS ET MOTIFS : rouge, argent, or, blanc, géométrique, rayures, étoiles

TISSUS : élasthanne, lamé, dentelle, brocart, lurex, vinyle

VÊTEMENTS ET ACCESSOIRES : combinaison, chaussures à semelles compensées, bottes à hauteur de genou

DÉTAILS : éclairs, thèmes de science-fiction, épaulettes, asymétrique, épaule dénudée

COIFFURE ET MAQUILLAGE : mulet, paillettes

Punk

≈ PUNK ROCK
→ FUTURISME, TEDDY BOYS & TEDDY GIRLS, METAL, GLAM ROCK, INDIE, HIPPY
+ HÉRITAGE, CYBERPUNK, STEAMPUNK, DIESELPUNK, COMBAT, POLITIQUE, FÉTICHISTE

De tous les styles présentés dans ce livre, le punk est l'un des plus souvent évoqués dans les collections de mode. Il s'agit d'un sous-genre de la musique rock (voir Rock & Roll, p. 110), mais aussi d'une sous-culture (voir la partie 6, Sous-cultures & Contre-cultures, p.212).

Le mouvement est anticonformiste, anticonsumériste et anticapitaliste. Bien qu'il rejette la mode, le punk a pourtant un sens aigu du style basé sur la violation des normes sociales. Il est proactif et utilise des objets de récupération, tels que des épingles à nourrice, des fermetures éclair, des clous et des slogans peints à la main pour customiser sa tenue. Il utilise des tissus Héritage (p. 23) traditionnellement conservateurs, comme l'écossais, et leur confère une signification anti-autoritaire, en les juxtaposant à du cuir lisse et du PVC.

Le punk est apparu en opposition au hard rock dominant et complaisant et au *flower power* décontracté du mouvement Hippy (p. 223), en 1971, avec le groupe proto-punk des New York Dolls, qui est dirigé par Malcolm McLaren et fusionne des éléments du Glam Rock (p. 122) de David Bowie et T. Rex avec l'énergie primitive des Stooges. Les Ramones – considérés comme le premier groupe de post-rock – se sont formés à New York en 1974, et le son s'est répandu avec des groupes tels que les Clash, à Londres (1976), les Saints, à Brisbane (1973) et les Buzzcocks, à Manchester (1976). (Ces derniers sont également le premier vrai groupe Indie, p. 131, poussant jusqu'au bout l'idéologie DIY en pressant eux-mêmes leurs disques.)

McLaren tenait un magasin sur King's Road, à Chelsea, qui vendait la mode Teddy Boy & Teddy Girl (p. 115) depuis 1971, ainsi que des créations de sa petite amie Vivienne Westwood. Le magasin est rebaptisé *SEX* en 1974. Un an plus tard, John Lydon, 19 ans,

Punk, suite.

auditionne pour les Sex Pistols en chantant *I'm Eighteen* d'Alice Cooper à côté des bacs à disques et des présentoirs de vêtements Fétichistes (p. 293). Chrissie Hynde, qui fera plus tard partie des Pretenders, était à la caisse.

La transformation de Lydon en son alter ego Johnny Rotten, aux cheveux hérissés rouge orange décolorés, est achevée lorsqu'il entame le titre controversé *Anarchy in the UK* (1976). Ça ne s'arrête pas là. Le bassiste John Simon Ritchie (également connu sous le nom de Sid Vicious) incarne les extrêmes incontrôlables du punk. Il meurt d'overdose à 21 ans, alors qu'il avait été libéré sous caution pour le meurtre de sa petite amie, Nancy Spungen, groupie et héroïnomane, retrouvée morte d'un coup de couteau à l'abdomen.
Il avoue, puis se rétracte en disant qu'il était inconscient sur le lit. L'identité du meurtrier demeure un mystère.

Contrairement au rock classique, le punk encourage les artistes féminines, contestataires, comme la New-Yorkaise Patti Smith, qui, en 1975, sort l'album de poésie punk *Horses*. Au Royaume-Uni, 1976 est une année charnière pour les groupes punk dirigés par des femmes, avec comme fer de lance Siouxsie and the Banshees et X-Ray Spex. Siouxsie Sioux se lie d'amitié avec les Sex Pistols et contribue à l'évolution esthétique du punk et du Gothique (p. 220) avec ses cheveux noir corbeau, son maquillage en œil de biche très chargé en khôl, son rouge à lèvres écarlate et ses vêtements noirs inspirés du bondage, souvent achetés chez *SEX*. Elle est l'incarnation de la philosophie DIY : une spectatrice qui avait décidé qu'elle pouvait monter sur scène et qui, malgré son absence de formation, avait une voix puissante qui couvrait quatre octaves. Plus tard la même année, *SEX* est rebaptisé et transformé en *Seditionaries: Clothes for Heroes*, tandis que les créations de Vivienne Westwood évoluent pour inclure des pulls en mohair déconstruits, des chaînes, des tenues de Combat (p. 95), des tee-shirts aux imprimés pornographiques et artistiquement déchirés et des *bum flaps* amovibles (sortes de protège-fesses), ainsi que ses célèbres pantalons bondage avec entrejambe zippé et sangles d'entrave.

À la même époque émerge Marianne Joan Elliott-Said – connue sous son nom de scène, Poly Styrene – qui a déjà sorti un disque de reggae et qui devient l'autrice-compositrice et chanteuse principale de X-Ray Spex. Une des rares artistes punk d'origine métisse, avec des parents britannico-somalis, Poly Styrene interprète le punk à

Un jeune punk à Trafalgar Square, à Londres, au début des années 1980.

travers le prisme du Futurisme (p. 33). Elle fabrique elle-même ses vêtements à partir de matériaux synthétiques recyclés aux couleurs vives, ou les achète d'occasion avant que le terme « vintage » n'existe. Ses costumes couvrent plus qu'ils ne montrent, et elle refuse d'être réduite à un sex-symbol. Le premier titre du groupe *Oh Bondage Up Yours!* (1977) est souvent cité comme annonçant le mouvement Riot Grrrl des années 1990, qui a donné naissance à des groupes tels que Bikini Kill et The Slits. Les punks féminines sont les pionnières du féminisme de la troisième vague, qui met l'accent sur l'intersectionnalité et les droits en matière de procréation.

D'année en année, le punk refait invariablement surface sur les podiums, réinventé comme une métaphore (éculée, diraient certains rédacteurs de mode) de la culture de la jeunesse et de la rébellion, depuis les robes à épingles de sûreté dorées de Versace pour le printemps/été 1994 jusqu'au patchwork de textiles du patrimoine britannique de Junya Watanabe pour l'automne/hiver 2017, en passant par la collection couture printemps/été 2011 de Jean Paul

Punk, suite.

Gaultier et les chaînes, les pointes et les épingles d'Alexander McQueen. L'esthétique du punk a également été incorporée dans les styles rétrofuturistes, notamment les sensibilités technologiques et néo-noir du Cyberpunk (p. 38), le gothique victorien du Steampunk (p. 42) et les moteurs rugissants et l'ambiance post-apocalyptique du Dieselpunk (p. 45).

Bien entendu, Vivienne Westwood – qui fait partie de l'*establishment*, avec un titre de dame décerné par la reine Élisabeth II – sera toujours considérée comme la marraine incontestée du punk. Vers la fin de sa vie, la créatrice a réitéré le message anticonsumériste pour une nouvelle génération avec l'aphorisme « Achetez moins, choisissez bien, faites durer ». Dans les années 1970, le punk était la pilule amère dont le courant dominant avait besoin, et plus la culture des jeunes d'aujourd'hui devient commerciale, plus le punk frappera fort lorsqu'il reviendra.

COULEURS ET MOTIFS : noir, rouge, vert émeraude, tartan, rayures tennis, léopard, larges rayures horizontales

TISSUS : cuir, PVC, résille, tweed, mohair

VÊTEMENTS ET ACCESSOIRES : corset, pantalon en cuir, veste et bottes de motard, Dr. Martens, Rangers, creepers, kilt, ras-du-cou, blazer, ceinture cloutée

DÉTAILS : épingles de sûreté, chaînes, pointes, clous, usure, déchirures, slogans peints à la main, fermetures éclair, revers, piercings et modifications corporelles

COIFFURE : crête iroquoise, teintures

Emo

≈ EMOCORE, ALT-ROCK, POP-PUNK
→ PUNK
+ E-BOY & E-GIRL, SKATE

Demna Gvasalia pour Vetements printemps/été 2017 haute couture, Fashion Week de Paris, 24 janvier 2017.

L'emo est le frère cadet du punk, doué pour la musique, introverti et non violent. C'est une évolution du punk hardcore de Washington au milieu des années 1980 qu'on nommera *emotional hardcore*, abrégé en « emo », avec des groupes tels que Rites of Spring (fondé en 1983) et Jimmy Eat World (1993) qui donnent au hardcore un caractère introspectif.

Au début du millénaire, il était difficile de faire la distinction entre les groupes d'emo et de pop-punk. Citons My Chemical Romance (fondé en 2001) et The Red Jumpsuit Apparatus (2003), qui contribuent à définir les interludes harmonieux qui s'intercalent entre les parties de punk hardcore. Toutefois, nombre de ces groupes rejettent l'étiquette « emo ».

Le style emo doit beaucoup à des tropes punk, comme la ceinture cloutée et les pointes, mais associés à des éléments plus jeunes, comme le jean, le sweat à capuche de groupe, les badges et les chaussures de Skate (p. 231). Des emos portent des mitaines ou des chauffe-bras pour couvrir les cicatrices auto-infligées, poursuivant l'héritage punk d'automutilation d'Iggy Pop. L'emo évolue, avec des artistes tels que Dominic Harrison (également connu sous le nom de Yungblud), qui remet l'emo au goût du jour pour la génération TikTok avec un clin d'œil au style E-boy & E-girl (p. 51).

Même l'emo a un sous-genre, la Scene, qui se concentre sur l'habillement. Les *scenesters* sont à toutes fins utiles des emos heureux, et le style a été populaire auprès des adolescents américains du milieu des années 2000 au début des années 2010. Il n'existe pas

Emo, suite.

de sous-genre musical appelé *scene* ; ses adeptes apprécient plutôt une variété de styles liés à l'emo, notamment le *crunkcore*, le *happy hardcore*, le *screamo*, l'*emo pop* et le pop punk. Un adepte de la Scene peut avoir l'air emo, mais il y a quelques différences subtiles : extensions de cheveux fluo rayées, tee-shirt ou sweat à capuche imprimé tête de mort, jupe tutu en tulle, leggings brillants ou chaussettes dépareillées, jean blanc, bijoux en perles de plastique et lunettes persiennes sont autant d'éléments prisés. Ils sont souvent très Androgynes (p. 270), dans l'esprit de David Bowie et du Glam Rock (p. 122), et ont plus de piercings que les emos, notamment des lobes étirés, des piercings du septum, ou des piercings *snakebite* et labret qui encadrent les lèvres.

Pour tous les emos et les scenesters, l'eye-liner, les coiffures asymétriques et les tatouages sont des éléments clés. L'emo peut évoquer l'intellectualisme introspectif de l'Academia (p. 188), avec d'épaisses lunettes à monture en corne que l'on voit rarement chez les scenesters. Il arbore également des produits de merchandising originaux des groupes et est un fan de musique.

COULEURS ET MOTIFS : noir, gris, rayures noir et blanc, rose, violet, vert, tartan

TISSUS : denim, PVC, cuir

VÊTEMENTS ET ACCESSOIRES : jean skinny, tee-shirt moulant, tee-shirt de groupe, sweat à capuche, Vans, Converse, Dr. Martens, mitaines, collants en résille, ras-du-cou, ceinture à chaînes, pantalon en PVC, lunettes noires, chauffe-bras

DÉTAILS : clous, pointes, têtes de mort, bijoux superposés, bagues, piercings, tatouages

CHEVEUX ET MAQUILLAGE : longue frange, cheveux crêpés, mèches rouges ou bleues, vernis à ongles écaillé, eye-liner épais

Indie

≈ INDIE-ROCK, INDIE-POP, ROCK INDÉPENDANT
→ E-BOY & E-GIRL, PUNK, EMO
+ POLO, CLASSIC ROCK, GRUNGE, RAVE, HIPSTER, MOD

L'indie-rock (et sa version radiophonique, l'indie-pop) est un sous-genre du rock et, en tant que tel, il porte quelques-uns des totems du Classic Rock (p. 118), notamment le jean délavé, le tee-shirt de groupe, le blouson de Biker (p. 67), les bottes épaisses, l'écharpe fine et l'élégant trilby ou le fédora.

Le Punk (p. 125) a permis aux artistes d'aller dans toutes les directions. Certains empruntent la voie de l'alt-rock et de l'art-rock, comme Sonic Youth. D'autres décident d'être indépendants des grandes maisons de disques, comme les Buzzcocks, qui sont considérés comme l'un des premiers groupes « indés » du Royaume-Uni. Ils ont pressé 1 000 exemplaires de leur premier EP, *Spiral Scratch*, en 1977, et l'ont vendu directement aux disquaires. Il s'est vendu à 16 000 exemplaires et s'est classé dans le Top 40 britannique. La pochette de l'album a été photographiée au Polaroid par leur manager, Richard Boon, et ce côté *lo-fi*, sans prétention, fait partie du charme de ce genre musical.

Les débuts de l'indie ont été influencés musicalement par les paroles douces-amères et les rythmes jangle-pop des Smiths, au Royaume-Uni, et par le son *alt college-rock* de R.E.M., aux États-Unis. Stylistiquement sobre, le look associe blazer noir et jean bleu à des grandes chemises unies ou à rayures verticales, ainsi qu'à un gilet déboutonné.

Dans les années 1990, le Grunge (p. 134) marque l'indé de l'âme d'artistes torturés (et d'omniprésentes chemises à carreaux). L'Emo (p. 129) y ajoute une lueur d'introspection sombre. Au Royaume-Uni, la Britpop divise les fans entre le swag d'Oasis, avec sa parka et sa chemise à fleurs inspirées de la sous-culture Mod (p. 228) et de la scène de danse indie de « Madchester » (voir Rave, p. 146), et la sensibilité artistique de Blur, avec sa panoplie de tricot, chemise, blouson Harrington et polo à rayures (voir Polo, p. 76).

À mesure que la mentalité indé s'impose, les consommateurs se

Indie, suite.

Hedi Slimane pour Yves Saint Laurent automne/hiver 2013-2014 homme, Fashion Week de Paris, 20 janvier 2013.

détournent des marques de grande distribution pour se tourner vers les créateurs indépendants et le vintage. Les jeunes milléniaux créatifs commencent à se demander d'où viennent leurs vêtements, lançant le mouvement de la mode durable. C'est aussi la naissance du Hipster (p. 226), dont l'uniforme se compose de manteaux en peau de mouton et de vestes de camionneur en denim de seconde main, de pulls usés et de chemises en daim ou en flanelle jetées sur des tee-shirts et des jeans délavés et assortis de Dr. Martens ou de Converse à semelle compensée.

L'âge d'or de l'indé, autour de l'an 2000, voit l'émergence de groupes tels qu'Arctic Monkeys, Bloc Party, Dirty Pretty Things, the Killers, the National, the Strokes, the Libertines, the Horrors, the Rapture, the Stills et the Fratellis. C'était surtout un club de garçons blancs, et il y avait peu de groupes ou d'artistes noirs, homosexuels ou féminins ; Kate Nash, Warpaint, Anna Calvi et Beth Ditto sont de rares exceptions. L'homogénéité atteint un point de saturation, qualifié par la presse musicale de « décharge indé », et bien que la scène musicale se soit éteinte, la mode aura toujours un penchant pour le look groupie.

Sur le podium, Hedi Slimane s'inspire de la scène musicale de sa ville natale, Los Angeles, pour la collection homme automne/hiver 2013 de Saint Laurent, qui propose du cuir, de l'écossais, du léopard rouge et du denim bleu déchiré pour un look rock discret. En 2022, les rédacteurs de mode saluent le retour de l'*indie sleaze*, hybride de grunge et de rock décadent des années 1980 avec un clin d'œil affecté au Rétro (p. 20), qui se répand comme une traînée de poudre sur Tumblr, en tant qu'esthétique internet précoce (voir aussi E-boy & E-girl, p. 51).

COULEURS ET MOTIFS : argent, noir, rouge, blanc

TISSUS : denim, tricot, cuir

VÊTEMENTS ET ACCESSOIRES : sweat à capuche, jean déchiré, jean skinny, tricot surdimensionné, fédora, beanie, hotpants en denim bleu, veste de motard, tee-shirt de groupe, parka, chemise à carreaux, écharpe fine, écharpe en laine tricotée, veste en daim, veste en jean, veste militaire, Dr. Martens, bottes de motard

DÉTAILS : tissu froissé, franges

COIFFURE ET MAQUILLAGE : cheveux ébouriffés, eye-liner brouillé, tatouages

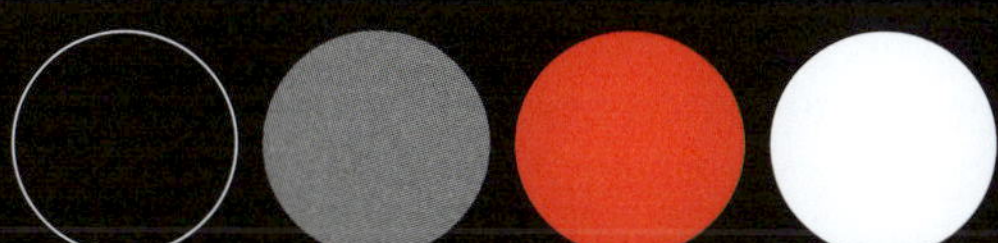

Grunge

≈ SON DE SEATTLE
→ NAUTIQUE, METAL, GLAM ROCK, PUNK, NORMCORE, ANDROGYNE
+ E-BOY & E-GIRL, BIKER, INDIE, BOHÈME

C'est la veille de Noël 1988, dans le port de Seattle, la température est à peine positive, Nirvana entre en studio pour enregistrer son premier album, *Bleach*, moyennant la somme de 606,17 dollars. L'album se vendra à plus de 2 millions d'exemplaires. Leur son *stop-start*, qui oscille entre nihilisme rageur et déception nostalgique, est typique du genre grunge. Le « son de Seattle », comme l'appelle la presse musicale, est influencé par des groupes américains de Punk (p. 125), dont Black Flag, et des groupes de Metal (p. 120) des années 1970 comme Black Sabbath – l'antithèse du *hair metal* exhibitionniste inspiré du Glam Rock (p. 122) qui sature les hit-parades. De cette boîte de Pétri culturelle s'échappe le grunge, caractérisé par sa crudité et sa production low-tech, avec des guitares électriques mélancoliques distordues par une simple pédale *wah-wah*. Notons que le grunge comporte également des moments de pop mélodique et d'optimisme fragile.

Le style grunge n'est pas spécifiquement anti-mode ; il s'apparente davantage à une version des années 1990 du Normcore (p. 199) en ce sens qu'il ne veut pas s'affirmer (même s'il finira par le faire). Kurt Cobain est la figure emblématique du genre, et avec ses cheveux blond sale hirsutes et ses yeux soulignés de khôl, il n'était pas dépourvu de style. L'esthétique échevelée et économe du genre se retrouve dans les jeans déchirés, les tee-shirts délavés de groupes, les bottes épaisses, les sous-vêtements thermiques et les chemises de bûcheron à carreaux ou les pulls surdimensionnés. Le chanteur porte également une robe sur la couverture emblématique du magazine *The Face*, en 1993 (voir Androgyne, p. 270), mais opte le plus souvent pour des classiques tels qu'une marinière rayée (voir Nautique, p. 98).

La scène grunge était un épicentre de l'héroïne, qui coïncide avec le look « héroïne chic » du milieu des années 1990 pour les mannequins des défilés – caractérisé par Kate Moss – qui n'avaient pas la vigueur athlétique des « supers » du début des années 1990 telles que Linda

Kurt Cobain et Nirvana, à Chicago, en 1993.

Grunge, suite.

Evangelista, Naomi Campbell et Cindy Crawford. Courtney Love, chanteuse du groupe de rock Hole, popularise le look Kinderwhore, réinterprétation féministe de la robe de poupée, du col Claudine et des chaussures babies, avec un côté grinçant d'ange déchu.

La collection printemps/été 1993 de Marc Jacobs pour Perry Ellis est l'un des premiers exemples de tendance qui passe de la rue aux podiums, pour être réinterprétée dans des matières luxueuses pour aboutir à des versions améliorées. La collection reçoit de mauvaises critiques, ce qui vaut à Jacobs d'être renvoyé, même si, avec le temps, elle est considérée comme prémonitoire. D'autres créateurs, comme Anna Sui, flirtent avec le grunge, et reçoivent un accueil mitigé. Lorsqu'Hedi Slimane fait du grunge pour la collection automne/hiver 2013 de Saint Laurent, il divise la presse spécialisée, certaines critiques louant sa compréhension du capital culturel, d'autres étant horrifiées par le fait qu'il rabaissait l'héritage de la maison française. L'inévitable résurgence des tendances des années 1990, vingt à trente ans plus tard, inaugure une nouvelle ère de grunge qui trouve un écho auprès d'une autre génération de jeunes mécontents dans les années 2020. Le grunge, selon les paroles anti-matérialistes et inclusives de Nirvana, donne la permission de « venir tel que l'on est ».

COULEURS ET MOTIFS : rouge, noir, écossais, imprimés floraux (micro), fines rayures horizontales

TISSUS : denim, coton, velours côtelé

VÊTEMENTS ET ACCESSOIRES : jean, chemise en flanelle, tee-shirt de groupe, minirobe, jupe patineuse, Dr. Martens, Rangers, cardigan

DÉTAILS : déchirures, collants noirs opaques, bijoux argentés, ras-du-cou, verres miroir, short en denim par-dessus les collants, superposition, longs colliers

Funk

≈ GROOVE, BOOGIE, GO-GO
→ MILITAIRE, CLASSIC ROCK, TAILORING, HIPPY
+ FUTURISME, AFROFUTURISME, COW-BOY, DISCO

La première utilisation de « funky » en tant qu'adjectif est apparue dans l'argot du jazz au tournant du XIXe siècle, signifiant une odeur forte et terreuse pour évoquer la senteur primitive et piquante qui persiste après l'effort physique et les rapports sexuels. Ce mot était considéré comme déplacé par les sensibilités délicates de l'Amérique blanche, mais pour le public afro-américain du jazz, la sueur de l'interprète valait la peine d'être célébrée. Le « funk » en tant que style musical a été inventé en 1959 et, dans les années 1960, le mot « funky » devient synonyme d'élégance et de modernité non conventionnelles. Musicalement, le funk est issu de la soul et du R&B et constitue une réaction aux prétentions et à la complexité du modern jazz. Le funk met l'accent sur le groove et se caractérise par un rythme lent, suggestif et agréable à danser.

James Brown, parrain incontesté de la soul, incarne la divergence du funk par rapport à l'aura polie de la Motown : des artistes noirs, habillés de robes et de vestons élégants pour plaire au public blanc plus conservateur de l'époque (voir Tailoring, p. 195). James Brown apporte à cette esthétique une énergie charnelle brute avec des combinaisons à paillettes fendues jusqu'au nombril (souvent ornées du mot *SEX*), des vestes métalliques scintillantes et des chaussures à semelles compensées. George Clinton et son collectif Parliament-Funkadelic, dont le bassiste extraverti Bootsy

Halpern, Fashion Week de Londres, 15 février 2020.

Funk, suite.

Collins, ajoutent des influences psychédéliques (voir Hippy, p. 223), ainsi que des touches d'Afrofuturisme (p. 48) inspirées de la science-fiction et des motifs cosmiques. Jimi Hendrix est un pionnier du funk rock (voir Classic Rock, p. 118), et son penchant pour une veste de hussard Militaire (p. 91) vintage donne une autre expression au genre.

Dans les années 1970, ces fils s'entremêlent avec l'esthétique Disco (p. 139). Cependant, le funk se distingue par ses concerts live, tandis que les DJ du disco faisaient tourner des disques (« disco » est l'abréviation de discothèque, mot inventé par les Français pendant l'occupation nazie, lorsque la musique live était interdite).

Les samples de funk et les *breakbeats* jouent un rôle important dans le Hip-hop (p. 142) et la dance music influencée par la culture Rave (p. 146).

COULEURS ET MOTIFS : fuchsia, turquoise, moutarde, orange vif, vert vif, écossais

TISSUS : satin, polyester, nylon, lamé, velours

VÊTEMENTS ET ACCESSOIRES : chaussures à plateformes, combinaison, salopette, pantalon cloche, costume trois pièces, bandeau, écharpes fines, lunettes de soleil rondes, col roulé, fédora, bagues, manteau de fourrure

DÉTAILS : paillettes, décolleté, revers larges, franges, camp collar

Disco

≈ CLUB
→ FLAPPER, FUNK, RAVE
+ RÉTRO, BODY-CONSCIOUS

La culture moderne des clubs, avec ses DJ superstars, ses lieux à la déco extravagante et ses codes vestimentaires ambitieux, commence par l'avènement du disco dans les années 1970. Fusion de Funk (p. 137) et de soul, de jazz (voir Flapper, p. 30), de gospel et de R&B, à l'origine, le disco offre un espace sûr où les minorités américaines peuvent s'exprimer.

La boîte de nuit *Studio 54*, qui ouvre ses portes en 1977, sur la 54e rue de Midtown Manhattan, atteint un statut mythique dans la culture pop. Nombre de ses histoires sont vraies : le jour de son anniversaire, Bianca Jagger est bel et bien arrivée sur un cheval blanc conduit par un homme qui ne portait rien d'autre que de la peinture corporelle ; la cocaïne et les Quaaludes (surnommés « biscuits disco ») étaient monnaie courante ; le sexe était pratiqué ouvertement sur les balcons et dans les salons VIP ; et pour une soirée du Nouvel An, la piste de danse a été ensevelie sous quatre tonnes de paillettes. La clientèle était composée de célébrités de premier plan : David Bowie, Cher, Eartha Kitt, Jacqueline Kennedy Onassis, Grace Jones, Mick Jagger, Liza Minnelli, Margaux Hemingway, Andy Warhol, Elton John et l'ancienne première dame Betty Ford y ont tous fait la fête.

Parmi les créateurs de mode qui ont fréquenté ce lieu de perdition, citons Diane von Fürstenberg, dont la robe portefeuille caractéristique était facile à porter en dansant (et, pour paraphraser ses propres mots, facile à remettre en place sans déranger un homme endormi le matin) ; Valentino Garavani, toujours aussi glamour, le jeune prodige américain Tom Ford (qui a fait des tenues de soirée sa marque de fabrique) ; et surtout Halston, qui redéfinit le glamour langoureux. Parmi les hédonistes moins connus, il y a Calvin Klein, Norma Kamali et Carolina Herrera.

Il faut se faire remarquer tout en étant à l'aise, de sorte que la mode est Body-conscious (p. 287), révélatrice, ou ample et louche. Les paillettes sont indissociables de la boule à facettes et les tissus

Diana Ross, vers 1970.

aux tons de bijoux ajoutent à l'impression de luxe.

Sur les podiums d'aujourd'hui, le disco est une référence clé pour les tenues de soirée, et le XXIe siècle permet une résurgence de la tendance pour le printemps/été 2018 chez Paco Rabanne, Saint Laurent, Christian Dior et Balmain. Pour l'automne/hiver 2019, Michael Kors axe sa collection directement sur le *Studio 54* ; Versace, pour le printemps/été 2020, fait appel à Dua Lipa pour ouvrir et clôturer le défilé ; tandis que le créateur britannique Michael Halpern la peaufine pour l'automne/hiver 2020. Pour le premier été post-pandémique, en 2022, de nombreux créateurs capturent l'ambiance de fête avec des collections sur le thème du disco, parmi lesquels Fendi, Dolce & Gabbana et Philosophy di Lorenzo Serafini. La relance mouvementée de la maison Halston en 1997, puis en 2006, a trouvé son rythme de croisière avec des interprétations contemporaines du style disco au fil des saisons.

Le disco en tant que genre musical s'arrête brusquement à la fin des années 1970, tué lors de la Disco Demolition Night, le 12 juillet 1979. Ce qui n'était au départ qu'un stratagème marketing de l'équipe de base-ball de Chicago pour augmenter sa fréquentation se termine par l'explosion de caisses de disques disco, la prise d'assaut du terrain par près de 50 000 sceptiques et l'émeute des 20 000 autres personnes qui entrent depuis l'extérieur. Les cendres du disco donnent naissance à la house music et à la dance music électronique, qui engendre à son tour la culture Rave (p. 146) de la fin des années 1980 et des années 1990.

COULEURS ET MOTIFS : rose, violet, blanc, or, argent, imprimés léopard, serpent, zèbre et tigre

TISSUS : satin, polyester, nylon, fourrure, lamé, velours

VÊTEMENTS ET ACCESSOIRES : hotpants, chaussures à plateformes, combinaison, pantalon cloche, pantalon disco, top à dos nu, minijupe, chemise, crop top

DÉTAILS : sequins, paillettes, décolleté, capuche, revers larges, coupe en biais, coupe évasée, asymétrique

COIFFURE : afro, longues boucles

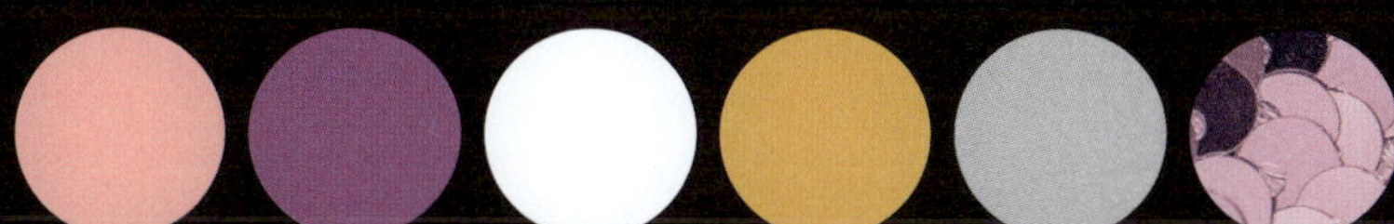

Hip-hop

≈ OLD-SCHOOL
→ DISCO, MAXIMALISTE
+ AFROFUTURISME, ATHLEISURE, BOURGEOISIE

Le hip-hop est plus que de la musique. S'il est principalement associé au rap et au MC, il englobe également les compétences des DJ en matière de sampling, de mixage et de scratching, le *breakdancing* et le graffiti. Il est né dans les *block parties* du Bronx, à New York, creuset multiculturel d'Afro-Américains, de Jamaïcains et de Latino-Américains, et musicalement, il trouve ses racines dans l'énergie du funk, le rythme festif du Disco (p. 139) et le nouveau son de la musique électronique, avec des éléments jamaïcains de *toasting* vocal, de reggae et de dub, de scat, et les paroles du *spoken word* et du blues parlé.

Les *breakbeats* sont apparus en premier – et l'idée d'isoler et de mélanger les breaks de deux morceaux de hard funk pour créer un segment prolongé pour la danse ou le MCing est attribuée à DJ Kool Herc, né à Kingston, en Jamaïque, et ayant grandi dans le Bronx. L'un des premiers disques à définir le son est *Rapper's Delight* (1979) du Sugarhill Gang, qui grave pour la première fois sur un vinyle le refrain « hip-hop » qui donne son nom au genre, bien que ce soit Keef Cowboy des Furious Five qui ait inventé le terme. Les légendaires Grandmaster Flash and the Furious Five donnent le ton aux thèmes du rap socialement conscient dans *The Message* (1982).

À ses débuts, l'esthétique hip-hop old-school reprend certains des excès des années 1980, ainsi que la palette colorée des années 1990. Puis, à mesure qu'elle progresse vers l'âge d'or du hip-hop, elle incorpore des motifs afrocentriques, des chemises dashiki et des chapeaux kufi d'Afrique de l'Ouest en tissu kente (voir Héritage, p. 23), associés à du denim clair (pensez à Will Smith et Jazzy Jeff). L'esthétique centrale du hip-hop s'inspire du confort des vêtements de sport, que l'on appelle aujourd'hui l'Athleisure (p. 60), comme le souligne le titre *My Adidas* (1986) de Run-DMC. À la même époque, les thèmes de l'Afrofuturisme (p. 48) sont explorés par des artistes comme Afrika Bambaataa dans son album *Planet Rock* (1992) avec le collectif électro-funk Soulsonic Force.

Wu-Tang Clan sur un tapis rouge, à Hollywood. Photo non datée.

Dans les années 1990, le fabricant de vêtements américain Starter détient le monopole des produits dérivés des trois plus grands sports d'Amérique du Nord : la National Basketball Association, la National Football Association et la National Hockey League. Les vestes letterman ou varsity (voir Academia, p. 188) étaient basées sur le style bombardier original (voir Aviateur, p. 63) et, bien qu'il ne s'agisse pas d'articles de luxe, elles coûtaient environ 150 dollars, et étaient donc un symbole du statut social.

Les marques américaines Preppy (p. 191) portées par les étudiants privilégiés des universités de l'Ivy League deviennent des acteurs majeurs de la mode dans les années 1990, et avec elles les aspirations aux country clubs, aux week-ends dans les Hamptons, aux voyages en voilier et aux vacances au ski. Les rappeurs vivent le rêve américain et subvertissent les connotations anglo-saxonnes protestantes traditionnelles de ces marques, ce que les créateurs

Hip-hop, suite.

eux-mêmes acceptent sans réserve, comme Ralph Lauren, dont les polos (voir Polo, p. 76) sont une preuve de valeur, et Tommy Hilfiger, qui cultive également le lien avec la fraternité de la musique urbaine. Le look imprègne le R&B contemporain, et Aaliyah en particulier reste une icône de style durable. Tragiquement décédée dans un accident d'avion à l'âge de 22 ans en 2001, elle s'était insurgée contre la mode féminine des podiums de l'époque en adoptant des jeans amples, des survêtements et des crop tops, associés à des boucles d'oreilles et des éléments Androgynes (p. 270).

Au tournant du millénaire, les stars du hip-hop au zénith affichent leur richesse au moyen de chaînes, de bijoux et de montres incrustés de diamants, dans une démonstration Maximaliste (p. 254) de consommation ostentatoire, preuve de « réussite ». Le look « bling-bling » d'artistes tels que T-Pain, 50 Cent et Lil Wayne est une esthétique déterminante du milieu des années 2000 et reste un élément clé des styles de rap issus du hip-hop, tels que le gangsta rap et la trap music.

L'arrivée en masse des rappeurs dans l'industrie de la mode ouvre la voie à l'esthétique streetwear-luxe moderne : Sean « Puff Daddy » Combs crée la marque Sean John en 1998, Jay-Z fonde Rocawear en 1999, Pharrell Williams suit leur exemple avec Billionaire Boys Club en 2003, et Kanye West réécrit l'histoire avec sa marque Yeezy multimilliardaire, lancée en 2006 et connue jusqu'en 2022 pour sa collaboration avec Adidas.

La logomanie actuelle trouve ses racines dans le hip-hop, en partie grâce au travail du créateur de mode de Harlem Daniel Day, « Dapper Dan », qui, au milieu des années 1980, découpe et retravaille des sacs en cuir Gucci, Fendi et Louis Vuitton pour en faire des bombers et des survêtements pour ses clients Mike Tyson, Floyd Mayweather, la médaillée olympique Diane Dixon, ou encore Salt-N-Pepa. Ces « emprunts » déclenchent une avalanche de procès qui le contraint à fermer boutique en 1992. Cependant, il est en avance sur son temps en apposant des monogrammes et des logos de marques de luxe sur des vêtements de ville. Dans un intéressant retournement de situation, Alessandro Michele, pour la collection resort 2018 de Gucci, copie les « contrefaçons » revendiquées par Dapper Dan. L'histoire se termine bien avec une collaboration officielle, et la maison italienne l'aide à rouvrir le célèbre atelier de Harlem.

COULEURS ET MOTIFS : rouge, blanc, bleu, noir, jaune, cachemire

TISSUS : nylon, polyester

VÊTEMENTS ET ACCESSOIRES : survêtement, tee-shirt oversize, chapeau baquet, casquette de baseball, bomber, bottes Timberland, chemise, jean baggy, blouson en cuir rouge, salopette, maillot de basket, bandana paisley, béret, béret Gavroche

DÉTAILS : chaînes, bijoux, grillz

Rave

≈ ACID HOUSE, EDM, GARAGE, JUNGLE, TECHNO
→ FESTIVAL
+ KIDCORE

Le mot *rave*, qui désigne une fête sauvage, fait son apparition dans les années 1950 avec les Beatniks (p. 214) de Soho et les Mods (p. 228) dans les années 1960, avant de tomber en désuétude jusqu'aux années 1980. Les raves deviennent un mélange de techno européenne et de house music américaine, vu à travers le prisme de l'ecstasy de la scène « Madchester » de la fin des années 1980, avant d'être réexportées vers les États-Unis dans les années 1990. Les premières raves étaient des « free parties » secrètes et illégales, des proto-festivals organisés dans des champs ou des entrepôts, dont le style s'apparentait à celui des hippies Bohèmes (p. 217).

L'*acid house* naît de la Chicago house, qui a évolué pour intégrer les sons lourds de basses du synthétiseur Roland TB-303. Le nom *acid* décrivait à l'origine la façon dont la musique se disséminait dans des motifs colorés, comme des fractales. Mais il a rapidement coïncidé avec l'utilisation de la drogue psychédélique elle-même.
Les drogues récréatives étaient (et sont toujours) un élément important de la scène rave, directement évoqué dans les créations de Raf Simons, et indirectement dans l'utilisation du motif de la tétine, qui soulage les grincements de dents sous drogue. Ce motif et d'autres motifs Kidcore (p. 175), tels que les arcs-en-ciel, les papillons et les pinces à cheveux (voir aussi Kawaii, p. 170), sont souvent présents dans les raves, comme un clin d'œil à la fuite des responsabilités de la vie adulte.

Le deuxième Summer of Love se déroule en 1987 au Royaume-Uni : des adolescents défoncés trouvent une communauté et de l'empathie dans des clubs tels que le *Shoom* et l'*Astoria* à Londres, et l'*Haçienda* à Manchester, qui rassemble des factions bagarreuses de hooligans (dilemme éthique pour la police locale). Comme lors du premier Summer of Love de 1967, les adeptes de la rave privilégient le tie-and-dye et les signes pacifistes comme symboles de la contre-culture (voir Hippy, p. 223).

Anouk Schonewille sur le podium de Prada femme automne/hiver 2018-2019, Fashion Week de Milan, 22 février 2018.

Shoom, fondé par le DJ Danny Rampling, utilise le symbole du smiley sur son matériel promotionnel. Les trafiquants de drogue l'estampillent sur leurs pilules et portent des bracelets de perles comme code pour faire la publicité de leurs marchandises. Ces bracelets artisanaux deviennent un élément important de la culture rave, quand les fêtards surnommés *kandi kids* les échangent avec leurs nouveaux amis sur la piste de danse en signe de paix, d'amour, d'unité et de respect. Cette pratique est encore courante sur la scène américaine de la dance music électro.

Dans les années 1990, la musique électronique évolue pour inclure la jungle et le garage, et dans les clubs urbains, les clients

Rave, suite.

élèvent le niveau de style. L'influence du Hip-hop (p. 142) se fait sentir dans la vague de logos de créateurs sur les podiums de Milan, tels que Versace et Moschino.

La techno de Détroit et le son industriel allemand confèrent aux raves un côté futuriste. Les affiches promotionnelles réalisées par des artistes tels que l'icône londonienne Pez, qui est engagée en 2019 par la marque américaine Coach pour concevoir ses prospectus, présentent des motifs d'op art trippants et des images extra-planétaires pour évoquer les sensations procurées par la rave. Les thèmes spatiaux sont couramment utilisés, et il existe des similitudes avec le style Cyberpunk (p. 38). Les tissus fluo sont parfaits pour attirer l'attention sur la piste de danse et brillent sous l'éclairage à UV.

La tendance de la mode à réinventer les styles vingt ou trente ans après leur apparition permet au style rave de revenir, en particulier dans les années 1990 et au passage à l'an 2000. Le début des années 2020 voit une résurgence du bob, de la camisole à fines bretelles, du crop top, des baskets à semelles compensées et des jeans larges. L'esthétique rave est souvent vue dans le contexte d'une tenue de Festival (p. 149) et, lorsqu'elle est interprétée de manière érotique, elle est une déclinaison du Body-conscious (p. 287).

COULEURS ET MOTIFS : jaune fluo, rose fluo, bleu fluo, jaune, iridescent, op art

TISSUS : satin, polyester, nylon, fausse fourrure, denim

VÊTEMENTS ET ACCESSOIRES : tee-shirt à logo, baskets à plateformes, crop top, micro-lunettes de soleil, bob

DÉTAILS : smiley, thèmes spatiaux, tétines, bâtons lumineux, découpes

COIFFURE ET MAQUILLAGE : space buns, tatouages temporaires

Festival

FIELD DAY

MILITAIRE, COMBAT, ROCK & ROLL, ROCKABILLY, INDIE, BODY-CONSCIOUS

CYBERPUNK, DIESELPUNK, GORECORE, RAVE, BOHÈME, HIPPY

Il fut un temps, en 2005, où l'apogée de la capitale culturelle britannique incluait Kate Moss pataugeant dans la fange du festival de Glastonbury avec son petit ami de l'époque, Pete Doherty du groupe Babyshambles. Un verre dans une main, une cigarette dans l'autre, l'air de ne pas avoir dormi depuis deux jours, Moss porte un pull en lurex doré et des bottes en caoutchouc au pied de ses jambes interminables, et Doherty une veste de motard en cuir noir, un tee-shirt de groupe avec le slogan *I am a shambles*, un jean noir moulant et son trilby emblématique. C'est l'apogée de l'Indie (p. 131) et du look de rock star échevelée (voir Rock & Roll, p. 110, et Rockabilly, p. 113) qui fait son grand retour en 2022, la Gen-Z exploitant l'esthétique des premiers réseaux sociaux tels que Tumblr pour ce que l'on appelle l'*indie sleaze*.

Les festivals de musique et d'arts sont populaires depuis l'Antiquité grecque, mais ils prennent de l'ampleur dans la culture populaire au milieu du xxe siècle, en commençant par le festival de jazz de Newport, dans le Rhode Island, fondé en 1954. Glastonbury est créé en 1970. Cette année-là, ses 1 500 visiteurs payent seulement 1 £ pour l'entrée et reçoivent gratuitement du lait fourni par les résidents à quatre pattes de Worthy Farm. En 2022, le nombre de visiteurs s'élève à plus de 200 000, payant chacun 280 £ pour le billet d'entrée. Ce chiffre n'a rien à voir avec des événements quasi mythiques comme Woodstock, au cours duquel près d'un demi-million de personnes se rendent à Bethel, pendant quatre jours, en 1969, pour diffuser un message de paix et d'amour au plus fort de la guerre du Viêt Nam. L'héritage de la culture de Woodstock (voir Hippy, p. 223) continue de se faire sentir dans les festivals de musique avec la prédominance des symboles de paix, des chemises et vestes de Militaires (p. 91), des bottes épaisses (voir Combat, p. 95), des couronnes de fleurs et des imprimés psychédéliques.

Dsquared2 printemps/été 2012, Fashion Week de Milan, 26 septembre 2011.

Traditionnellement, les festivals évoquent le style Bohème (p. 217), caractérisé par des superpositions éclectiques, des chemises à lacet, des robes longues inspirées des années 1970 aux imprimés floraux, des pantalons évasés et des gilets en crochet. Mais le retour des années 1990 et la popularité croissante de la musique électronique font que le style Rave (p. 146) occupe souvent le devant de la scène.

Les festivals britanniques sont réputés pour leurs intempéries. Un instant, on peut y voir un océan de ponchos trempés (voir Gaucho, p. 82) avec des anoraks Gorecore (p. 88) et des bottes en caoutchouc, et l'instant d'après, une mer de hauts de bikini, de shorts en jean coupés et de gilets à franges. Le Coachella Valley Music and Arts Festival, qui se tient sur les terrains ensoleillés de l'Empire Polo Club en Californie, et qui est sans doute le plus commercial de tous les festivals, devenant le premier à rapporter 100 millions de dollars en 2017, est un véritable défilé de tops et de bas coordonnés impeccables, de robes transparentes Body-conscious (p. 287) et de talons hauts inattendus. Les participants de Coachella ont également été interpellés par le passé pour leur appropriation culturelle de coiffes autochtones et de bindis hindous (voir Héritage, p. 23). L'exploitation commerciale des festivals se poursuit, de nombreuses marques de *fast fashion* produisant chaque été des articles jetables de mauvaise qualité pour les commercialiser auprès des jeunes fêtards.

Au sommet du style festivalier se trouve le très célèbre Burning Man, acte autoproclamé d'« expression radicale » et exercice d'autonomie organisé sur une *playa* de lac salé asséché dans le désert isolé de Black Rock, dans le Nevada. Les « Burners » se rassemblent pour incinérer leurs effigies artistiques et, bien que les vêtements soient facultatifs, beaucoup optent pour le Dieselpunk (p. 45) tribal post-apocalyptique et le néon futuriste du Cyberpunk (p. 38).

COULEURS ET MOTIFS : imprimés tropicaux et psychédéliques

TISSUS : denim, crochet, nylon, résille, vinyle

VÊTEMENTS ET ACCESSOIRES : chemise à lacet, veste de motard, pantalon en PVC, ceintures à disques, robe à bretelles, hotpants en denim, bottes en caoutchouc, poncho de pluie, bob, sac banane, Dr. Martens, ballerines, Rangers, Converse, chemise hawaïenne

DÉTAILS : plumes, paillettes, bracelets, franges, couronnes de fleurs, colliers superposés, clous

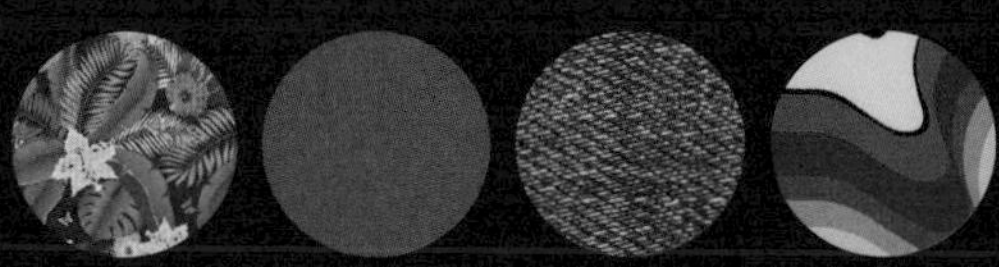

Carnaval

≈ MARDI GRAS
→ HÉRITAGE, GORECORE, FESTIVAL, ROCOCO
\+ ATHLEISURE, RAVE, BODY-CONSCIOUS

Le carnaval est une fête véritablement mondiale, avec plus de cinquante événements majeurs à travers le monde, de Rio de Janeiro à Londres, de Goa à la Nouvelle-Orléans, et de Venise à Trinidad. Bien que de nombreuses nations y participent, elles sont reliées par un fil conducteur.

Dans l'Égypte antique, il y a 4 000 ans, une fête agricole païenne avait lieu à la fin de l'hiver pour terminer les réserves de nourriture avant qu'elles ne se gâtent et accueillir le printemps. Cette fête s'est répandue dans la Grèce antique et dans l'Empire romain, où elle a été associée à la fête du *Navigium Isidis* (« vaisseau d'Isis »), qui honorait la déesse Isis et annonçait le début de la saison de navigation. Les fêtards étaient transportés sur des bateaux dans les rues, ce qui serait à l'origine de la tradition des chars de carnaval. Le carnaval s'inspirait également des banquets hédonistes de Dionysos et de Bacchus, avant d'être repris par le christianisme comme dernier festin avant le jeûne du carême. Le mot « carnaval » vient de l'italien *carne levare*, enlever la viande, qui, par l'usage populaire, est devenu *carne vale*.

Le carnaval de Venise, qui débute au XIe siècle, instaure la tradition du costume et de la mascarade pour préserver l'anonymat de celui qui le porte en s'adonnant aux péchés de gourmandise et de luxure. À partir du XVIe siècle, les Portugais amènent la fête (ainsi que des millions d'Africains réduits en esclavage) au Brésil, où, au fil du temps, une fusion de styles de musique et de danse donne naissance à la samba. Le premier carnaval de Rio a lieu en 1723. En 1783, les colons français introduisent la célébration du Mardi gras sur l'île de Trinidad. Les esclaves, exclus des festivités, organisent leurs propres fêtes, dans lesquelles ils imitent et se moquent de leurs oppresseurs dans des robes élaborées, ajoutant des éléments de leur culture africaine perdue aux sons du calypso et, plus tard, de la soca. Trinidad se retrouve aux mains des Britanniques pendant les guerres

Marc Jacobs printemps/été 2019, Fashion Week de New York, Park Avenue Armory, 12 septembre 2018.

Carnaval*, *suite.

napoléoniennes en 1814, et une fois l'esclavage aboli dans les années 1830, le carnaval devient une fête de l'émancipation. Le carnaval de Notting Hill, à Londres, est créé en 1966 en tant qu'émanation du carnaval de Trinité-et-Tobago pour célébrer la culture caribéenne après une période de tensions raciales et de violences dans la capitale. C'est devenu un événement séculier organisé le dernier week-end du mois d'août.

Le style carnavalesque se divise en deux camps : ceux qui participent aux défilés et aux chars, et ceux qui font partie de la foule des spectateurs. Le costume peut coûter très cher, selon la place que le participant occupe dans le groupe. À l'exception de Venise, qui se caractérise par des vêtements de style Rococo (p. 257) et des masques élaborés, l'essentiel pour les spectateurs est de veiller à ce que les costumes soient colorés.

Les ornements qui soulignent le mouvement du danseur, comme les plumes et les franges, sont de rigueur. Les baskets sont indispensables, de même que les sacs banane pour pouvoir danser les mains libres (élément clé également pour le Festival, p. 149). Les paillettes brillent sous le soleil et, pour ceux qui participent au carnaval de Notting Hill, pensez à vérifier les prévisions météorologiques pour savoir si vous aurez besoin d'un imperméable (voir Gorecore, p. 88).

Aux premières heures du jour de l'ouverture du carnaval caribéen (appelé familièrement *J'ouvert*, du français « jour ouvert », lever du jour) se déroule la tradition du *ole mas*, la première occasion pour les fêtards de jouer à la « mascarade » et d'échapper aux contraintes habituelles de la société. Les événements d'actualité sont abordés par le biais de commentaires politiques pleins d'esprit, et une foule de personnages surgissent des profondeurs de l'enfer pour reconstituer l'histoire de l'esclavage et des maux infligés par les colons blancs. Des diablotins tourbillonnants, des chauves-souris et des diables peints en bleu hantent les rues pour effrayer les non-initiés et quémander de l'argent aux passants. Le *jab molassie* (diable de la mélasse ; le mot *jab* vient du français « diable ») est le personnage d'un fantôme inspiré de la sinistre histoire d'un esclave tombé dans une cuve de mélasse bouillante dans une usine de sucre. Les acteurs de ce *mas* (mascarade) sont couverts de goudron, d'huile ou de graisse, et peuvent avoir des chaînes autour du cou.

Au fil du temps, *ole mas* s'est transformé en *dirty mas* (ou *dutty*, en créole), qui consiste à jeter de la peinture, de l'eau, du chocolat, de la boue ou de l'huile, certains carnavals utilisant des substances plus indélébiles que d'autres. Cela renvoie à l'ancienne tradition portugaise de l'*entrudo*, issue de la fête païenne de la fertilité au printemps, au cours de laquelle les gens se déguisaient en diables et en démons et se jetaient de l'eau, de la boue et parfois même de l'urine. C'est une caractéristique essentielle des premiers carnavals organisés au Brésil.

Pour la plupart des gens, l'incarnation la plus connue du carnaval est la parade, avec son défilé de bikinis, de perles, de plumes et de strass, mais attention au combatif *jab jab* ou double diable, qui cherche d'autres *jab jab* à combattre. Habillé à la manière d'un bouffon médiéval, en satin rayé avec un bouclier sur la poitrine, des garnitures en duvet pour dissimuler les mouvements des bras et des miroirs pour aveugler et distraire les adversaires, il brandit un fouet redoutable.

COULEURS ET MOTIFS : rouge, jaune, rose, orange, vert, bleu, imprimés tropicaux, or, imprimé léopard

TISSUS : denim, crochet, nylon, résille

VÊTEMENTS ET ACCESSOIRES : hotpants, baskets, bikini, short, masque, sac banane

DÉTAILS : plumes, sequins, ornements, cristaux, perles, rubans, coquillages, paillettes

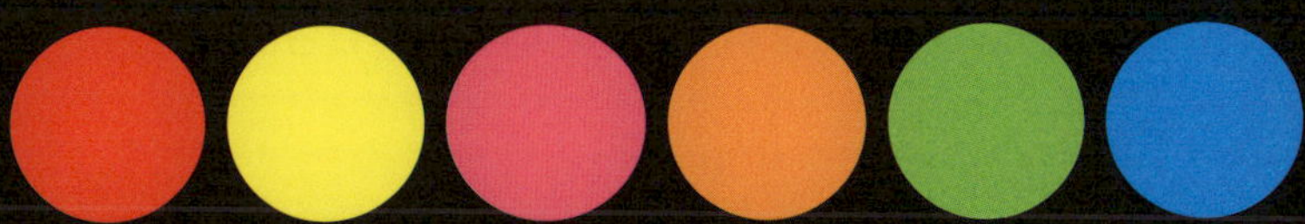

Jeu

Il y a une grande latitude entre les vêtements de travail et les tenues de loisirs. La pandémie de Covid-19 catapulte de nombreuses personnes dans une existence difficile, alternant entre le travail en présentiel et en distanciel et, comme tout travailleur hybride le sait, il y a un monde de différence entre s'habiller pour le bureau, s'habiller pour le travail en visio depuis chez soi et s'habiller pour les jours où l'on travaille hors caméra, lorsque le confort est essentiel.

Le style « quartier libre » englobe tous les aspects du style décontracté, qu'il s'agisse de se tenir sur le pont d'un bateau de croisière en portant un caftan soyeux qui flotte dans la brise, ou de rester chez soi un soir d'hiver, enveloppé dans un tricot douillet et des chaussettes épaisses. La façon dont nous choisissons de nous habiller en dehors des heures de travail est révélatrice de notre personnalité. Le quartier Harajuku de Tokyo, célèbre dans le monde entier pour son impact durable sur le style de la rue et la création, en est la preuve la plus créative. Sous le paysage urbain des tours de verre et de béton et des rues bondées d'enseignes au néon émerge le kawaii, un style ostensiblement mignon qui offre un éventail de pastels et de teintes saturées.

Si vous continuez à ajouter des accessoires et des autocollants en forme de cœur ou de lune collés avec l'enthousiasme d'un enfant, le look devient decora.
Les confections froufroutantes du style Lolita s'inspirent de la

4.

perfection de la poupée, tandis que le cosplay s'adresse au public qui aime les jeux de rôle et n'est jamais trop vieux pour se déguiser.

En Occident, le style kidcore a évolué, avec une profonde nostalgie pour les dessins animés, les accessoires en plastique et les couleurs vives inspirées des crayons de couleur.

L'habillement décontracté peut aussi être sophistiqué. Le style Dolce Vita, issu du film italien de 1960, nous donne un moodboard intemporel pour les week-ends d'été en ville, avec des petites robes noires et des costumes parfaitement coupés.

De la ville à la campagne, les paysages de rêve de prairies vallonnées, l'odeur du foin fraîchement coupé et du pain qui sort du four ont inspiré le look cottagecore, qui a connu une forte tendance au début de la pandémie et revient avec un charme rustique permanent et des robes florales diaphanes, le plus souvent comme look estival. Pour l'hiver, la chaleureuse esthétique danoise hygge embrasse un confortable art de vivre. Jouer avec la mode est un plaisir durement gagné.

Cosplay

≈ DÉGUISEMENT, COSTUMÉ, COSTUMADE
→ DIGITAL FASHION, CARNAVAL, AVANT-GARDE, DRAG
+ FUTURISME, CYBERPUNK, STEAMPUNK, DIESELPUNK, NAUTIQUE, KAWAII

Le déguisement en tant que phénomène culturel doit beaucoup aux bals masqués vénitiens organisés à partir du XVIIe siècle pendant le Carnaval (p. 152). Au XVIIIe siècle, ces divertissements sont à la mode dans les cours royales d'Europe. Bien que le cosplay ne soit pas une esthétique au même titre que d'autres entrées de ce livre, l'incarnation de personnages choisis constitue sans doute une expression de l'identité personnelle plus évidente que l'adoption de modes saisonnières. Cela reflète également l'utilisation d'avatars par les humains pour habiter le métaverse (voir Digital Fashion, p. 54), et indique clairement l'appartenance à une sous-culture.

Les cosplayers se font passer pour n'importe quel personnage de fiction ou de littérature fantastique, de télévision, de jeux vidéo, de film d'animation ou de manga, et la scène du cosplay est centrée sur de grandes conventions ou « cons ». Lors de la première convention mondiale de science-fiction, ou Worldcon, qui s'est tenue à New York en 1939, l'agent littéraire, éditeur de magazines et inventeur du terme « science-fiction » Forrest J. Ackerman portait un costume Futuriste (p. 33) conçu par sa compagne Myrtle R. Douglas, elle aussi fan du genre et éditrice de son propre fanzine. Leurs costumes s'inspiraient du travail de l'illustrateur Frank R. Paul et du film *Les Mondes futurs* (1936), tiré du roman de H.G. Wells (1933). Ackerman déclarera qu'il pensait que tout le monde serait déguisé. Bien que Douglas et lui aient été les seuls à l'être cette année-là, la tendance (appelée au début « costume ») s'est rapidement répandue.

Le mot « cosplay » est attribué au journaliste japonais et éditeur de mangas Nobuyuki Takahashi dans un article de 1983, au sujet de la convention Comiket de Tokyo. Jugeant la notion occidentale de « mascarade » démodée, il a réfléchi à d'autres termes tels que « spectacle costumé » et « jeu de héros » avant d'opter pour le terme « cosplay », *kosupure* en japonais. La diffusion de la série animée à

Cosplay girl au Comic Fiesta, Kuala Lumpur, Malaisie, 2019.

Cosplay, suite.

succès *Sailor Moon* en 1992-1997, basée sur des princesses super-héroïnes réincarnées en écolières, est le coup d'envoi d'une vague d'adolescents s'habillant en cosplays Kawaii (p. 170), tels que des uniformes scolaires.

Le *crossplay* est une version du cosplay dans laquelle on incarne un personnage d'un autre genre. Au Japon, il s'agit plus souvent d'une femme déguisée en homme, en raison de la pression sociétale, et en Occident, il y a proportionnellement plus de cosplayeurs hommes habillés en femmes. Le *crossplay* diffère du Drag (p. 278), qui se concentre sur l'expression de caractéristiques de genre et de personnages originaux plutôt que sur des personnages de la pop culture.

Lors des fêtes costumées du XIXe siècle, les invités s'habillaient sur des thèmes abstraits tels que les insectes, les fleurs et l'obscurité, et ces idées se retrouvent parfois aujourd'hui sur les podiums dans les collections d'Avant-garde (p. 244). Certaines de ces créations hyper-conceptuelles relèvent plus de l'art que de la mode et ne sont pas adaptées à la vie quotidienne, mais d'autres sont plus faciles à porter, comme les robes orchidées et papillons de la collection printemps/été 2018 de Moschino. Pour une approche plus pratique du cosplay, il y a eu plusieurs collaborations entre manga et streetwear, parmi lesquelles Akira × Supreme, MSGM × Attacker You! et la collaboration de BAPE avec One Piece, Dragon Ball et Pokémon (voir Athleisure, p. 60).

COULEURS ET MOTIFS : **toutes les couleurs, fourrure, armure, écailles**

VÊTEMENTS ET ACCESSOIRES : **perruque, ailes, lentilles de contact,**

Cottagecore

≈ NÉOESTHÉTISME
→ E-BOY & E-GIRL, HYGGE
+ NÉO-VICTORIEN, PRAIRIE, LOLITA, BOHÈME

Le cottagecore est l'une des esthétiques qui ont émergé récemment du maelström de l'Internet. Apparue pour la première fois vers 2010 sur Tumblr, sa popularité a explosé sur Instagram et TikTok pendant la pandémie de Covid-19. C'est un courant néo-esthétique qui reflète le mouvement esthétique de l'ère victorienne (voir NéoVictorien, p. 26), dont le fer de lance était Oscar Wilde, qui privilégiait la beauté par-dessus tout et avait la nostalgie d'une époque plus simple. On peut faire de nombreux parallèles entre l'esthétisme et le cottagecore, qui est plus qu'une simple orientation stylistique. Il privilégie les plaisirs humbles, tels que la pâtisserie, l'artisanat et la consommation durable, et idéalise les charmes bucoliques anglais. À l'instar du mouvement Arts and Crafts, l'esthétisme cherche à donner un sens aux objets faits main, en réaction à la révolution industrielle – même si, bien sûr, les charmes rustiques fantasmés du Moyen Âge étaient loin de la réalité de l'époque.

La pandémie a changé les priorités et a déclenché un engouement pour les promenades à la campagne et l'idée d'autosuffisance. Le FOMO a cédé la place au FOGO, la peur de sortir. Après la pandémie, alors que l'approvisionnement de certaines marchandises continue d'être problématique dans un monde marqué par la guerre, le changement climatique et une explosion de la croissance démographique, il est facile de comprendre l'attrait des produits faits maison.

Le style vestimentaire associé englobe la robe de laitière fleurie à smocks dans des tissus naturels (tels que le coton ou le lin), la blouse paysanne aérienne, la salopette de travail, le gilet et le corset à lacets romantique d'antan, accompagnés d'une corbeille de roses fraîchement coupées et d'un chapeau de paille. C'est un style familial et rêveur, comme le Hygge (p. 183), qui est plus hivernal. Lorsqu'on lui donne une tournure américaine, souvent en remplaçant les babies, les richelieus ou les brogues par des bottes de cow-boy, le

Jacquemus printemps/été 2020, Valensole, France, 24 juin 2019.

cottagecore se transforme en style Prairie (p. 85).

Tout comme d'autres esthétiques « core » nées sur Internet – parmi lesquelles le *fairycore*, qui s'inspire des fées et de leur univers, le *farmcore*, qui idéalise la vie à la ferme, et le *goblincore*, qui se concentre sur les choses moins belles de la nature, telles que les champignons, les grenouilles et les insectes –, les créateurs de cottagecore utilisent souvent des logiciels de retouche d'images pour créer un personnage à l'aide de filtres, de techniques de postproduction et d'accessoires. Les images présentées sont celles d'un protagoniste unique, comme celles postées par la communauté E-boy & E-girl (p. 51). Le cottagecore offre un espace sûr à la communauté queer des femmes.

Le cottagecore défend des valeurs libérales progressistes et la durabilité avec la circularité. L'économie circulaire met l'accent sur le passage d'un modèle de production et de consommation dans lequel les biens sont fabriqués, utilisés, puis jetés, à un modèle qui prolonge le cycle de vie grâce à des tissus durables, la réparation, l'upcycling, la revente et la location, ces deux dernières étant appelées à remodeler l'industrie de la mode.

COULEURS ET MOTIFS : floral, vichy, vert sauge, rose poudré, bleu bleuet

TISSUS : coton, lin, macramé, crochet, raphia, broderie anglaise

VÊTEMENTS ET ACCESSOIRES : robe de laitière, cardigan, blouse paysanne, salopette, gilet, chapeau de paille, chaussures babies, richelieus, corset

DÉTAILS : volants, tricot, fait maison, broderie, décolleté, épaules dénudées, champignons, fraises, guirlandes de fleurs, laçage

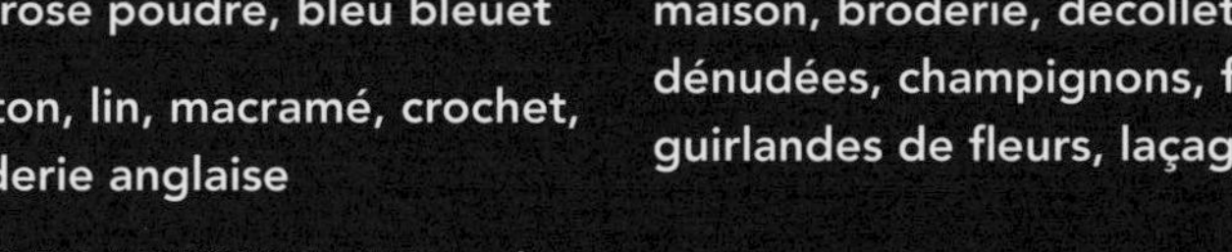

Croisière

≈ *RESORT*, VILLÉGIATURE
→ NAUTIQUE
+ DOLCE VITA, BOURGEOISIE, CLASSIQUE, SURF, LADYLIKE

La croisière s'inscrit dans le lexique de la mode comme une collection bonus, qui vient s'ajouter aux collections semestrielles traditionnelles. Les défilés de mode féminine printemps/été, qui ont lieu pendant ce que les initiés appellent le « mois de la mode » (succession des semaines de la mode de New York, Londres, Milan et Paris), sont présentés sur les podiums en septembre pour être livrés en magasin en janvier suivant, et les défilés automne/hiver, qui sont présentés sur les podiums en février, sont livrés en magasin en août. D'où le spectacle étrange de gros manteaux de laine alors qu'il fait chaud et de shorts moulants alors qu'il gèle. Les collections de vêtements homme sont traditionnellement présentées en juin et en décembre, pour être en magasin six mois plus tard, mais les défilés mixtes sont de plus en plus fréquents.

Historiquement, le délai de six mois permet aux rédacteurs de photographier les vêtements pour les éditoriaux, et aux magazines d'être imprimés et distribués, tandis que les acheteurs commandent des modèles correspondant à leur clientèle cible et donnent au créateur le temps d'exécuter et de fabriquer la commande. Le modèle *see now, buy now* expérimenté par Burberry en 2017, qui permettait aux clients d'acheter des articles directement sur les podiums afin de tirer parti de l'engouement suscité par les réseaux sociaux et les défilés diffusés en direct, n'a pas réussi à s'imposer, les marques s'orientant de plus en plus vers un modèle de fabrication à la commande plus durable qui minimise la surproduction.

Les collections resort ou croisière ont d'abord été imaginées comme une capsule de tenues de villégiature pour ceux qui voyagent. Cependant, les consommateurs de produits de luxe sont aujourd'hui répartis dans le monde entier et ont besoin d'une garde-robe qui ne soit pas soumise aux variations saisonnières des latitudes.

C'est à Coco Chanel que l'on doit le lancement de la tendance « villégiature » avec sa collection croisière en 1919, présentée dans la

Chanel, collection croisière, Paris, 3 mai 2018.

LA PAUSA
CHANEL

Croisière, suite.

ville côtière de Deauville plutôt qu'à Paris. Cette collection établit également la norme pour les influences Nautiques (p. 98) observées dans les vêtements de vacances, avec des détails en corde et la prédominance d'une palette chic marine et blanche (voir Classique, p. 209).

De nos jours, les collections de croisière sont susceptibles de contenir diverses tenues trans-saisonnières, telles que des manteaux, des tenues de travail, des jeans, des robes de soirée et des smokings, aux côtés des bikinis, des shorts de plage, des maillots de bain et des nu-pieds. Les marques utilisent les collections de mi-saison pour vendre des pièces plus commerciales, moins à leur place dans leurs défilés conceptuels. Comme ces vêtements ne sont pas liés à une saison particulière, il y a moins de pression pour proposer des démarques, ce qui leur permet d'être vendus à plein tarif plus longtemps. Des marques tirent jusqu'à 60 % de leur chiffre d'affaires des collections de croisière.

Présentées en dehors des *fashion weeks*, vers mai ou juin, et en magasin entre fin octobre et décembre, les collections étiquetées « resort » ou « cruise » se sont affranchies des grandes capitales de la mode et sont devenues un outil de marketing extravagant. Parmi les lieux de présentation de ces collections de mi-saison, citons l'expédition de Louis Vuitton à Rio de Janeiro pour *Resort* 2017, l'installation par Chanel d'un paquebot grandeur nature au Grand Palais à Paris pour *Resort* 2019, la prise de contrôle par Gucci d'une nécropole romaine en Provence pour Cruise 2019, et l'extravagance andalouse de Dior avec 110 looks présentés à Séville pour *Resort* 2023.

L'accélération du cycle de la mode favorise la consommation et a ses détracteurs parmi les créateurs. De nombreux créateurs de renom, tels que Riccardo Tisci, qui quitte Givenchy en 2017 après douze ans de mandat, évoquent l'épuisement dû à la pression des délais. La santé mentale des créateurs de mode a été mise en lumière après le suicide d'Alexander McQueen en 2010 et les dépressions nerveuses de Christophe Decarnin et de John Galliano, alors directeurs artistiques de Balmain et de Dior. Le couturier tunisien Azzedine Alaïa, aujourd'hui décédé, a été le premier à proposer des collections sans saison, refusant de se laisser entraîner dans le carrousel de la nouveauté. La maison Alaïa propose désormais des pièces hiver/printemps et été/automne, ainsi que des collections permanentes, telles que ses incontournables robes noires.

COULEURS ET MOTIFS : blanc, bleu marine, imprimés tropicaux, rose, jaune, bleu ciel

TISSUS : coton, soie, lin, dentelle

VÊTEMENTS ET ACCESSOIRES : bikini, maillot de bain, espadrilles, nu-pieds, lunettes de soleil, chapeau de soleil, bagages

DÉTAILS : corde, raphia

Dolce Vita

≈ STAR DE CINÉMA, GLAMOUR ITALIEN
→ TAILORING, MOD
+ CROISIÈRE, CLASSIQUE, ROMANTIQUE, LADYLIKE, PIN-UP

Le talent du directeur artistique et costumier Piero Gherardi, qui remporte l'Oscar du meilleur costume pour *La Dolce Vita* (1960) de Federico Fellini, a été récompensé par le fait que l'on parle davantage du style du film que de son intrigue. Le film suit le protagoniste, le journaliste Marcello Rubini (Marcello Mastroianni), dans Rome, à une époque où les gens se détournent de l'Église catholique pour se tourner vers l'hédonisme et les idoles de la célébrité. Au fil d'une semaine, il flirte avec l'actrice suédoise Sylvia (Anita Ekberg), la mondaine Maddalena (Anouk Aimée) et sa fiancée Emma (Yvonne Furneaux).

Du point de vue de la mode, le film est une ode aux articles les plus répandus dans une garde-robe : la petite robe noire et le costume noir parfaitement coupé (voir Classique, p. 209). Comme Mastroianni doit être capable de passer du jour à la nuit et d'un niveau de formalisme à l'autre, un costume noir à simple boutonnage a été choisi pour lui (voir Tailoring, p. 195). Il est porté avec une chemise blanche impeccable, d'élégantes manchettes françaises et des boutons de manchette surdimensionnés. Des lunettes de soleil Persol en écaille de tortue complètent le look, porté de jour comme de nuit (un trope de célébrité encore aujourd'hui). Pour Sylvia, le costume se compose d'une robe noire sans manches défiant la gravité pour le soir, ou d'un chemisier en dentelle noire transparente pour le jour. L'héritière Maddalena porte deux versions d'une élégante robe noire à décolleté arrondi et à manches longues, et pour Emma, Gherardi se contente d'une longue robe camisole noire ou d'une robe noire à manches capuchon.

Fellini s'inspirait des qualités transformatrices de la robe ballon noire du couturier espagnol Cristóbal Balenciaga de 1957, dont la simplicité était résolument moderne. Sa silhouette minimale a ensuite influencé la géométrie épurée, la coupe en biais et les minijupes du style Mod (p. 228) des années 1960. D'autres points forts du film sont

Anita Ekberg dans *La Dolce Vita*, 1960.

les robes bain de soleil noir et blanc à pois ou à larges rayures. Associée au noir et blanc du film, la palette monochrome très contrastée des costumes ajoute à l'esthétique iconique.

La « Dolce Vita » est devenue synonyme de style italien intemporel et évoque le romantisme des journées d'été passées à flâner. Elle reste l'une des références pour les personnes à la recherche d'une inspiration intemporelle pour des vêtements de villégiature (voir Croisière, p. 164).

COULEURS ET MOTIFS : noir, blanc, pois, larges rayures

TISSUS : laine, dentelle

VÊTEMENTS ET ACCESSOIRES : costume noir, cravate en soie tricotée, gros boutons de manchette, lunettes de soleil œil de chat

DÉTAILS : décolleté en cœur, eye-liner œil de chat

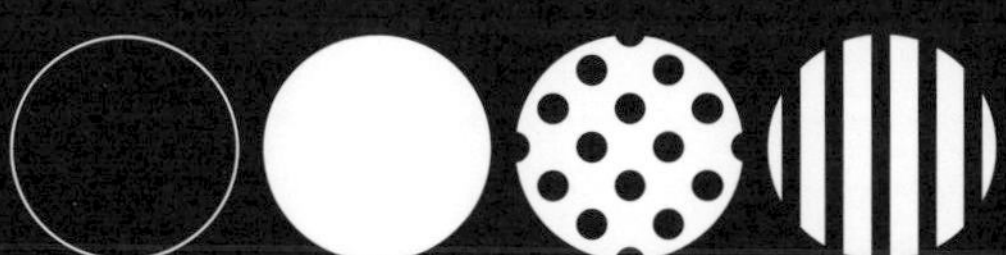

Kawaii

≈ HARAJUKU
→ E-BOY & E-GIRL, COSPLAY, DECORA, LOLITA
+ ACADEMIA, MAXIMALISTE

Le mot japonais *kawaii*, traduit par « mignon », désigne tout ce qui est adorable, enfantin et innocent. Il est entré dans le vocabulaire de la culture de consommation pour désigner un flot de teintes pastel sucrées et d'animaux anthropomorphes comme Hello Kitty et Pikachu.

L'esthétique voit le jour à la fin des années 1960 en signe de protestation contre la rigueur de l'éducation japonaise. Les étudiants manquent les cours pour lire des mangas. Un style d'écriture enfantine émerge, à base de lettres rondes et de motifs en forme de cœur, précurseur analogique des émojis. Le fabricant de jouets Sanrio s'empare de cette tendance et lance Hello Kitty en 1974. Depuis lors, ce motif de chat est partout, du papier à lettres à l'uniforme d'hôtesses de l'air ; il a même son propre parc d'attractions.

L'émergence de la tendance kawaii coïncide avec l'émancipation et la montée en puissance des femmes dans les entreprises japonaises dans les années 1970 et 1980. Pour ces employées de bureau zélées, le kawaii est une manière douce de se rebeller contre les traditions conservatrices. Elles feignent d'être mignonnes, adoptant des manières *burikko* ultra-féminines, telles que des voix de petites filles et se couvrent la bouche lorsqu'elles rient. Cela peut paraître contre-intuitif par rapport aux notions occidentales mais il convient de noter que le fait d'être qualifié de *kawaii* est considéré comme un compliment, et que cela peut également s'appliquer aux hommes. La nouvelle indépendance financière de ces femmes leur permet de s'adonner au matérialisme et de participer à la sous-culture kawaii.

Le kawaii s'étend aux rues du célèbre quartier Harajuku à Tokyo, où les jeunes filles portent des robes de poupée ou des chasubles accessoirisées avec des nœuds et des oreilles de lapin, des chaussettes au-dessus du genou et des chaussures babies. L'esthétique évolue vers des styles spécifiques, tels que Decora (p. 173) et Lolita (p. 177), ainsi que le kogal, qui consiste à porter un uniforme scolaire avec une minijupe plissée et des chaussettes

LEAF XIA automne/hiver 2019, Fashion Week de New York, 13 février 2019.

roulées ou des jambières. Les filles *kogal* se désignent elles-mêmes comme gyaru, bien que ce terme soit également appliqué à une version japonaise du look californien « Valley Girl » vers l'an 2000, qui peut se résumer à une consommation ostentatoire, une peau bronzée, des cheveux blonds décolorés et de longs faux ongles, ainsi qu'un maquillage marqué, par opposition à l'innocence au visage juvénile du kawaii. Des filles *kogal* vivent chez leurs parents jusqu'à l'âge de 20 ans, 30 ans et plus (les sociologues les qualifient d'ailleurs de « célibataires parasites »), et nombre d'entre elles ont un généreux budget shopping.

Le kawaii se répand sur les réseaux sociaux parmi la Gen-Z. Compte tenu de ses racines nippones, il a fortement influencé le style des gamers E-boy & E-girl (p. 51), en particulier son sous-genre *erokawa* (mignon sexy), version érotique du kawaii avec le visage rougi de la pose orgasmique *ahegao*. Parmi les autres déclinaisons,

Kawaii, suite.

citons *yumekawaii* (mignon rêveur), qui incorpore des éléments fantastiques et des licornes, et *fairy kei*, qui a une touche nostalgique des années 1980, avec des références aux dessins animés cultes *My Little Pony*, *Rainbow Brite* et *Care Bears*, ainsi qu'aux imprimés des années 1980, tels que les pois. Les versions plus osées comprennent le *yamikawaii* (mignon avec des thèmes sombres, comme la maladie mentale) et le *gurokawaii* (mignon avec des thèmes d'horreur et de gore). Le kawaii influence également les tons pastel et la vulnérabilité de l'esthétique *soft girl* et *soft boy*. Bien que les looks kawaii soient Maximalistes (p. 254) et puissent ressembler à des déguisements, ils ne sont pas aussi complets que les tenues des personnages de manga qui deviendront le Cosplay (p. 158).

COULEURS ET MOTIFS : blanc, rose, lavande, bleu pastel, jaune jonquille, vichy pastel, nacré, irisé, rayures arc-en-ciel

TISSUS : dentelle, tulle, coton, gros-grain

VÊTEMENTS ET ACCESSOIRES : minijupe plissée, chaussettes au genou/au-dessus du genou, chaussures babies, salopette, chaussures hautes à semelles compensées, bandeaux avec oreilles, tee-shirt, chemisier, robe

DÉTAILS : arc-en-ciel, fraises, nuages, papillons, étoiles, Hello Kitty, cœurs, oursons en gomme, col Claudine, décolleté en cœur, rubans, motifs fast-food

Decora

≈ HARAJUKU
→ RAVE, KIDCORE
+ E-BOY & E-GIRL, KAWAII, MAXIMALISTE

Fille habillée dans le style decora, à Londres, 17 septembre 2019.

Au milieu des années 1990, le style Kawaii (p. 170) est poussé à l'extrémité du spectre Maximaliste (p. 254) dans le quartier jeune de Harajuku, à Tokyo, atteignant son apogée au tournant du millénaire avec l'aide du photographe de mode Shoichi Aoki, qui photographie dans la rue les membres les plus distinctifs et éclectiques des différentes sous-cultures de Tokyo. C'est à cette époque que l'idole pop Tomoe Shinohara expérimente le style proto-decora et que ses fans, appelés « Shinora », copient le look, beaucoup d'entre eux se retrouvant dans *FRUiTS*. Au milieu des années 2000, le style s'impose au niveau international grâce à des blogueuses de mode, telles que Kyary Pamyu Pamyu, qui est repérée par un producteur de musique et devient une star mondiale de la J-pop.

Le goût pour les excès conduit les adeptes du style à empiler des jouets en plastique, à styliser des tutus en tulle avec des sweats à capuche ornés de personnages de dessins animés et des chaussettes dépareillées. Les accessoires sont particulièrement importants : des pinces à cheveux, des autocollants cœurs et étoiles sur les joues, des paillettes, des diamants, des bracelets en plastique, et parfois un minuscule sparadrap placé sur l'arête du nez. Les bracelets et colliers de perles faits maison sont présents à la fois dans les styles Decora et Rave (p. 146) ; ils sont le signe des *kandi kids*.

Decora, suite.

La palette decora est souvent plus chargée que celle du kawaii avec des teintes fluo et des rayures arc-en-ciel vives qui évoquent le revival des années 1980. C'est pourquoi il est souvent confondu avec le Kidcore (p. 175). Cependant, le decora concerne spécifiquement la décoration, et il est techniquement possible de créer des looks decora monochromes.

Bien qu'il ne s'agisse pas d'une référence commune pour les créateurs de mode, le decora a fait son apparition dans le défilé printemps/été 2018 de Comme des Garçons avec des accessoires sculpturaux fabriqués à partir de jouets. À l'automne/hiver 2018, la tendance beauté des barrettes empilées s'est répandue sur les réseaux sociaux et a perduré dans les gammes de produits, les marques de luxe cherchant à capitaliser sur ces articles d'entrée de gamme.

COULEURS ET MOTIFS : rose fluo, violet, vert vif, jaune vif, rayures rose et noir, rayures violet et noir, rayures arc-en-ciel, cyan

TISSUS : jersey, tulle, plastique, fausse fourrure

VÊTEMENTS ET ACCESSOIRES : sweat-shirt à motifs de mangas, jupe à volants, chaussures babies, baskets, collants ou chaussettes dépareillés,

DÉTAILS : autocollants, pinces à cheveux, bandeaux, jouets en plastique, peluches, superpositions, perles en plastique, chaînes en plastique, pompons

Kidcore

≈ NOSTALGIE
→ DECORA, MINIMALISTE, LADYLIKE
+ RÉTRO, HIPPY, MAXIMALISTE, CAMP

Si le Decora (p. 173) et le Kidcore intègrent tous deux des thèmes nostalgiques, des jouets d'enfants et des personnages de dessins animés, avec des autocollants appliqués partout, des baskets aux sacs à dos en passant par les pommettes, quelques signes subtils distinguent les deux looks. Le decora est né dans les rues de Tokyo dans les années 1990, tandis que le kidcore est une esthétique

Winnie Harlow en Moschino, Fashion Week de New York, 9 septembre 2021.

Kidcore, suite.

occidentale des années 2010, dans laquelle les milléniaux s'habillent comme lorsqu'ils étaient enfants dans les années 1990. Le kidcore est toujours d'actualité, mais aujourd'hui, la Gen-Z court les friperies à la recherche de produits Disney et d'imprimés de chiots, de chatons, de licornes et de vieux dessins animés. Le decora s'ajoute généralement à une tenue Kawaii de base (p. 170), avec des teintes très saturées de rose, de violet et de bleu poudré, et des bras chargés de bracelets. Le kidcore, quant à lui, incorpore souvent des couleurs primaires et des couleurs vives à des pièces en denim comme des salopettes. Bien que le kidcore puisse porter un ou deux bracelets, son look est beaucoup plus sobre que celui du decora.

Jeremy Scott chez Moschino prouve encore et encore qu'aucun thème n'est trop kitsch pour être abordé sur les podiums. Pour son défilé printemps/été 2022, il s'inspire d'une ménagerie de personnages de comptines pour concevoir une collection qui se compose à la fois d'élégance Ladylike (p. 281) et de déguisements. Le kidcore n'est pas de tous les goûts, et bien que ceux qui privilégient le noir et les lignes Minimalistes (p. 252) passent à côté, sa frivolité nous rappelle qu'il est encore possible de s'amuser avec la mode.

COULEURS ET MOTIFS : rouge, jaune et bleu primaires, rayures arc-en-ciel, imprimé léopard, tie-and-dye

TISSUS : denim, fausse fourrure, jersey, crochet, sequins

VÊTEMENTS ET ACCESSOIRES : sweat à capuche, salopette, tee-shirt, jean, ballerines, Converse, bracelets d'amitié, pyjama, bretelles, socquettes, chaînes en plastique

DÉTAILS : personnages de dessins animés, jouets en plastique, micro-sacs, tatouages éphémères, autocollants, froufrous, col Claudine, bords festonnés, oreilles d'animaux

Lolita

≈ HARAJUKU, SWEET LOLITA
→ NÉO-VICTORIEN, KAWAII, MODESTE
+ STEAMPUNK, PRAIRIE, NAUTIQUE, COTTAGECORE, GOTHIQUE, ROCOCO

Pour beaucoup, le nom « Lolita » évoque l'image de la préadolescente, objet du désir du protagoniste d'âge mûr dans le roman controversé de Vladimir Nabokov paru en 1955. Cependant, bien qu'il représente une esthétique enfantine, le style Lolita du quartier Harajuku de Tokyo est basé sur la beauté et l'élégance Ladylike (p. 281) et sur la Modestie (p. 284) très victorienne. Il s'éloigne du style Kawaii (p. 170) dans les années 1990 en s'inspirant du style Néo-Victorien (p. 26) pour son col ruffle, ses manches

Femmes habillées en Lolita, Individual Fashion Expo. IV, Tokyo, 3 septembre 2008.

Lolita, suite.

longues et ses jupes à volants, et en reprenant des détails tels que le col marin (voir aussi Nautique, p. 98).

La Lolita incorpore des sensibilités asiatiques et européennes, empruntant au style Rococo (p. 257) inextricablement lié à la reine Marie-Antoinette, dont l'extravagance dans la mode et d'autres domaines a contribué à la Révolution française de 1789. Les jupes volumineuses sont étagées comme des gâteaux de mariage et gonflées par des jupons mousseux. Les jeunes filles portent des nœuds dans leur chevelure coiffée comme une poupée et de délicats bonnets noués avec des rubans sous le menton. Leurs mains, protégées par de fragiles gants de dentelle, tiennent une ombrelle à volants ou un éventail. La version de ce style dans des tons macaron est appelée Sweet Lolita, tandis que la Gothic Lolita est toute de noir vêtue (voir Gothique, p. 220).

En fin de compte, la Lolita, comme les autres styles kawaii, est enracinée dans la culture japonaise moderne, qui encourage les jeunes à célébrer l'enfance plutôt qu'à jouer les adultes avant l'heure. Ces préférences nuancées expliquent peut-être en partie pourquoi les poupées Barbie de Mattel, au physique très développé, ne se sont pas bien vendues au Japon.

COULEURS ET MOTIFS : rose, crème, noir

TISSUS : dentelle, tulle

VÊTEMENTS ET ACCESSOIRES : jupe trapèze, jupons, chaussures babies, ombrelle, chemisier, colliers de perles, éventail

DÉTAILS : nœuds, volants, manches bouffantes, rubans, cœurs, col marin

Lounge

- ≈ HOMEWEAR, VÊTEMENTS D'INTÉRIEUR
- → HÉRITAGE, NÉO-VICTORIEN, FLAPPER, ÉQUESTRE, MILITAIRE, TAILORING, DANDY, ANDROGYNE
- + ATHLEISURE, HYGGE, NORMCORE

Le *loungewear* peut sembler être une invention relativement moderne, alors qu'en fait, c'était déjà normal aux XVIIe, XVIIIe et XIXe siècles. On ne portait pas les mêmes vêtements chez soi pour se détendre et pour dormir. Il ne viendrait jamais à l'idée de porter des vêtements de nuit en société.

Les premiers vêtements d'intérieur ont été apportés d'Orient par la Compagnie néerlandaise des Indes orientales, au XVIIe siècle, sous la forme du *banyan* (littéralement « marchand »). Cette robe de chambre ample en soie s'inspirait des robes persanes et du kimono japonais et tirait son nom des arbres sous lesquels les marchands avaient l'habitude de s'asseoir pour traiter leurs affaires. Au XVIIIe siècle, le médecin Benjamin Rush, l'un des Pères fondateurs des États-Unis, remarque que les hommes ayant des penchants philosophiques étaient souvent peints dans leur bibliothèque vêtus de ces peignoirs fluides, portés de manière à ne pas entraver les facultés de l'esprit.

Le Dandy (p. 247) Beau Brummell, à l'époque de la Régence, a lancé la mode de la veste et du pantalon de costume, précurseur du complet d'aujourd'hui (voir Tailoring, p. 195). La veste de costume est coupée plus courte et plus droite dans le dos que le frac (voir Équestre, p. 70). Plus tard dans l'évolution du costume, le marché américain a inventé le « complet » plus ample, coupé en deux panneaux. Le costume passe des réceptions à la maison aux événements décontractés en public, et constitue aujourd'hui une tenue d'affaires élégante.

Au XIXe siècle (voir Néo-Victorien, p. 26), la guerre de Crimée met le tabac turc à la mode et la « veste du fumeur » est un hybride entre le confort de la robe de chambre *banyan* et la veste de costume. Les messieurs enfilaient ces vestes pour que leurs vêtements de jour ne sentent pas la fumée et se retiraient au fumoir pour fumer la pipe. Les

revers en satin de soie du col châle de la veste empêchaient la cendre d'y coller, et les hommes se changeaient avant de retourner auprès des dames.

La veste de fumeur a engendré le smoking. En 1865, le futur roi Édouard VII, alors Albert Édouard, prince de Galles, demande à son tailleur de Savile Row, Henry Poole, de lui confectionner un nouveau type de veste qui intègre les revers en soie du smoking. Le courtier en café et financier américain James Brown Potter en est impressionné et s'en fait confectionner un, qu'il présente pour la première fois au bal d'automne du Tuxedo Park Country Club de New York. C'est ainsi qu'est né le smoking (*tuxedo*, en anglais).

Le smoking est généralement en laine noire ou bleu nuit avec des revers en satin, tandis que la veste du fumeur a des revers en satin mais peut être en velours matelassé et dans des tons de bijoux, tels que sarcelle, bordeaux ou émeraude. Lorsqu'Yves Saint Laurent crée son emblématique smoking pour femmes en 1966, il le nomme « Le Smoking ».

L'humble pyjama est entré dans notre langue par le biais du mot hindi *paijama* (« couvre-jambes ») pendant le Raj, période où l'Inde était sous contrôle britannique, de 1858 à 1947. Ces vêtements portés par toutes les classes et tous les sexes sont devenus populaires comme tenue décontractée (avec l'ajout d'une chemise assortie) pour les hommes en Grande-Bretagne vers 1870. Après la Première Guerre mondiale, c'est la créatrice de mode Coco Chanel qui popularise le pyjama pour les femmes, en portant une version du « pyjama de plage » dès 1918. Le pyjama était scandaleux par sa nature Androgyne (p. 270), mais il a rapidement été adopté par les aristocrates.

Le pyjama en soie rouge et noir, inspiré des motifs indochinois et décoré de dragons, de fleurs et de papillons, était littéralement en vogue pendant les Années folles, avec la mode de l'orientalisme, le goût pour les cultures dites exotiques (voir Flapper, p. 30). L'ensemble pyjama en satin coloré porté par Claudette Colbert dans la comédie *New York-Miami* (1934), avant l'instauration de la censure cinématographique, a fait progresser la tendance.

Depuis la pandémie de Covid-19, nous sommes de plus en plus adeptes des tenues décontractées. Les vêtements confortables contemporains sont souvent du type Athleisure (p. 60), comme les survêtements et les sweats à capuche, parfois rehaussés de tissus

Dolce & Gabbana homme printemps/été 2009, Fashion Week de Milan, 21 juin 2008.

Lounge, suite.

agréables au toucher, tels que le cachemire et le velours. Les vêtements de nuit peuvent également être portés pour le lounge, et certains créateurs, comme Dolce & Gabbana, invitent à porter des pyjamas en soie comme vêtements de jour, comme on a pu le voir dans le défilé printemps/été 2009.

COULEURS ET MOTIFS : crème, violet, bordeaux, bleu nuit, noir, or

TISSUS : velours, satin, velvet, jersey

VÊTEMENTS ET ACCESSOIRES : pyjama, survêtement, sweat à capuche, cardigan, pull, chaussons, pantoufles, robe de chambre

DÉTAILS : taille élastiquée, cordon de serrage à la taille, non structuré

Hygge

≈ COSY
→ BOHÈME, LAGENLOOK
+ LOUNGE

Lorsque les nuits s'allongent au nord et que les températures chutent, l'instinct naturel dicte aux humains de construire un nid, de se mettre sous la couette et d'hiberner. Le « hygge » est ancré dans le mode de vie des Danois et des Norvégiens. Il signifie « confort » et « satisfaction », et englobe la convivialité, la nourriture réconfortante, l'ambiance éclairée aux bougies, le feu dans la cheminée et les tissus doux et moelleux. Lors de la pandémie de Covid-19, le hygge s'est répandu dans la conscience collective, les humains cherchant à trouver du réconfort lorsqu'ils étaient assignés à résidence.

Du point de vue de la mode, le hygge se traduit par une palette de tons neutres hivernaux et désaturés, d'épais tricots de laine, de la peau de mouton et de la fourrure (fausse de nos jours). Le mot vient du vieux norrois *hugga*, qui signifie « réconforter ».

Dans son approche de la superposition et du confort, le hygge présente des similitudes avec le Lagenlook (p. 250), avec ses vêtements amples et non structurés assemblés dans le style Bohème (p. 217). Cependant, le lagenlook consiste en une superposition de couches fines de vêtements de différentes longueurs, froissés ou déconstruits, alors que le hygge se caractérise généralement par des tissus douillets et confortables (bien que la version estivale du hygge soit très proche du lagenlook).

Le hygge étant un style de vie, il n'est pas étonnant que les Danois se classent régulièrement aux deux premières places du rapport des Nations unies sur le bonheur dans le monde malgré des nuits qui durent 17 heures au milieu de l'hiver et une espérance de vie plus courte que celle de leurs voisins scandinaves. Sur ce dernier point, Meik Wiking, P-DG de l'Institut de recherche sur le bonheur de Copenhague et auteur du best-seller *Le Livre du Hygge – Mieux vivre : la méthode danoise* (2016), déclare que toutes ces pâtisseries et tous ces *gløggs* ont peut-être fini par faire des ravages.

Max Mara automne/hiver 2017, Fashion Week de Milan, 23 février 2017.

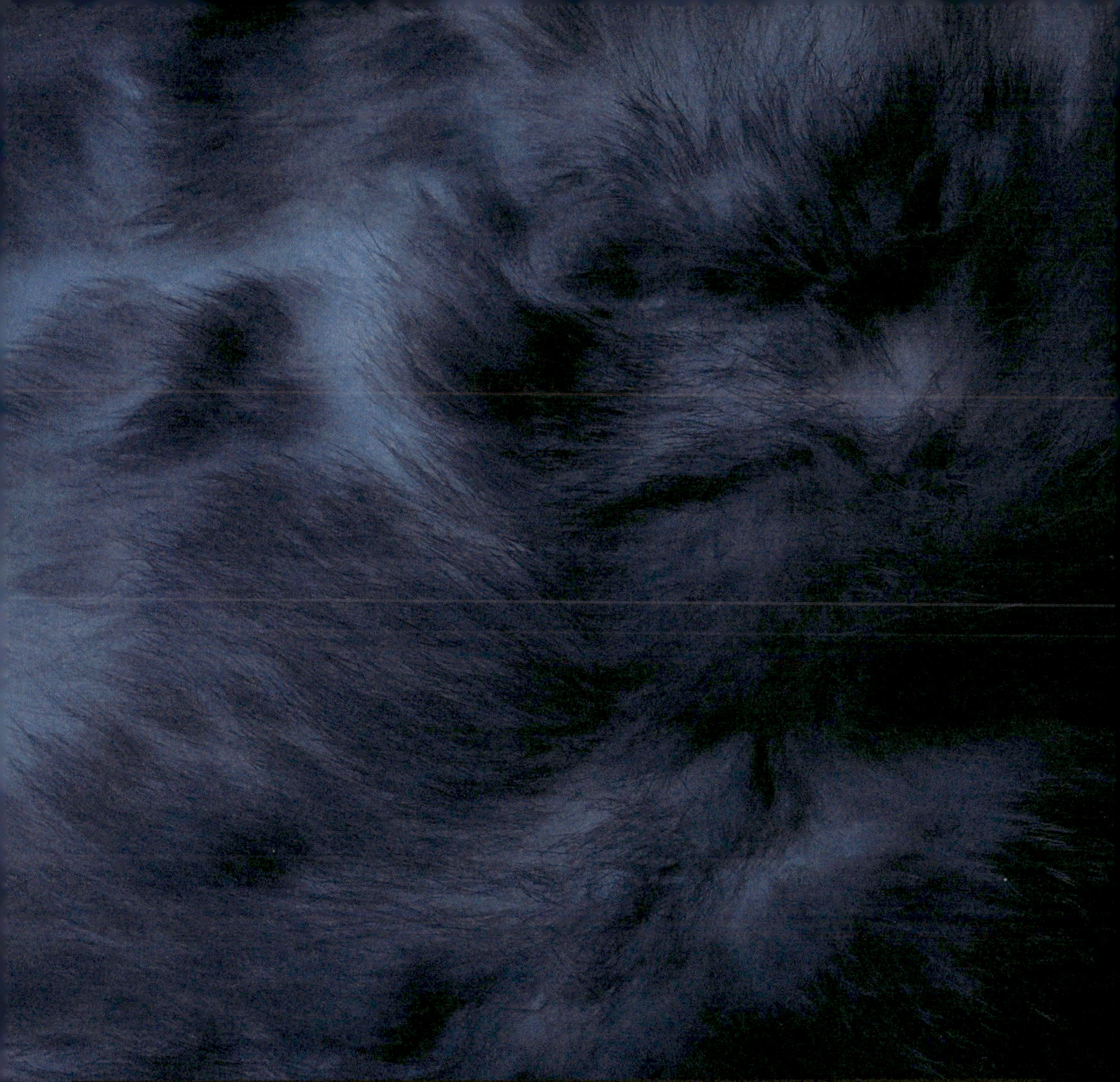

<u>COULEURS ET MOTIFS :</u> noir, blanc arctique, pierre, vison, gris tourterelle, bleu glacier, mastic, plaids couleur terre, pourpre bruyère

<u>TISSUS :</u> cachemire, laine, fausse fourrure, peau de mouton, velours, tricot torsadé, jersey, lin

<u>VÊTEMENTS ET ACCESSOIRES :</u> cardigan, pantalon large, pardessus, doudoune longue, pull tricoté, chaussettes, écharpes, bonnet, gants, chauffe-bras

<u>DÉTAILS :</u> superposition, asymétrique, durable, surdimensionné, déstructuré

5. Conformistes

Même si nous détestons l'admettre, la majorité d'entre nous sommes conformistes la plupart du temps. Nous avons un emploi stable, nous cherchons à acquérir des connaissances diffusées par des établissements d'enseignement, nous pratiquons des sports d'équipe, nous essayons d'améliorer notre vie et celle de notre famille. Pour tout cela, nous avons besoin de vêtements qui résistent à l'épreuve du temps, de vêtements passe-partout.

Au quotidien, il peut s'agir de l'association infaillible d'un tee-shirt blanc et d'un jean, d'une casquette de baseball et de baskets confortables. Pour les occasions plus formelles, ce sera un costume bien coupé et des richelieus cirés. Le tailleur est un fabricant de vêtements de qualité, qui utilise depuis des centaines d'années des patrons en papier pour construire un vêtement en trois dimensions à partir d'une longueur de tissu en deux dimensions. Pour un véritable travail sur mesure, le tissu est coupé et cousu aux mesures du client, mais même les costumes ordinaires imposent la respectabilité. En tant que technique de confection, le tailoring se retrouve dans d'autres styles pour un look passe-partout.

Certains styles, comme ceux de la bourgeoisie, sont préoccupés par la mobilité sociale et l'acceptation par les autres membres de la catégorie sociale. Le phénomène du Sloane dans les années 1980 à Londres, avec ses twin-sets et ses perles, s'est répercuté de l'autre côté de la Manche, à Paris, avec l'esthétique presque équivalente bon chic, bon genre (BCBG).

Même les adeptes les plus acharnés des tendances auront quelques pièces classiques dans leur garde-robe. Des pièces intemporelles, comme la chemise en coton blanc, le trench beige, le pantalon kaki, le manteau en laine camel, de simples baskets blanches et des bottes de moto noires, en valent l'investissement. Cela n'a pas que des implications stylistiques. Le marché de la seconde main connaît une croissance rapide et devrait représenter 218 milliards de dollars d'ici à 2026, contre 96 milliards en 2021. L'évolution des mentalités, qui passe de la fast fashion à des vêtements qui ne perdent pas leur valeur et qui sont portés, entretenus et réparés, sera bénéfique à la fois pour la planète et pour nos finances personnelles.

Academia

≈ UNIVERSITAIRE, GEEK CHIC
→ ATHLEISURE, COTTAGECORE, PREPPY
+ RÉTRO, KAWAII, TAILORING, CLASSIQUE, BEATNIK

Le style érudit de l'éminent professeur associé aux universités occidentales est enraciné dans un système éducatif vieux de près d'un millénaire (la plus ancienne université, celle de Bologne, a été fondée en 1088, suivie de près par l'université d'Oxford, en 1096). En tant que mouvement culturel contemporain, l'Academia fétichise le savoir et la philosophie, en adoptant l'image idyllique de livres qui tapissent des bibliothèques aux rayonnages d'acajou, de la poésie, de la littérature et de la vie analogique.

Le look se caractérise par un blazer en tweed et un gilet, une chemise blanche soigneusement repassée et une cravate, un pull à col en V, un pantalon de tailleur ou une jupe plissée, des brogues ou des richelieus cirés, le tout accessoirisé d'une sacoche à bandoulière remplie de livres. Le col roulé noir ou bleu marine, cher au style pseudo-intellectuel du Beatnik (p. 214), est également un élément essentiel de la garde-robe academia, dont les adeptes interprètent l'esthétique à travers le prisme de plusieurs décennies Rétro (p. 20), en particulier les années 1930, 1940, 1960 et 1970.

L'academia est un exemple de néo-esthétique internet qui se complaît dans la nostalgie, à l'instar du Cottagecore (p. 161). Dans la sphère numérique, ce mode vestimentaire autrefois élitiste, synonyme de privilège et d'une éducation privée (similaire au Preppy de l'Ivy League, p. 191), est critiqué pour être majoritairement mince, blanc et cisgenre, et il est de plus en plus subverti par un public diversifié. Ses déclinaisons sont diffusées sur les réseaux sociaux et les blogs en tant que *dark academia* – qui a une palette plus gothique et évoque les clubs secrets comme dans *Le Cercle des poètes disparus* (1989) et les meurtres mystérieux, comme dans *Le Maître des illusions* (1992) de Donna Tartt – et *light academia*, qui est conceptuellement plus lumineux à la fois en termes de palette et de sujet. La prédominance du Tailoring (p. 195) lui confère un côté Androgyne (p. 270), souvent avec des costumes coupés dans des tissus du patrimoine britannique

Wales Bonner homme automne/hiver 2020-2021, Fashion Week de Londres, 5 janvier 2020.

Academia, suite.

(voir Héritage, p. 23) tels que des tweeds foncés, ce qui le différencie des flanelles de laine gris anthracite, noires et à rayures tennis qui constituent un look plus businessman. Dans l'ensemble, l'academia est un style intrinsèquement Classique (p. 209) qui remplit diverses fonctions conservatrices, bien qu'il puisse être rajeuni en remplaçant les chaussures de ville par des baskets et en ajoutant un sweat-shirt. Cela l'amène en territoire *schoolcore*, essentiellement la version plus *woke* (et moins hyper-sexualisée) de la Gen-Z de l'uniforme scolaire gyaru, forme de tenue Kawaii (p. 170).

Le look académique s'adresse plus particulièrement à un segment de consommateurs ayant grandi avec les récits de l'écrivaine britannique J.K. Rowling sur un jeune sorcier. Il est rassurant de constater que l'expérience universitaire sur le campus et le confort des bibliothèques à l'ancienne et des pages de papier n'ont pas perdu leur attrait maintenant que ces étudiants sont à l'aise dans un environnement d'apprentissage hybride.

COULEURS ET MOTIFS : noir, gris, beige, brun, blanc

TISSUS : tweed, coton, laine, cachemire, tricot torsadé

VÊTEMENTS ET ACCESSOIRES : chemise oxford, blazer, pull à col roulé, cardigan, pantalon à carreaux, trench-coat, duffle-coat, brogues, mocassins, bottes Chelsea, Dr. Martens, chaussettes à hauteur des genoux, cravates, mocassins, minijupe plissée, cartable, gilet, veste tricotée, pull-over de cricket, écharpes, béret, kilt

DÉTAILS : lunettes, broches, parapluie, montre, coudières, col en V, col Claudine, longueur midi

Preppy

≈ IVY LEAGUE, PREP
→ RURAL, ACADEMIA, SLOANE, BCBG
+ ÉQUESTRE, POLO, NAUTIQUE, HIP-HOP

Vous rêvez de recevoir une lettre d'admission à Harvard, Princeton ou Yale ? Votre nom est-il Blair, Skip ou Chase ? Votre famille possède-t-elle une maison de vacances dans les Hamptons ou à Martha's Vineyard ? Si vous avez répondu par l'affirmative à l'une ou plusieurs de ces questions, il y a des chances que vous sachiez ce qu'est le style preppy.

Aux États-Unis, une école préparatoire est une institution privée destinée à préparer les élèves à une formation universitaire prestigieuse. Le look « preppy » intègre, consciemment ou non, divers signes extérieurs de richesse faciles à imiter. Il s'agit notamment de références à des sports tels que la voile (voir Nautique, p. 98), avec une prédilection pour les rayures nautiques, les cabans aux boutons dorés brillants et les chaussures de pont ; et des détails de style Équestre (p. 70), tels que les pantalons rentrés dans

Kendall Jenner en Versace automne/hiver 2020, Fashion Week de Milan, 21 février 2020.

Preppy, suite.

des bottes à hauteur de genou et les vestes en tweed inspirées de l'aristocratie britannique (voir aussi Rural, p. 74).

Le style preppy est plus audacieux que l'esthétique intellectuelle de l'Academia (p. 188), privilégiant les teintes de cramoisi, de marine, de citron, de bleu canard et de bleu ciel, ainsi que les pois. À la fin des années 1980 et dans les années 1990, la communauté Hip-hop (p. 142) s'empare de cette esthétique, en particulier du polo classique de Ralph Lauren, et l'uniforme de chinos beige est associé à des baskets.

L'apogée du style preppy est atteint en 1980 avec la parution du *Official Preppy Handbook* (1980) de Lisa Birnbach, Jonathan Roberts, Carol McD. Wallace et Mason Wiley, alors que les États-Unis embrassent l'optimisme financier. Ce guide satirique qui aide à s'y retrouver dans les échelons supérieurs des classes sociales américaines couvre tout, des entretiens d'entrée à l'université à la retraite au country club local, en passant par la vie de jeune cadre. Il a donné naissance à d'autres publications similaires, parmi lesquelles *The Official Sloane Ranger Handbook* d'Ann Barr (1982). Esthétique associée aux classes supérieures, le style preppy présente des similitudes avec les styles britannique et français Sloane (p. 205) et BCBG (p. 207).

COULEURS ET MOTIFS : carreaux Madras, cramoisi, bleu marine, bleu canard, bleu ciel, jaune citron, pois, rayures marinières bleu et blanc

TISSUS : soie, coton, coton piqué

VÊTEMENTS ET ACCESSOIRES : polo, chemise oxford, chaussures de pont, mocassins, jupe de tennis, cravate, nœud papillon, cardigan, trench, caban, lunettes de soleil, chevalières

DÉTAILS : pull jeté sur les épaules, monogrammes, pas de chaussettes

Varsity

≈ UNIVERSITAIRE
→ AVIATEUR, POLO
+ ATHLEISURE, COW-BOY

Bien que similaire aux styles Academia (p. 188) et Preppy (p. 191) dans ses fondements universitaires, le look varsity (de *university*) adopte une approche plus sportive. La varsity américaine arbore la veste letterman classique coupée dans le style du blouson bombardier (voir Aviateur, p. 63), tandis que la varsity britannique s'inspire de la panoplie de certains sports, avec le pull blanc torsadé à col en V de la tenue traditionnelle de cricket, les larges rayures horizontales du maillot de rugby et les rayures verticales des blazers des équipes d'aviron. Le polo de tennis classique (voir Polo, p. 76) est un incontournable, et le motif jacquard en losange que l'on trouve au golf est universellement populaire.

Le blazer, souvent confondu avec d'autres types de vestes, est un vêtement indépendant, porté avec un pantalon contrasté, généralement de couleur vive ou à rayures verticales. Les blazers ont été créés dans les années 1850 pour les équipes d'aviron des universités d'Oxford et de Cambridge, afin de tenir chaud aux athlètes sur les rives froides de la Tamise lors de la régate royale annuelle de Henley. Ce vêtement sportif classique comporte souvent des boutons contrastés et un écusson sur la poche de poitrine indiquant le nom du club ou de l'université, et peut être à double ou simple boutonnage. Ces vestes étaient fabriquées dans des couleurs et des motifs distinctifs afin que les spectateurs puissent facilement différencier les équipes. C'est la veste cramoisie flamboyante (*blazing*) du Lady Margaret Boat Club de Cambridge qui a donné son nom au « blazer ».

L'université d'Oxford revendique la genèse de la cravate rayée de l'école. On raconte que, en 1880, les membres du club d'aviron de l'Exeter College ont retiré les rubans de leurs chapeaux de paille et les ont noués autour de leur cou pour afficher leur allégeance à leur université.

On pourrait dire que le diagramme de Venn des prouesses

Versace printemps/été 2022, Fashion Week de Milan, 24 septembre 2021.

athlétiques (dont se vantent ceux que l'on appelle les « sportifs décérébrés ») et de l'académisme livresque (les *nerds*) se rencontre dans l'esthétique varsity. Pour d'autres looks scolaires, voir Gothique (p. 220), Hipster (p. 226), Skate (p. 231), Surf (p. 234) et la sensibilité artistique du style Bohème (p. 217).

COULEURS ET MOTIFS : rouge, blanc, bleu, bleu marine, bordeaux, rayures universitaires

TISSUS : tricot torsadé, laine

VÊTEMENTS ET ACCESSOIRES : blazer, veste letterman, polo, maillot de rugby, jupe de tennis, socquettes, casquette de baseball, baskets, mocassins, minijupe

DÉTAILS : col en V, plissé, longueur midi, boutons dorés

Tailoring

≈ COSTUMES, AFFAIRES, BUSINESS
→ ÉQUESTRE, MILITAIRE, DISCO, DOLCE VITA, LOUNGE, BOHÈME, MOD, DANDY, ROCOCO
+ RÉTRO, HÉRITAGE, ROCKABILLY, TEDDY BOYS & TEDDY GIRLS, CLASSIQUE, ANDROGYNE

L'allure de l'omniprésent costume a changé au fil du temps. À l'époque de la Révolution française de 1789, la tendance à l'extravagance de la mode Rococo (p. 257) s'estompe dans toute l'Europe. En Grande-Bretagne, un nouveau style naît du goût impeccable d'un homme, George « Beau » Brummell, dont la vie haute en couleurs produit un effet durable sur la mode masculine.

Brummell a été l'un des pionniers de l'esthétique Dandy (p. 247), qui, au lieu d'être frivole et précieuse, comme on la perçoit parfois, s'inspirait en partie de la fonctionnalité de l'uniforme Militaire (p. 91). La veste, une queue-de-pie sombre et austère qui ressemble à un frac (voir Équestre, p. 70), est dotée d'une fente dans le dos pour que les pans puissent tomber de part et d'autre de la selle. Constituant la première occurrence d'un ensemble veste-pantalon assorti, elle était portée avec un pantalon long (par opposition à une culotte) blanc ou noir. À cette époque, le costume était toujours composé de trois pièces. Le gilet apportait une couche supplémentaire précieuse avant l'arrivée du chauffage central.

À l'époque victorienne, un ensemble veste-pantalon assorti s'appelait *ditto*. Un nouveau style de veston (voir Lounge, p. 179) plus décontracté apparaît et les queues-de-pie peu pratiques disparaissent. Il est coupé dans une seule pièce de tissu avec quelques pinces pour la forme, à la différence d'une redingote, qui a une couture à la taille. À l'époque édouardienne, le veston est accepté dans la vie publique, et le frac réservé aux grandes occasions. En Amérique du Nord, Brooks Brothers popularise le *sack suit*, premier costume produit en série, qui n'a pas de pinces à la taille et n'est pas cintré. Synonyme de respectabilité, le costume devient l'uniforme des cols blancs.

Bien entendu, le costume n'est pas uniquement porté par les

Tailoring, suite.

conformistes, et les coupes oscillent d'un extrême à l'autre. Un bon exemple est le contraste entre les pantalons à jambes très larges que l'on appelait des *Oxford bags*, à la mode chez les étudiants entre les années 1920 et 1950, et les coupes italiennes effilées des Mods (p. 228) des années 1960.

À la fin des années 1930, le *zoot suit* devient populaire, notamment auprès des Afro-Américains, comme forme d'expression de leur amour du jazz, et pour sortir de la routine imposée par le chômage et les maigres revenus. Les *pachucos* et *pachucas* (Américains d'origine mexicaine) portaient également les flamboyants *zoot suits* avec leurs longues vestes et leurs pantalons amples. Les hommes les portaient avec un *pork-pie hat* et des chaussures *creepers*, et les femmes avec un chemisier transparent, des talons hauts, du maquillage et une coiffure pompadour bouffante (voir Teddy Boys & Teddy Girls, p. 115).

Cependant, après l'entrée en guerre des États-Unis, en décembre 1941, à la suite de l'attaque de Pearl Harbor, le rationnement des tissus impose une réduction de 26 % de la teneur en laine des costumes pour hommes. Le volumineux *zoot suit* est désormais considéré comme antipatriotique. Les tensions raciales s'aggravent et, alors que les médias qualifient les *pachucos* et les *pachucas* de fauteurs de troubles, ce sont en fait les soldats américains, les civils blancs et la police qui sont à l'origine des émeutes de Los Angeles, en 1943. Pendant trois jours de violence, les Américains d'origine mexicaine sont battus et déshabillés, et leurs costumes sont symboliquement brûlés. Les costumes n'étaient pas la seule cause des émeutes, mais ce fut un moment historique pour le vêtement.

Les tailleurs féminins, quant à eux, évoluent à partir de la tenue d'équitation anglaise, la redingote (qui trouve également son origine dans les vêtements d'équitation). Dans les années 1910, le *suffragette suit* devient une déclaration d'émancipation ; il est adopté dans les années 1920 par les Flappers (p. 30) libérées, et Coco Chanel contribue à la cause en défendant le port de la veste de tailleur avec une jupe ou un pantalon.

Les années 1930 et 1940 sont déterminantes pour le tailleur féminin, puisque la star Marlene Dietrich invente le look Androgyne (p. 270) en portant des tailleurs-pantalons et des smokings dans ses films *Cœurs brûlés* (1930), *Blonde Vénus* (1932) et *La Maison des sept péchés* (1940). Le look de Dietrich est le précurseur du célèbre « Le

Tom Ford automne/hiver 2023, Look 5.

Tailoring, suite.

Smoking » de Saint Laurent deux décennies plus tard. *Vogue* présente les premiers tailleurs de prêt-à-porter féminin du créateur français Marcel Rochas en 1939 et, dans les années 1940, le penchant de Katharine Hepburn pour les coupes langoureuses confère à ce look une touche de glamour féminin.

Dans la société contemporaine, le port du costume est de moins en moins une question de code vestimentaire et de formalisme prescrit. Le costume est un vêtement Classique (voir p. 209) qui transcende les occasions et, en tant qu'expression de l'identité personnelle, il produit toujours une impression d'autorité et de raffinement.

COULEURS ET MOTIFS : noir, gris, bleu marine, rayures craie, rayures tennis, carreau-fenêtre, chevrons, pied-de-poule, carreaux Prince de Galles, piqué

TISSUS : laine, flanelle, coton

VÊTEMENTS ET ACCESSOIRES : costume deux ou trois pièces, cravate, pochette, gilet, chemise, boutons de manchette, cravate, brogues, richelieus, chaussures monk, mocassins, montre, ceinture

DÉTAILS : simple boutonnage, double boutonnage, revers en pointe, revers cranté

Normcore

≈ DADCORE/MOMCORE
→ ATHLEISURE, HIPSTER
+ GORECORE, MINIMALISTE

Apparu au milieu des années 2000 en opposition à l'omniprésence des jeans skinny et des foulards à imprimé tête de mort du style Indie (p. 131), le normcore a défini un look qui embrassait le style basique et ordinaire du touriste américain. Le terme est attribué à l'irrévérencieuse agence de prévision des tendances/projet artistique new-yorkais K-Hole dans son rapport satirique sur la culture de consommation *Youth Mode: A Report on Freedom* (2013) – le genre de rapport payé par les grandes marques pour rester à la pointe des tendances. Le court PDF téléchargeable est plein de traits d'esprit tels que : « Il fut un temps où les gens naissaient dans des communautés et devaient trouver leur individualité. Aujourd'hui, les gens naissent individus et doivent trouver leur communauté » et « Dans le normcore, on ne prétend pas être au-dessus de l'indignité de l'appartenance ».

Les adeptes de ce style n'ont pas peur de faire partie du troupeau, et l'acteur et humoriste Jerry Seinfeld fait figure d'icône improbable du style avec le blouson de sport, la surchemise ample, les baskets blanches, le tee-shirt sobre et le jean délavé qu'il porte pour son émission de télévision à succès éponyme dans les années 1990. Le fondateur d'Apple, Steve Jobs, joue également un rôle essentiel dans le développement de ce style, avec son col roulé noir, son jean Levi 401 bleu à coupe droite et ses baskets New Balance 992.

Étant donné que les deux portent un bermuda cargo, un tee-shirt sous une chemise oxford ouverte, des chaussettes et des sandales ou des baskets moches, un sac à dos en nylon et une polaire zippée, quelle est la différence entre le look du touriste ordinaire et le style normcore ? La clé réside dans l'intention stylistique. Le normcore véhicule la même conscience de soi que les autres tendances Hipster (p. 226), mais ici la conscience de soi reconnaît que nous sommes l'un des sept milliards d'individus et que nous n'avons rien de spécial, pour paraphraser l'article de Fiona Duncan sur l'esthétique pour le

Normcore, suite.

Vetements printemps/été 2019, Fashion Week de Paris, 1er juillet 2018.

magazine numérique du *New York Times*, *The Cut*, en 2014.

Dans le rapport original, le normcore décrit la célébration de l'inclusivité plutôt que des vêtements, que les rédacteurs qualifient comme étant *Acting Basic*. Le sens premier a disparu une fois que le mot a été détourné pour désigner un style vestimentaire. La mode s'en est emparée et, plus tard, un nombre incalculable de mèmes. Ce qui n'était au départ qu'un projet artistique fantaisiste a fait boule de neige et est devenu l'une des tendances du XXIe siècle.

Puis la tendance s'est répandue sur les podiums. Vetements impose les tee-shirts DHL pour le printemps/été 2016, puis revisite l'idée avec un uniforme anonyme composé d'un jean, un tee-shirt et une veste longiligne pour le printemps/été 2019. Le créateur Demna Gvasalia reprend l'idée chez Balenciaga et la peaufine pour le printemps/été 2019, en l'accessoirisant avec des sacs à provisions en papier brun. Prada automne/hiver 2022 plaide pour le retour du débardeur blanc, qui apparaît ensuite sur le top model Kate Moss chez Bottega Veneta pour le printemps/été 2023, associé à un jean *mom* et à une surchemise à carreaux (bien que la chemise soit faite de cuir imprimé). La créatrice londonienne d'origine jamaïco-britannique Martine Rose s'inspire régulièrement des tribus stylistiques urbaines. Le normcore est sa signature, présentée pour le printemps/été 2023 sous forme de chinos et de vestes de survêtement, de double denim et de chemises à carreaux, ainsi que de jeans, de tee-shirts et d'imperméables beiges, là encore avec des baskets blanches.

S'habiller « normalement » est également l'apanage du look ordinaire *girl/boy next door*, mais ici, il y a une absence d'affectation stylistique. De même, le *look off-duty model* élève l'habillement de base au rang de style de rue ambitieux.

COULEURS ET TISSUS : bleu, blanc, rouge, jaune, écossais noir et rouge, rayures verticales

TISSUS : denim bleu, jersey, coton, nylon, polyester, Gore-Tex, polaire, soft shell

VÊTEMENTS ET ACCESSOIRES : chinos, baskets, tee-shirt, sweat à capuche, sweat-shirt, Birkenstocks, chaussettes de sport blanches, casquette de baseball, col roulé noir, veste de camionneur en denim bleu, blouson, veste polaire, surchemise, bermuda cargo, sac banane, chemise oxford, lunettes circulaires, maillot de football, blouson Harrington, chemise polo, bob, débardeur

DÉTAILS : fermetures à glissière, denim délavé, sac banane porté en travers du buste, short coupé

Bourgeoisie

≈ BOURGEOIS, BOURGE
→ NÉO-VICTORIEN, DISCO, VARSITY
+ HIP-HOP, PREPPY, CLASSIQUE, DANDY

Dans l'argot contemporain, être qualifié de « bourge » a une multitude de significations positives et négatives. Du point de vue de la mode, cela signifie que la personne a beaucoup de goût et qu'elle est bien habillée. Cela peut également suggérer que la personne s'habille au-dessus de ses moyens. La culture populaire noire utilise ce terme depuis au moins les années 1980, lorsque Gladys Knight and the Pips enregistrent le titre Disco (p. 139) « Bourgie, Bourgie », qui raconte l'histoire d'une personne issue d'un milieu défavorisé qui finit par faire partie de la jet-set. En 2016, le single *Bad and Boujee* du trio américain Migos est quadruple disque de platine, son sentiment faisant écho à la success-story racontée par de nombreux morceaux de Hip-hop (p. 142). Le clip vidéo montre le groupe couvert de diamants, les femmes habillées en Moschino, dentelle, perles et blazers sur mesure, alors qu'elles mangent du poulet frit dans de fausses boîtes de fast-food Chanel, le tout arrosé de champagne Cristal.

Le mot « bourgeois » vient du vieux français *burgeis* (habitant d'une ville) et du francique *burg*, mot désignant une colonie fortifiée (d'où Johannesburg, Hambourg, Édimbourg, Pittsburgh, Williamsburg et ainsi de suite). Les « bourgeois » de la ville étaient principalement des marchands et des artisans qui servaient d'intermédiaires entre les paysans et les riches propriétaires terriens pour lesquels ils travaillaient. Ces nouveaux riches ont été satirisés par Molière dans *Le Bourgeois gentilhomme* (1670) et vilipendés par Karl Marx dans *Le Manifeste communiste* (1848). L'argument de Marx était qu'après la révolution industrielle, la classe moyenne, qui possédait les moyens de production et le capital, exploitait le prolétariat (les travailleurs ruraux et urbains) pour son propre profit. La bourgeoisie de l'époque victorienne se livrait à une consommation ostentatoire en cherchant à améliorer son statut social par le biais de la culture du shopping et des bibelots décoratifs, reflétant ainsi le sens contemporain du mot.

La rappeuse Saweetie arrive à un événement Dolce & Gabbana, Venise, 29 août 2021.

Bourgeoisie, suite.

Dans la rue, le look se caractérise par des logos et des *it bags*, des boucles d'oreilles et des chaînes en or, portées avec des foulards en soie, des blazers sur mesure (voir Varsity, p. 193), ou des cardigans Ladylike (p. 281) et des jupes crayon. Le bourge porte un costume Tailoring (p. 195), avec des chaussures de ville ou des mocassins élégants, ou de l'Athleisure (p. 60) de créateur associé à une pièce d'horlogerie tape-à-l'œil.

Donatella Versace déclare que dans les années 1980 et 1990, les gens voulaient être chics, élégants et bourgeois. Quel que soit votre point de vue sur ce mot polysémique, s'habiller bourge signifie s'habiller cher, ce qui est presque toujours un bon look.

COULEURS ET MOTIFS : or, argent, pied-de-poule, camel, noir, blanc

TISSUS : satin, velours, velours, fausse fourrure, soie, bouclette

VÊTEMENTS ET ACCESSOIRES : jupe-culotte, bottes aux genoux, bijoux en or, chemisier, manteau long, lunettes de soleil, sac à main de créateur, chaussures de créateur, veste en fausse fourrure, gants, perles, montre

DÉTAILS : lavallière, plis, volants, longueur au genou, double boutonnage, diamants et bijoux fins, logos

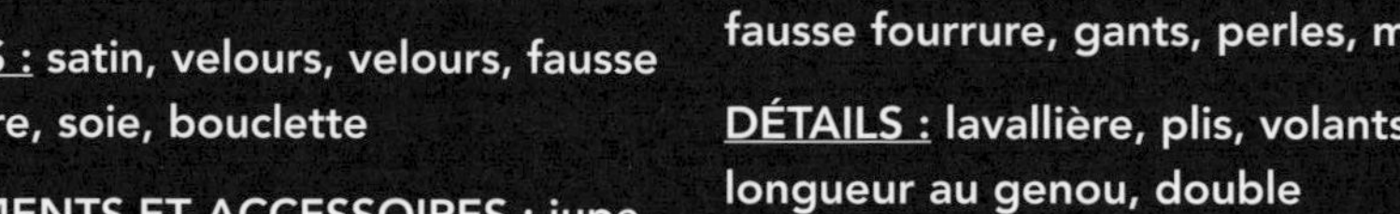

Sloane

≈ SLOANE RANGER, HOORAY HENRY
→ RURAL, SAFARI
+ PREPPY, CLASSIQUE

Lady Diana Spencer au jardin d'enfants Young England, à Londres, 17 septembre 1980.

À Londres, les couches sociales moyennes et supérieures ont leur tribu de dames portant des serre-tête et des perles, issues du quartier cossu de Sloane Square, à l'intersection des quartiers de Chelsea et de Belgravia. Au-dessus du rang de simples Bourgeoises (p. 202), les Sloane ont généralement des moyens financiers considérables, bien que peu d'entre elles soient de véritables aristocrates, comme lady Diana Spencer – la quintessence de la Sloane – l'était avant d'épouser le prince Charles en 1981.

Résistant aux nuances des tendances saisonnières (voire décennales), le look Sloane est résolument anti-mode, et donc intrinsèquement Classique (p. 209). Il est à jamais ancré aux alentours de 1982, date de publication de l'humoristique *Official Sloane Ranger Handbook* de la journaliste Ann Barr, et est associé à l'amour du col ruffle et du col Claudine, du corsage et de la veste Barbour en coton ciré empruntée lors d'un week-end dans la maison de campagne familiale (voir Rural, p. 74), portés avec des mocassins Gucci et un foulard Hermès noué sous le menton (ce qui lui a valu le surnom inspiré du *lone ranger*). Sous des climats plus chauds, la Sloane s'oriente vers le style Safari (p. 105).

Tout comme les adeptes du style américain Preppy (p. 191), on peut s'attendre à ce que les Sloane fréquentent des écoles privées.

Sloane, suite.

Kate Middleton (aujourd'hui princesse de Galles), que certains surnomment « la Sloane sur le trône », a effectivement fréquenté les bonnes écoles (Downe House et Marlborough College) et université (St Andrews) dans sa vie pré-royale. Elle a été photographiée plus d'une fois en chemise en coton Sloane classique et veste de chasse, avec un jean moulant rentré dans des bottes de pluie et un trilby arborant une plume de couleur vive. En ville, son look des années 2000 comprend un joli cardigan pastel, une jupe midi fleurie, des *kitten heels* et un pashmina.

L'homme Sloane, également connu sous le nom de « Hooray Henry » (terme argotique tiré des acclamations que le trompettiste de jazz Humphrey Lyttelton recevait dans les années 1950), est généralement avocat, banquier ou gestionnaire de fonds spéculatifs. Du lundi au vendredi, il porte un costume à rayures craie ou tennis, un pantalon ample qui peut être hérité de son père, avec des richelieus cirés et une cravate en soie. Le week-end, on le retrouve au *White Horse* de Parsons Green (pub également connu sous le nom de *The Sloaney Pony*), où il regarde le rugby vêtu d'un pantalon chino saumon, de bottines *Chukka* en daim, d'une chemise à col et d'un gilet matelassé, un Labrador dans une main et une pinte dans l'autre.

COULEURS ET TISSUS : bleu marine, or, tartan, crème, mauve, imprimés Liberty, bordeaux, gun-club

TISSUS : laine, coton ciré, cachemire, daim

VÊTEMENTS ET ACCESSOIRES : chemisier, cardigan, chemise en coton, perles, montre, foulard en soie, jupe, veste de chasse, serre-tête, bottes à glands au genou, bottines *Chukka*, chevalières

DÉTAILS : lavallière, col ruffle, plis, volants, longueur genou, longueur midi

BCBG

≈ BON CHIC, BON GENRE
→ PREPPY, SLOANE
+ CLASSIQUE

À Paris, une esthétique cultivée similaire à celle de la Sloane Ranger britannique (p. 205) a vu le jour : le BCBG (bon chic, bon genre), qui a lui aussi fait l'objet d'un manuel, écrit par Thierry Mantoux, *BCBG : Le Guide du bon chic, bon genre*, en 1985. En France, le mot « bourgeoisie » désigne les classes moyennes et supérieures, historiquement organisées en cinq couches sociales : la petite bourgeoisie, la moyenne bourgeoisie, la grande bourgeoisie, la haute bourgeoisie (noblesse perçue, dont la famille remonte jusqu'à la Révolution) et l'ancienne bourgeoisie (dynasties provinciales de propriétaires terriens dont l'histoire est antérieure à la Révolution). Le stéréotype du BCBG est issu de la grande ou haute bourgeoisie, possède une propriété familiale dans les 7e, 16e ou 17e arrondissements de Paris, ne parle jamais de ses origines (ce qui le différencie des Américains Preppy ; p. 191), a d'excellentes manières et est capable de porter des vêtements de la même taille toute sa vie.

Le style Classique (p. 209) s'apparente à celui de la noblesse terrienne des Sloane, avec le blazer, le foulard en soie noué (Hermès uniquement) ou la lavallière, et le tweed de chasse britannique, complétés par un pantacourt cigarette, un col roulé pseudo-intellectuel, une chemise à boutons de manchette et toujours une chevalière portant l'emblème de la famille.

Le style a donné son nom à la marque américaine BCBG Max Azria, fondée par la styliste née en Tunisie. Azria a grandi à Paris et a créé la marque à Los Angeles en 1989, comme antidote aux excès des années 1980. La marque a connu le succès dans les années 1990, en proposant des vêtements féminins de qualité pour un prix nettement inférieur à celui de ses concurrents : des modèles de grande classe pour des prix de classe moyenne. La question de savoir si les vrais BCBG porteraient certaines de ses créations les plus voyantes reste à débattre.

Karo Laczkowska en Celine prêt-à-porter automne/hiver 2019, Fashion Week de Paris, 1er mars 2019.

<u>COULEURS ET MOTIFS :</u> noir, blanc, marine, vert loden, tweed à chevrons

<u>TISSUS :</u> cachemire, soie, coton, lin, laine, tweed

<u>VÊTEMENTS ET ACCESSOIRES :</u> chemisier, cardigan, chemise en coton, perles, montre, foulard en soie Hermès, jupe, ballerines

<u>DÉTAILS :</u> lavallière, froufrous, longueur genou, longueur midi

Classique

- ≈ CHIC, SOPHISTIQUÉ, ÉLÉGANT
- → ATHLEISURE, AVIATEUR, BIKER, ÉQUESTRE, RURAL, COW-BOY, COMBAT, CLASSIC ROCK, PREPPY, VARSITY, BOURGEOISIE, SLOANE, BCBG, BEATNIK, ANDROGYNE
- + HÉRITAGE, NAUTIQUE, TAILORING, LADYLIKE, MINIMALISTE

Les tendances vont et viennent, mais le style classique est immortel. Les vêtements élégants et durables, fabriqués dans des tissus de qualité, constituent les pièces de base d'une garde-robe et peuvent être agrémentés d'accessoires. Le classique peut souvent être interprété comme Minimaliste (p. 252), voire anti-mode, avec des vêtements dépourvus de détails saisonniers qui les vieilliraient, mais ce n'est pas toujours le cas ; un chemisier à col lavallière, par exemple, est classique mais pas minimaliste. En général, le classique tend vers le conservatisme, mais il y a des exceptions. Les vestes de Biker (p. 67) et les pantalons en cuir noir chers aux stars du Classic Rock (p. 118), par exemple, peuvent être intégrés dans un style classique. Classique peut aussi être synonyme de « pudique » et Ladylike (p. 281), avec des jupes au genou et des cardigans ; Androgyne (p. 270), avec des pantalons larges à taille haute à la Katharine Hepburn ; ou un maillot de bain à pois évoquant les sex-symbols d'antan (voir Pin-up, p. 290).

La plupart des styles ont au moins un produit classique associé. Parmi eux, le trench beige et le pantalon chino du style Combat (p. 95), la marinière rayée et le caban à double boutonnage du style Nautique (p. 98), et le blouson d'aviateur et le bombardier ainsi que les lunettes de soleil du style Aviateur (p. 63). Le jean bleu à coupe droite et les bottes de cow-boy évoquent l'héritage occidental du Cow-boy (p. 79) ; le blazer élégant et simple emprunte au look Varsity (p. 193) ; et le col roulé noir du style Beatnik (p. 214) est également un standard Normcore (p. 199) grâce à l'influence de Steve Jobs. Les chaussures vont des simples baskets blanches, l'élément de base de l'Athleisure (p. 60), aux bottes cavalières ou bottes Chelsea du style Équestre (p. 70). Une chemise blanche en coton est un must et peut être associée à presque tous les styles.

Chanel prêt-à-porter, printemps/été 1991, Fashion Week de Paris, octobre 1990.

Pour beaucoup, l'image irréfutable d'un style intemporel est la petite robe noire. Cet article omniprésent remonte à 1926, lorsque le *Vogue* américain publie une illustration d'un nouveau modèle de Coco Chanel avec un décolleté bateau, des manches longues, une taille tombante et un ourlet juste au-dessous du genou, accessoirisé d'un collier de perles et de boucles d'oreilles assorties. *Vogue* l'a qualifiée de « Ford de Chanel », laissant entendre que, comme la voiture familiale, elle était polyvalente et accessible à tous. La petite robe noire a été immortalisée au cinéma dans *Diamants sur canapé* (1961) par l'icône Audrey Hepburn, qui portait une robe fourreau

Givenchy, également accessoirisée de rangs de perles de la taille d'une bille. Les perles sont souvent décrites comme des bijoux « classiques » et figurent dans les styles Bourgeoisie (p. 202), Preppy (p. 191), Sloane (p. 205) et BCBG (p. 207) des classes moyennes et supérieures, avant de réapparaître en 2020 dans les bijoux masculins en tant que tendance androgyne. Les looks aristocratiques Ruraux (p. 74) sont souvent qualifiés de classiques et résistent aux fluctuations de la mode urbaine.

Équivalent de la petite robe noire, le costume noir parfaitement coupé est un classique. L'association d'un costume noir, d'une chemise blanche et d'une cravate noire a été adoptée dans toute la société, du bal de fin d'année aux mariages et aux enterrements (mais il n'est généralement pas recommandé dans le milieu des affaires). Le Tailoring (p. 195) sous toutes ses formes en particulier les costumes deux et trois pièces, les blazers et les manteaux dans une palette de bleu marine, camel, noir, anthracite ou à carreaux Héritage (p. 23), fait également partie des classiques du style.

COULEURS ET MOTIFS : noir, blanc, marine, crème, British racing green, bordeaux, brun clair, camel, rayures horizontales bleu et blanc, pois

TISSUS : laine, soie, bouclette, tweed, cachemire

VÊTEMENTS ET ACCESSOIRES : trench-coat, pantalon, costume deux ou trois pièces, chemise blanche, pull-over à col en V, robe, jupe, chemisier, cardigan, richelieus, escarpins, chaussures monk, blazer, jean bleu à coupe droite, baskets blanches minimalistes, bottes Chelsea, veste de motard, marinière, chino

DÉTAILS : minimaliste, longueur au genou, longueur midi, coupe droite, encolure bateau, taille haute, perles

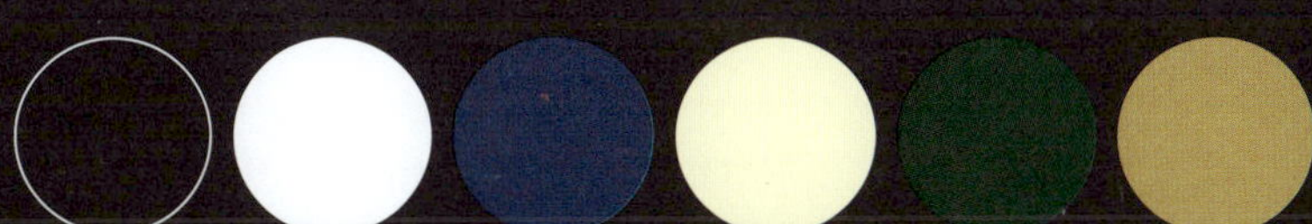

6. Sous-cultures

L'obligation de se conformer à l'autorité, qu'elle soit légale ou politique, est par nature oppressive. L'opinion majoritaire selon laquelle nous ne serions qu'un rouage de la machine a été combattue par les contre-cultures qui croyaient en l'anti-matérialisme et l'anticapitalisme, comme les poètes de la Beat Generation et les premiers hippies. L'artiste pauvre et errant, qualifié de bohème, est une partie visible de la société occidentale depuis la Révolution française, à la fin du XVIIIe siècle. Tous les bohèmes ne sont pas des hippies, mais presque tous les hippies sont des bohèmes.

Parmi les révolutionnaires contemporains définis par leur style, on peut citer le mouvement punk anarchique, qui se définit également par son style musical, et qui est étudié dans la partie 3, Musique & Danse (p. 108). Le gothique, qui est né d'une nuance plus sombre du punk, a aussi un côté spirituel.

Il existe également des sous-cultures de communautés unies par un style de vie ou un intérêt particulier, comme les surfeurs et les skateurs. Ces deux groupes ont une vision décontractée des règles et de la vie en général.

La notion de « cool » est souvent attribuée aux sous-cultures et aux contre-cultures. Curieusement difficile à définir, elle est néanmoins recherchée par les spécialistes du marketing, et des entreprises prospères naissent ou ciblent des communautés sous-culturelles, ou celles qui souhaitent les imiter.

& Contre-cultures

L'une des sous-cultures connues pour sa capacité à véhiculer les tendances « cool » est celle des hipsters. Les premiers hipsters étaient les beatniks, qui véhiculaient le style visuel de la Beat Generation. La culture s'est divisée sur le plan esthétique et, à la fin des années 1960, une faction adepte du psychédélisme a été qualifiée de « hippie ».

En Grande-Bretagne, un autre groupe se débarrasse de l'austérité de la génération de ses parents et signale un changement d'époque par une esthétique moderniste. Ce sont les mods, ennemis des rockers, amateurs de la culture américaine des Bikers des années 1950 (p. 67) et du Rock & Roll (p. 110). Après eux est apparue la sous-culture skinhead, fière de son appartenance à la classe ouvrière, dont la perception globale a été brouillée par la suite par son appropriation par une faction de partisans de l'extrême droite.

Malgré la mondialisation des tendances sur les réseaux sociaux, certaines sous-cultures sont spécifiques à un lieu. C'est le cas de la Société des ambianceurs et des personnes élégantes du continent africain, connue sous le nom de La Sape. Cette communauté de Dandys (p. 247) s'étend sur deux villes séparées par le fleuve Congo, et élève le style raffiné au rang d'idéologie.

Beatnik

≈ BEAT GENERATION, BEAT
→ NAUTIQUE, ROCK & ROLL, HIPPY, HIPSTER, MOD
+ ACADEMIA, BOHÈME, MINIMALISTE

La Beat Generation, premier mouvement de contre-culture du XXe siècle, est née de la culture de consommation américaine de l'après-Seconde Guerre mondiale. Sa production créative a été définie par la trinité d'Allen Ginsberg, William S. Burroughs et Jack Kerouac, dans leurs livres respectifs *Howl* (1956), *Le Festin nu* (1959) et *Sur la route* (1957).

Kerouac utilise pour la première fois l'expression « Beat Generation » en 1948 pour désigner ce mouvement clandestin apparu à New York. Le terme équivoque *beat* signifierait être fatigué et abattu, mais il véhicule aussi des connotations catholiques de béatitude et musicale (*on the beat*, en rythme). Ces intellectuels rebelles s'intéressaient à la philosophie – en particulier à l'existentialisme et à l'idée de vivre dans l'instant présent et de choisir son but dans la vie – et aux drogues récréatives. Ils lisaient Jean-Paul Sartre, Friedrich Nietzsche, Albert Camus, Simone de Beauvoir et Søren Kierkegaard, et se passionnaient pour la philosophie orientale, le mysticisme et l'occultisme.

C'est à cette époque que la notion actuelle de « cool » a pris de l'ampleur dans le sens taoïste de simplicité et de volonté de suivre le courant, et en conformité avec les notions africaines et occidentales de maîtrise de soi, de détachement et de sang-froid. Le mot « cool » a été utilisé pour la première fois dans les années 1930 par les musiciens de jazz afro-américains, et son utilisation en tant qu'affirmation positive est attribuée au saxophoniste Lester Young, qui a également incarné le son décontracté du jazz cool. Il était un pionnier qui subvertissait les normes de genre, s'habillait de manière Androgyne (p. 270) et appelait ses amis masculins « lady ».

Le mouvement Beat était anticonsumériste. Ses adeptes achetaient la plupart de leurs vêtements d'occasion, adoptant les détails d'inspiration française tels que la marinière (voir Nautique, p. 98) et le béret, également apprécié des artistes et des grands penseurs. Les femmes portaient des blouses de peintre au-dessus du genou avec des collants, ce qui choquait le grand public. On les appelait les *hepcats* ou les *hepsters*. Les Beats étaient la première tribu de Hipsters (p. 226). Ils écoutaient du be-bop et du jazz, fumaient de la marijuana, prônaient la liberté sexuelle et se livraient à des actes spontanés de performance artistique et de poésie – des happenings.

Les vêtements de danse, y compris les collants et les justaucorps, étaient populaires auprès des femmes, tout comme les corsaires noirs étroits portés avec des ballerines. Le look a été immortalisé par Audrey Hepburn dans *Drôle de frimousse* (1957), avec un col roulé noir, un pantalon Capri et des socquettes blanches associées à des mocassins noirs. Les hommes de la Beat Generation se laissaient pousser la moustache et la barbe et portaient des lunettes à monture de corne pour imiter le trompettiste de jazz virtuose Dizzy Gillespie. Les hommes et les femmes portaient des sandales – quand ils portaient des chaussures.

Une palette noire était la norme, et les beatniks préféraient les coupes Minimalistes (p. 252) sans fioritures. Des bijoux modernistes simples (voir Mod, p. 228) – pendentifs sculpturaux ou perles – étaient souvent leur seul ornement, bien qu'ils aient popularisé le port de lunettes de soleil à l'intérieur, habitude que les hipsters conservent aujourd'hui.

Le terme « beatnik » n'a été inventé qu'au début des années 1960 pour décrire les adeptes du mouvement qui étaient ridiculisés de la même manière que les hipsters des années 2000. Le suffixe « nik » serait à la fois un yiddishisme introduit par le journaliste et humoriste Herb Caen et un hommage au lancement du satellite russe *Spoutnik 1* en 1957. Ginsberg détestait ce terme parce qu'il décrivait la mode plutôt que les idéaux artistiques du mouvement, mais il perdure pour désigner l'esthétique Beat.

Culturellement, le mouvement Beat, allié de la déségrégation, a fortement influencé les musiciens Rock & Roll (p. 110), tels que les Beatles et Bob Dylan, qui font de la musique populaire une forme d'art. Sans le mouvement Beat original et les beatniks qui l'ont suivi, le mouvement Hippy (p. 223), avec ses idéaux anti-establishment, anti-militaires et anticapitalistes, n'aurait pas vu le jour.

Le mannequin Vikki Dougan pose à Los Angeles, vers 1956.

COULEURS ET MOTIFS : noir, blanc, gris, rayures noir et blanc

TISSUS : denim, sergé de coton, laine mérinos, jersey de coton

VÊTEMENTS ET ACCESSOIRES : col roulé, pantalon Capri, ballerines, blouse de peintre, collants, justaucorps, leggings, mocassins, veste de sport à carreaux, chinos, tricots surdimensionnés, longs colliers, béret, sandales, lunettes de soleil, veste en jean, jupe crayon, manteau en peau de mouton

DÉTAILS : ceinture en corde

Bohème

≈ BOHO, FOLK
→ NÉO-VICTORIEN, FLAPPER, INDIE, BOURGEOISIE, MAXIMALISTE, ROMANTIQUE
+ COW-BOY, GAUCHO, PRAIRIE, FESTIVAL, HIPPY, SURF, LAGENLOOK

Le terme « bohème » est devenu un mot passe-partout qui désigne les vagabonds à l'esprit libre, les artistes et tous ceux au mode de vie non conventionnel, ainsi que leur style vestimentaire éclectique. Étymologiquement, il vient du français « bohémien », terme utilisé pour désigner les Roms aux vêtements colorés qui venaient en France du royaume médiéval de Bohême. En fait, la diaspora rom est née dans le nord de l'Inde et a parcouru l'Europe, où elle était généralement mal accueillie, sauf en Bohême, où l'empereur du Saint Empire romain a délivré en 1423 un mandat demandant leur protection. Le mandat est à l'origine de la croyance erronée selon laquelle ils venaient de Bohême.

Après la Révolution française de 1789, de nombreux artistes ont perdu leurs riches mécènes et ont sombré dans la pauvreté, partageant des similitudes avec les Roms. Dans les arts occidentaux du XIXe siècle, la bohème est devenue synonyme d'une sous-culture artistique éclairée, à l'opposé de la Bourgeoisie (p. 202), généralement inculte. *La Bohémienne* (1868) de Pierre-Auguste Renoir représente une jeune fille aux longs cheveux bouclés, vêtue d'un chemisier blanc décolleté sur les épaules et d'une jupe fluide – un look bohème classique. Les préraphaélites victoriens popularisent les robes fluides et les longs colliers de perles pour leurs muses arthuriennes (voir aussi Romantique, p. 263, et Néo-Victorien, p. 26). Par la suite, l'ère des Flappers (p. 30) enrichit la palette bohème avec son goût pour les imprimés exotiques, les broderies complexes, le sarouel et les robes déstructurées avec des franges qui soulignent les mouvements.

D'un point de vue philosophique, la bohème présente certaines similitudes avec les Beatniks (p. 214) anti-matérialistes, qui encouragent la créativité et la vie dans l'instant présent, bien que le mode vestimentaire bohème soit beaucoup plus « éclectique » et

Chanel métiers d'art *pre-fall* 2023, Dakar, 7 décembre 2022.

Maximaliste (p. 254). La bohème trouve son âme sœur dans la contre-culture Hippy (p. 223) des années 1960 et 1970, et on peut faire le parallèle avec les vêtements fluides des musiciens folks. Les hommes portent la chemise déboutonnée, tandis que les femmes portent des blouses dites paysannes avec de volumineuses manches bishop et des smocks qui révèlent le décolleté, faisant allusion à la fois à l'amour libre et à la sexualité. Les colliers superposés, les gilets en crochet ou en daim, les ceintures de hanches, les pantalons amples et les couronnes de fleurs sont communs aux deux sexes.

Au milieu des années 2000, le boho chic devient une tendance incontournable pour les célébrités, tandis que la musique Indie

(p. 131) envahit les ondes, et il s'impose dans les Festivals (p. 149), avec les tuniques flottantes, les gilets brodés de miroirs, les jupes longues à volants ou les shorts en jean coupés, avec des bottines *slouchy*, des chapeaux à larges bords et de larges ceintures à pièces de monnaie portées bas sur les hanches. Le look estival s'inspire souvent des robes aériennes du style Prairie (p. 85), tandis que pour l'hiver, l'association jean-bottes du style Cow-boy (p. 79), les ponchos en laine du style Gaucho (p. 82) et les vestes en peau de mouton du style Aviateur (p. 63) tiennent chaud.

L'esthétique bohème de l'an 2000 revient en force dans les années 2020, apportant la micro-tendance controversée de la robe portée sur un jean, comme on l'a vu lors du défilé Chanel *pre-fall* 2023. Le style bohème est indissociable de certaines maisons, telles Etro, Chloé, Ulla Johnson, Sea New York et Zimmermann. L'esthétique continue à plaire aux travailleurs nomades actuels.

COULEURS ET MOTIFS :
terre cuite, blanc, turquoise, imprimés naturalistes, ocre, cachemire, ikat, tie-and-dye

TISSUS : jersey, chanvre, coton, tricots épais, dentelle, crochet, bois, cuir, daim, peau de mouton

VÊTEMENTS ET ACCESSOIRES :
chemisier, jupe longue, gilet, sandales, boucles d'oreilles créoles, camisole, short en jean, bottes de cow-boy, bottines, pantalon large, pantalon évasé, cardigan long, colliers longs, bijoux de corps, espadrilles, mocassins, bandeaux, couronnes de fleurs, foulards, jupe mouchoir, tongs, poncho, cache-cœur, manteau en peau de mouton

DÉTAILS : ceinture en corde, épaules échancrées, bijoux en argent, déboutonné, plissé, évasé, manches bishop, franges, broderie, longueur maxi, pompons, glands, patchwork

Gothique

≈ PUNK POSITIF, DARKWAVE
→ NÉO-VICTORIEN, TAILORING, MINIMALISTE
+ CYBERPUNK, STEAMPUNK, ROCK & ROLL, PUNK, EMO, LOLITA, HIPPY, DANDY, ROMANTIQUE

La quête des origines du style gothique a donné lieu à quelques idées fausses. Y aurait-il un lien avec les ornements architecturaux populaires dans l'Europe médiévale et les gargouilles de pierre ? Ou bien, remonterait-il à l'époque du renouveau gothique, pendant l'ère Romantique (p. 263) et à l'époque victorienne, quand les romans d'horreur étaient populaires ? Cela expliquerait certainement pourquoi les gothiques s'habillent en noir et ont un goût prononcé pour la dentelle, les corsets, les jupes fluides et les capes (voir Néo-Victorien, p. 26).

En réalité, le gothique est plus récent. En tant que sous-culture, il est inextricablement lié au style musical issu du post-punk britannique de la fin des années 1970. Il y a toutefois eu des artistes proto-goth : l'album *The Marble Index* (1968) de l'auteure-compositrice-interprète, actrice et mannequin allemande Nico (de son vrai nom Christa Päffgen), avec son son obsédant, son visage fantomatique, ses cheveux noir de jais et ses vêtements lugubres, a contribué à façonner le gothique.

L'étiquette de « premier groupe de rock gothique » revient au groupe anglais Bauhaus pour son single inquiétant *Bela Lugosi's Dead* (1979). Le titre *Spellbound* (1981) de Siouxie Sioux and the Banshees, avec ses thèmes de sorcellerie, contribue à faire évoluer le genre. Sioux portait un lourd maquillage noir qui tranchait sur son visage poudré. Sa chevelure de corbeau était peignée en arrière. Les groupes post-punk Nouveaux Romantiques (p. 266) renforcent la théâtralité du look avec des chemises à froufrous. Avec leur palette d'un noir d'encre, les Sisters of Mercy font connaître le rock gothique au grand public.

Aux États-Unis, s'inspirant des styles visuels et musicaux du milieu du siècle, le *gothabilly* voit le jour : c'est un mélange de styles gothique, Rockabilly (p. 113) et Pin-up (p. 290) avec des boucles en

Nova Malanova en Marc Jacobs printemps/été 2014, Fashion Week de New York, 12 septembre 2013.

tonneau, des manchettes de tatouages, une fascination pour le paranormal et les films de série B à petit budget, les hauts à col *halter*, les jupes cercles et les bas à coutures apparentes.

À la fin des années 1980 et dans les années 1990, la scène Rave (p. 146) et la tendance an 2000 pour les thèmes Cyberpunk (p. 38) donnent naissance au sous-genre du cybergoth avec ses tenues de danse fluo, ses modifications corporelles, ses semelles compensées, ses bottes en fausse fourrure, ses résilles et ses mèches synthétiques, accessoirisées avec des masques et des lunettes post-apocalyptiques.

À Tokyo, le gothique fusionne avec le Lolita (p. 177) vers 2007. Les adeptes du street-style sont impeccablement vêtues de jupes à étages, de dentelle noire et de corsets, avec des babies ou des chaussures à semelles compensées, le tout distillé dans une palette entièrement noire avec des touches de rouge sang et de violet royal.

Un sous-genre esthétique du gothique, appelé *nu-goth*, apparaît dans les années 1990, avec ses propres centres d'intérêt, tels que le paganisme et l'occultisme, et des vêtements élégants et à la pointe de la mode. Des symboles de pentagrammes, de crucifix, de lunes et d'étoiles sont portés avec les favoris des années 1990 comme le collier choker, le crop top, les lunettes de soleil rondes, les parures corporelles (voir aussi Fétichiste, p. 293), les Dr. Martens à lacets (de préférence des plateformes) et le rouge à lèvres noir d'encre immaculé. Il y a des similitudes avec le Hippy (p. 223) gothique, qui s'inspire de Stevie Nicks de Fleetwood Mac avec ses chaussures compensées en velours et ses jupes en mousseline.

L'ère des réseaux sociaux donne naissance à une nouvelle génération de *nu-goths*, les gothiques pastel, qui ont quelques points communs avec les *sadboys* et les *sadgirls* (voir E-boy & E-girl, p. 51) et mélangent les éléments punk avec des tons roses et lilas pastel. La distillation du gothique dans la culture de consommation *via* les

Gothique, suite.

marques populaires donne naissance à l'abomination des *mall goths*, qui finissent par se regrouper autour de leur propre scène musicale nu-metal, et faisant davantage partie de la sous-culture Metal (p. 120).

La mode gothique est bien vivante dans les défilés et est élevée au rang de « haute goth ». Les collections à thème sombre et les motifs de crânes d'Alexander McQueen, des créateurs de l'Avant-garde (p. 244) tels Rick Owens, Gareth Pugh et Yohji Yamamoto, ainsi qu'Anna Sui, Thierry Mugler, Jean Paul Gaultier et Christian Lacroix en témoignent. Des marques plus récentes, comme The Vampire's Wife de Susie Cave, ont fait de la haute gothique un style incontournable à Hollywood.

Contrairement aux idées reçues, de nombreux gothiques ne sont pas obsédés par la mort et il existe une myriade de sous-styles. Dans l'environnement professionnel, ils adaptent leur tenue au *corporate goth* ou *corp goth*, qui fait appel au Tailoring (p. 195) ébène ou aux rayures tennis avec de subtils détails d'araignée ou de crâne. Les jeunes adultes en phase gothique expérimentale sont appelés les « Baby Bats ».

COULEURS ET MOTIFS : noir, violet foncé, rouge sang, gris acier

TISSUS : dentelle, satin, velours, PVC, cuir, chenille

VÊTEMENTS ET ACCESSOIRES : corset, jupe longue, tailleur, col ruffle, plateformes, gants, chemise, chapeau haut-de-forme, ombrelle, col à jabot, bijoux de corps, veste drapée

DÉTAILS : têtes de mort, crucifix, clous, pointes, chauves-souris, araignées, toiles d'araignée, lunes, étoiles, symbole ankh, chaînes

COIFFURE ET MAQUILLAGE : cheveux noirs, frange en pointe, poudre fantomatique, rouge à lèvres foncé

Hippy

≈ HIPPIE, PSYCHÉDÉLISME
→ RÉTRO, COMBAT, HIPSTER
+ FESTIVAL, BOHÈME, POLITIQUE

Le mouvement hippy a fleuri durant les années 1960 et 1970 dans le sillage des hipsters et des hepcats de la Beat Generation (voir Beatnik, p. 214). Né avant tout comme une cause Politique (p. 260) contre-culturelle en réponse à l'engagement des États-Unis dans la guerre du Viêt Nam (1955-1975), il s'est répandu dans le monde à mesure que les jeunes rejetaient les valeurs conservatrices et l'aveuglement de la génération de leurs parents.

Armés de la pilule contraceptive, les hippies prêchaient des messages de paix et d'amour libre, et consommaient du LSD et de la marijuana pour élargir leur conscience. Alors que les beatniks sont introvertis, portent des vêtements sombres et discutent de philosophie dans des bars de jazz enfumés, les hippies sont joyeux, écoutent du rock et portent des vêtements colorés, en particulier du violet et de l'indigo, en lien avec les chakras de la couronne et du troisième œil. Les deux contre-cultures ont en commun la libération

Mileshka en Anna Sui printemps/été 2018, Fashion Week de New York, 11 septembre 2017.

Hippy, suite.

sexuelle et soutiennent toutes deux les relations sexuelles en groupe, les relations ouvertes et l'homosexualité.

Allen Ginsberg, qui passe du statut de poète Beat à celui de hippie, gagne un procès historique devant la Cour supérieure de l'État de Californie, en 1957. Le juge statue en faveur de son œuvre explicite *Howl*, estimant qu'elle avait une importance sociale et n'était pas obscène. Ginsberg s'inspire des travaux de Timothy Leary, professeur de psychologie à Harvard, qui a une révélation alors qu'il a consommé des champignons hallucinogènes et qui exhorte les gens à « s'allumer, se recentrer et s'évader ». L'expérimentation des hippies avec le LSD et d'autres substances psychotropes s'exprime dans leurs vêtements par des imprimés tourbillonnants aux couleurs vives et saturées.

Les hippies méprisent la culture de consommation. Les tissus tie-and-dye aux motifs uniques témoignent de leur attachement à l'artisanat et à la culture africaine et asiatique. Leurs bijoux, également de fabrication artisanale, utilisent souvent des cristaux, des perles, du bois et des plumes trouvés au cours de leurs voyages pour rejoindre des festivals de musique, comme Woodstocken 1969 (voir aussi Festival, p. 149). Comme d'autres types Bohèmes (p. 217), les hippies choisissent de s'écarter des sentiers battus en portant des robes amples et fluides, des grandes jupes ou des sarouels, et des chemises romantiques, avec des sandales ouvertes et des guirlandes de fleurs dans leurs cheveux longs et décoiffés. Les hippies plus classiques portent des jeans évasés à la mode et des gilets en daim à franges, aujourd'hui considérés comme une esthétique typiquement Rétro (p. 20).

Les icônes hippies John Lennon et Yoko Ono incarnent les manifestations non violentes avec leurs célèbres « Bed-Ins for Peace » et s'opposent à la guerre du Viêt Nam aussi par leur tenue vestimentaire. Lennon recontextualise des vestes de Combat (p. 95) des surplus de l'armée, tandis qu'Ono préfère les tenues entièrement blanches en guise de message de paix.

La contre-culture est particulièrement sensible au sort des autochtones d'Amérique, inspirée par leur altérité, leur mode de vie tribal en harmonie avec la nature, et leur utilisation rituelle du cannabis et du peyotl. Les hippies deviennent des alliés du Red Power, mais, bien qu'ils soient pour la plupart bien intentionnés, l'appropriation de motifs indigènes pose problème et ne fait que réduire cette culture à des stéréotypes.

La mode n'a pas tardé à s'emparer de l'esthétique hippie pour en faire un style haut de gamme. Halston expérimente le velours de soie tie-and-dye en 1969, et les motifs audacieux en zigzag et en vagues des tricots à la machine d'Ottavio et Rosita Missoni fascinent la presse spécialisée au début des années 1970. Plus tard, le créateur Gimmo Etro se focalise sur le motif cachemire – motif favori des Beatles et synonyme de style hippy – pour en faire l'imprimé emblématique de sa maison. Sa forme caractéristique de goutte d'eau incurvée, le *boteh jegheh* (« motif ancien »), originaire de Perse et décorant les couronnes des rois iraniens, est diversement interprétée comme un cèdre courbé, symbolisant la force, et une gousse de graines symbolisant la vie. Il a été exporté sur des châles très prisés du Cachemire, puis produit en masse dans la ville de Paisley, en Écosse, d'où son nom anglais actuel.

Au début des années 1970, des factions hippies deviennent insupportablement Bourgeoises (p. 202). La génération suivante est plus énervée et plus dure. Le Punk (p. 125) finit par s'infiltrer et détruit les messages de paix et d'amour.

COULEURS ET MOTIFS : blanc, tie-and-dye, violet, rouge, orange, vert, paisley, spirales

TISSUS : denim, chanvre, coton, crochet, velours côtelé

VÊTEMENTS ET ACCESSOIRES : sandales, tee-shirt, jupe longue, chemisier, jeans évasés, capeline, bandana, débardeur, longues écharpes, sarouel, manteau Penny Lane, veste, gilet

DÉTAILS : couronnes de fleurs, franges, pompons, rubans, bijoux faits main, symboles de paix

COIFFURE ET MAQUILLAGE : cheveux longs et ébouriffés, pas de maquillage

Hipster

≈ BOBO (BOURGEOIS-BOHÈME)
→ RÉTRO, ROCK & ROLL, BEATNIK
+ GORECORE, NAUTIQUE, INDIE, KIDCORE, NORMCORE, BOHÈME, HIPPY

Un hipster barbu, 8 avril 2019.

Dans les quartiers embourgeoisés du monde entier, au tournant du millénaire, les hipsters sont incontournables. Ils se rassemblent devant les cafés brûleries à côté de leurs fixies et portent le man bun, la moustache, des jeans skinny déchirés et des chemises vintage à motifs avec des bretelles colorées.

Les premiers hipsters étaient les hepcats afro-américains de l'ère du jazz des années 1940, qui ont influencé la Beat Generation des années 1950 par leur attitude décontractée et leur consommation de marijuana (voir Beatnik, p. 214). Dans les années 1960, le mot « hipster » a été transposé en « Hippy » (p. 223) et en est venu à décrire un type spécifique de personne au style de vie Bohème (p. 217).

Bien que le mot « hipster » soit souvent utilisé de manière péjorative, ce sont en fait ces adeptes précoces de la mode et de la musique qui contribuent à définir les tendances mondiales. Le mouvement hipster se rapproche beaucoup de l'esthétique Indie (p. 131), privilégiant les produits de consommation faits main et d'origine locale. C'est le hipster contemporain qui lance la tendance de la friperie, habitude qui confère à la sous-culture un aspect Rétro (p. 20), allant jusqu'à l'utilisation d'accessoires électroniques rétro, tels que les montres Casio.

Au début des années 2000, le hipster passe par plusieurs phases, s'inspirant brièvement de l'Emo (p. 129) et de la Scene avant de passer à la phase des casquettes de camionneur, des Converse usées et des tee-shirts de dessins animés inspirés du Kidcore (p. 175). Vient ensuite une forte influence du milieu du XXe siècle, attestée par d'épaisses montures de lunettes à la Buddy Holly, des chinos, des tricots jacquard et des *tea dresses* à fleurs (voir aussi Rock & Roll, p. 110), portés en feuilletant des vinyles chez le disquaire du coin.

Le « fauxhémien », créatif qui mène une vie bohème tout en ayant des moyens confortables, est un sous-ensemble du hipster. En France, ces personnes sont appelées « bobos » (pour « bourgeois-bohèmes » ; voir Bourgeoisie, p. 202).

À partir du milieu des années 2010, le hipster devient plus brut. Avec l'essor du Gorecore (p. 88) et la popularité de l'escalade, les professionnels urbains se mettent à porter des chemises à carreaux, des chaussures de randonnée, des bermudas cargo et des anoraks fabriqués de manière durable, tout en consommant des produits bios. Ils ne sont pas en reste avec les Shipsters (voir aussi Nautique, p. 98), avec leurs cirés jaunes, leurs jeans *selvedge* retroussés, leurs pulls torsadés, leurs micro-bonnets et leur penchant pour la bière artisanale.

COULEURS ET MOTIFS : beige, écossais, paisley, micro-imprimés floraux

TISSUS : coton biologique, denim, softshell, bambou, toile, velours côtelé, cuir vegan

VÊTEMENTS ET ACCESSOIRES : jean skinny, bonnet, chemise à carreaux, bretelles, sac à dos, tee-shirt à col en V, cardigan, blazer, foulard, survêtement, chaussures de randonnée, tea dress, short en jean coupé, lunettes rondes, lunettes à monture en corne, lunettes sans verres, lunettes persiennes, casquette de camionneur, mocassins, Crocs, espadrilles

DÉTAILS : déchirures, roulés, tatouages, piercings, lobes étirés, col Mao, écouteurs

COIFFURE : cheveux longs, man bun, barbe, moustache

Mod

≈ MODERNISTE
→ TEDDY BOYS & TEDDY GIRLS, PUNK, SKINHEAD
+ DOLCE VITA, TAILORING, MINIMALISTE

Dans les années qui suivent la Seconde Guerre mondiale, il ne fait pas bon grandir en Grande-Bretagne, car le rationnement, qui a commencé en 1940, impose ses restrictions jusqu'en 1954. Quand la génération des baby-boomers arrive à l'adolescence, au début des années 1960, ils sont prêts à tout pour se débarrasser de la culture oppressive de leurs parents. Inspirés par les Beatniks (p. 214) et fans de jazz moderne et de soul, tout en rejetant l'apparat des Teddy Boys & Teddy Girls (p. 115), ils veulent être des « modernistes » sans équivoque, abrégés en « mods ».

Alors que l'économie prospère et que le chômage au Royaume-Uni atteint des niveaux historiquement bas (entre 1 et 2 %), le mod peut s'adonner à sa passion pour le costume italien ajusté (p. 195) dans des couleurs sombres et unies, inspiré de films tels que *La Dolce Vita* (p. 168) et porté avec des chemises claires et des cravates étroites. Il a économisé pour acheter un scooter Vespa, qui lui donne la liberté de se déplacer au-delà des itinéraires des transports publics. Le scooter ne risque pas de tacher son pantalon immaculé. De plus, le mod protège son costume en portant une veste achetée dans un surplus militaire, notamment la parka M-51 de l'armée américaine datant de la guerre de Corée (voir Militaire, p. 91), avec ses épaulettes élégantes, sa doublure en alpaga et sa capuche.

L'ennemi juré du mod est le rocker, qui s'inspire de la culture de la jeunesse américaine, écoute du Rock & Roll (p. 110) et se distingue par sa tenue de Biker (p. 67) et sa moto. Contrairement à lui, le mod est très pointilleux, il porte un costume élégant et a une attitude progressiste à l'égard des femmes. Le motard se moque du scooter, le qualifiant de « sèche-cheveux ». Le mod lui rend la pareille en haïssant le rocker macho et son attitude démodée. Leur aversion mutuelle débouche sur des émeutes sur le front de mer à Margate, Clacton et Brighton en 1964.

C'est également en 1964 que le groupe The Who se forme à

De gauche à droite : Trevor Laird, Toyah Willcox, Phil Davis, Sting, Leslie Ash, Phil Daniels, Gary Shail, Garry Cooper et Mark Wingett dans le film *Quadrophenia*, 1979.

Shepherd's Bush, dans l'ouest de Londres. Leur cocarde rouge, blanc et bleu s'inspire des insignes apposés sur les avions britanniques Spitfire, pendant la Première Guerre mondiale, pour éviter les tirs amis (signe lui-même inspiré de la cocarde tricolore des avions alliés français et remontant à son tour à la Révolution française). Le symbole se diffuse dans la sous-culture en même temps que la musique du groupe. La sous-culture mod exerce un impact sur le grand public en deux vagues, d'abord dans les années 1960 avec une réputation de violence, puis avec un renouveau dans les années 1970. Les Who font revivre les émeutes de Brighton de la première vague dans le film *Quadrophenia* (1979), librement inspiré de l'opéra rock du même nom, qui est sorti pendant le renouveau. Leur son de l'époque a été repris pendant le revival mod et fusionné avec des éléments de Punk (p. 125) par The Jam, dirigé par Paul Weller, qui gagne le surnom de « The Modfather ».

La femme mod, malgré l'écart de rémunération entre les hommes et les femmes (la loi britannique sur l'égalité des salaires n'a été votée qu'en 1970), gagne en autonomie, et sa libération transparaît dans sa minijupe, son maquillage et sa coupe de cheveux, *pixie* Androgyne (p. 270) inspirée de son idole Twiggy (premier top-modèle) ou carré

Mod, suite.

net. Son goût pour la simplicité et les lignes épurées la rapproche du Futurisme (p. 33), bien que les mods soient fermement ancrés dans le présent, tandis que les futuristes regardent vers les cieux. Rien ne semble plus moderniste que les blocs de couleurs primaires du peintre abstrait Piet Mondrian, qu'Yves Saint Laurent transpose en 1965 dans une robe qui est aujourd'hui emblématique du changement d'esthétique de la décennie. Cela marque un tournant important dans la relation entre l'art et la mode. Vers la fin des années 1960, le look moderniste tranchant s'évanouit pour laisser place à une esthétique décontractée, celle des Hippies (p. 223) et des Bohèmes (p. 217), tandis que les mods purs et durs deviennent des Skinheads (p. 237).

Le style mod s'est avéré durable et continue d'influencer les collections des défilés. Pour le printemps/été 2013, Louis Vuitton présente un motif en damier noir et blanc qui attire les regards. Chez Prada, l'automne/hiver 2011 est tourné vers les sixties et la collection printemps/été 2023 est marquée par des coupes ajustées.

COULEURS ET MOTIFS : noir, blanc, crème, vert sauge, pied-de-poule noir et blanc, damier noir et blanc, vichy bleu et blanc

TISSUS : laine, coton, daim

VÊTEMENTS ET ACCESSOIRES : costume, chemise, cravate étroite, parka, polo, pantalon, blouson Harrington, bottes Chelsea, mocassins, desert boots, minijupe, bottes au genou, bottes go-go, haut sans manches, chaussures de bowling, trench-coat

DÉTAILS : arrondi, coupe étroite, pantacourt, pas de revers

COIFFURE ET MAQUILLAGE : cheveux courts, coupe César, French crop, eye-liner graphique, fard à paupières blanc, rouge à lèvres pâle, couches de mascara

Skate

≈ SKATEUR, SURF DES TROTTOIRS
→ METAL, PUNK, HIP-HOP
+ ATHLEISURE, INDIE, VARSITY, SURF

Lorsque l'engouement pour le surf déferle sur la Californie dans les années 1950, ses adeptes cherchent à s'occuper quand il n'y a pas de vagues. Ils ont l'idée de pratiquer le surf de trottoir, comme on appelait initialement le skateboard. Les skateurs ont été bannis de nombreuses places publiques en raison des dégâts qu'ils causaient sur les rebords et les bancs, ce qui confère un élément de rébellion à la culture skate des débuts.

Le style a toujours joué un rôle important dans cette sous-culture, tant dans la pratique que dans la tenue vestimentaire. Les vêtements doivent avant tout être fonctionnels, et de nombreux skateurs professionnels choisissent des pantalons de travail amples et résistants, de marques telles que Dickies ou Carhartt, en coton épais. La superposition de tee-shirts à manches courtes sur des hauts à manches longues permet de tenir chaud tout en protégeant des éraflures en cas de chute. Les chaussures sont essentielles et, pour assurer la stabilité sur la planche, les semelles fermes sont préférables aux baskets de course. La marque Vans est universellement populaire tant parmi les débutants qu'auprès des professionnels. Elle était d'abord vendue dans des modèles à tige haute pour une protection supplémentaire, puis coupée à la cheville pour offrir plus de flexibilité aux skateurs qui tentent des figures. Les shorts de planche sont conçus pour fonctionner dans l'eau et hors de l'eau, pour le surf et le skate, et descendent au genou.

D'un point de vue esthétique, l'ambiance doit beaucoup à ses racines Surf (p. 234), avec des imprimés hawaïens, des couleurs vives et des sweats à capuche ou des tee-shirts portant le logo de magasins de skate et de surf locaux et indépendants (voir Indie, p. 131) ; c'est typique du « poseur » que de porter des marques disponibles dans les centres commerciaux. L'une de ces marques est celle du magazine *Thrasher*, lancé en 1981 comme une publication fusionnant la culture du skate, du Punk (p. 125) et du Metal (p. 120).

Skate, suite.

On retrouve des similitudes avec le punk dans le bricolage des skateurs pour assembler des rampes et des rails afin d'exécuter des figures. Le magazine prend fait et cause pour le jeune Tony Hawk et, en 1990, le désigne comme son premier « Skater of the Year » ; ce titre sera ensuite repris par des célébrités « Instafamous », au grand dam de la rédaction.

L'invention des roues en polyuréthane par la société Cadillac Wheels de Frank Nasworthy, en 1972, renforce l'attrait de ce sport. Dans les années 1980, le skateboard se répand dans la culture des jeunes, aidé par le film *Retour vers le futur* (1985), avec Michael J. Fox dans le rôle de Marty McFly, qui incite toute une génération à s'y mettre. Dans les années 1990, les cultures Hip-hop (p. 142) et skate entrent en collision, repoussant les limites des pantalons baggy.

L'ultime coalition *high-low*, entre la maison de luxe française Louis Vuitton et la marque de skate new-yorkaise Supreme, place la sous-culture sous les feux de la rampe avec sa collection automne/hiver 2017 très attendue. Elle a d'autant plus fait parler d'elle qu'en 2000, Louis Vuitton avait intenté un procès à Supreme, exigeant que ce dernier cesse d'utiliser l'emblématique logo « LV » sur des planches de skate et d'autres produits. Supreme, fondé par James Jebbia en 1994, a été l'un des pionniers des tactiques de marketing utilisant la rareté de l'offre pour aiguiser l'intérêt des consommateurs en sortant des produits en « drops » hebdomadaires, faisant apparaître de longues files d'attente et une publicité de type « l'argent ne peut pas l'acheter ».

En 2022, la marque londonienne Palace trouve également de nouveaux publics hypebeast grâce à des collaborations avec Y-3 (la marque de streetwear d'Adidas et de Yohji Yamamoto) et le géant italien Gucci. Les créateurs-fondateurs de Palace, Lev Tanju et Gareth Skewis, puisent dans les racines britanniques de la marque avec des chemises à logo inspirées des maillots de football et des tropes punk, ainsi que des vêtements de skate très prisés, tels que des chaussettes à hauteur de mollet – toujours remontées – avec des logos.

Le skateboard est né sur le trottoir. En tant que tel, il exerce une influence déterminante sur le développement du streetwear et de l'Athleisure (p. 60).

Kim Jones pour Louis Vuitton prêt-à-porter hommes automne/hiver 2017–2018, Fashion Week de Paris, 19 janvier 2017.

COULEURS ET MOTIFS : noir, blanc, imprimés graphiques

TISSUS : denim, toile, coton, coton molletonné

VÊTEMENTS ET ACCESSOIRES : chaussures de skate (comme les Converse et les Vans), tee-shirt, chaussettes à mi-mollet, casquette de baseball, sweat à capuche, beanie, boardshort, chaînes porte-clés, sac à dos, gilet sans manches, chemise à carreaux, bagues, pantalon baggy, pantalon cargo, bracelets/colliers en chaîne

DÉTAILS : logos, tee-shirt à manches courtes par-dessus un haut à manches longues, déchiré, cordons de serrage, renforts aux genoux, slogans, bijoux en argent superposés, chaussettes remontées

Surf

≈ SURFEUR, KOOK
→ ATHLEISURE, SAFARI, ROCK, HIPPY
+ CROISIÈRE, BOHÈME

Le bienheureux look surfeur inonde les collections d'été des défilés des créateurs comme une alternative aux vêtements Athleisure (p. 60). Le surf est plus qu'une sous-culture ; c'est un mode de vie qui a une signification divine pour les Polynésiens qui l'ont inventé. La pratique du surf sur des planches est représentée dans les peintures rupestres du XIIe siècle et a été décrite pour la première fois par des hommes blancs en 1778, lors du troisième voyage du capitaine James Cook en Polynésie. Quand les navires *Discovery* et *Resolution* jettent l'ancre à Hawaï pour la première fois, le capitaine Charles Clerke remarque que les habitants semblent être dans leur élément sur l'eau.

Au XIXe siècle, les missionnaires avaient presque éradiqué le surf en tant que pratique culturelle, mais des habitants l'ont maintenu en vie. Ce sport atteint une notoriété mondiale au XXe siècle, en grande partie grâce aux prouesses de deux hommes : George Freeth, qui fait une démonstration en Californie en 1907 dans le cadre d'une opération de relations publiques menée par la Pacific Electric Railroad pour promouvoir sa ligne côtière, et Duke Kahanamoku, le nageur hawaïen cinq fois médaillé d'or aux Jeux olympiques, à qui l'on doit l'introduction de ce sport en Australie lors d'une exposition organisée à Sydney en 1914. Leur physique athlétique, mis en valeur par des gilets sans manches et des shorts moulants, agrémentés de colliers de perles fabriqués à la main, fascine le public.

L'accession d'Hawaï au statut d'État américain en 1959 et l'essor des voyages aériens vers ces îles paradisiaques incitent les touristes à ramener le surf aux États-Unis. Le film *Gidget* (1959), avec Sandra Dee, immortalise la culture du surf sur grand écran, suivi par Elvis Presley dans *Sous le ciel bleu de Hawaï* (1961) et le documentaire *L'Été sans fin* (1965), qui alimente la mode des chemises hawaïennes, des maillots de bain aux couleurs criardes et des *boardshorts*. Ces derniers sont plus longs que les shorts de bain classiques et s'apparentent davantage à une tenue décontractée, avec des poches et sans filet intérieur.

Paul Smith homme printemps/été 2018, Fashion Week de Paris, 25 juin 2017.

La chemise hawaïenne classique ou « Aloha » est fabriquée pour la première fois dans du tissu de kimono par des artisans japonais sur l'île dans les années 1930, avant de devenir un article touristique très prisé. Souvent ornée de fleurs surdimensionnées, elle présente un camp collar déstructuré, largement ouvert pour rafraîchir (voir aussi Safari, p. 105), des manches courtes, une poche de poitrine pratique pour les lunettes de soleil et (traditionnellement) des boutons en coquille de noix de coco. Après l'attaque de Pearl Harbor par le Japon en 1941, la fabrication de chemises se consacre à l'effort de guerre et, quand la paix est rétablie, les imprimés perçus comme japonais – notamment les fleurs de cerisier et les temples – tombent en désuétude au profit de fleurs locales comme l'hibiscus.

Le surf rock, caractérisé par des riffs de guitare et une forte réverbération imitant le son des vagues, connaît son heure de gloire de 1958 à 1964 et ajoute le sex-appeal juvénile du Rock & Roll (p. 110) au look du surfeur. Les Beach Boys, qui percent avec *Surfin' U.S.A.* en 1963, ajoutent un élément Ivy League américain avec des chinos décontractés et des chemises à rayures (voir Preppy, p. 191).

Le style surfeur moderne gagne en popularité dans les années 1990 et 2000 grâce au film *Point Break* (1991) et à des marques de surf telles que Quiksilver, Rip Curl et Billabong. Les adolescents du monde entier portent des sweats à capuche décontractés en jersey sur des hauts de bikini à col licou, avec des shorts en denim coupés au genou ou des pantalons de combat amples. Les chaussures comprennent des tongs ou les omniprésentes Uggs en peau de mouton pour une tenue authentique après la plage. Le look atteint son apogée dans la culture pop, en 2002, avec le film *Blue Crush* qui coïncide avec une collection Chanel sur le thème du surf.

Le néoprène est un signifiant clé de l'esthétique surf sur les

***Surf*, suite.**

podiums. Le tissu a été inventé en 1930 par DuPont et intégré à la première combinaison de plongée en 1951 par le physicien Hugh Bradner de l'université de Californie. Au même moment, dans un garage de Santa Cruz, le légendaire surfeur Jack O'Neill met au point une combinaison destinée à l'usage des surfeurs en eau froide, donnant ainsi accès à des kilomètres de côtes jusqu'alors insurfables.

Le retour du surf dans la mode se fait par le biais des collections printemps/été 2018, avec des chemises hawaïennes aux couleurs de soleil couchant sur les podiums de Paul Smith et Balenciaga pour les hommes, et des imprimés tropicaux chez Michael Kors, Gucci et No. 21 pour les femmes. La tendance a mûri lors des collections femme printemps/été 2019 avec des planches cirées et des imprimés tropicaux chez Etro, des détails de combinaison de plongée et un thème des *Dents de la mer* chez Calvin Klein, et un tie-and-dye bleu et blanc évoquant l'écume de mer chez Stella McCartney. Le look se poursuit au printemps/été 2022 avec un tie-and-dye psychédélique chez Altuzarra (voir aussi Hippy, p. 223), des tops fluo inspirés des tee-shirts anti-UV associés à des jupes ornées de paillettes festonnées ressemblant à des coquillages, chez Coperni, pour distiller un look de sirène sportive, et des cagoules en néoprène chez Nina Ricci, avec des détails en résille.

COULEURS ET MOTIFS : bleu océan, bleu ciel, jaune sable, blanc, rose fluo, tie-and-dye, imprimé hawaïen

TISSUS : néoprène, résille, polyester, nylon, jersey de coton

VÊTEMENTS ET ACCESSOIRES : short de bain, tongs, tee-shirt, sweat, bikini, pantalon cargo, bob

DÉTAILS : fermetures à glissière, cordons de serrage, coquilles, manches courtes, col montant

Skinhead

≈ SKIN, BOOT BOY, PEANUT, LEMONHEAD
→ HÉRITAGE, AVIATEUR, PREPPY, TAILORING, HIPPY, MOD
+ PUNK, POLO, ANDROGYNE

Janet Askham, une adolescente skinhead, pose avec ses amis chez elle à Huddersfield, dans le West Yorkshire, le 6 juin 1970.

Vers la fin des années 1960, au Royaume-Uni, un schisme de la sous-culture Mod (p. 228) aboutit à sa division en deux factions : l'une nourrissait des aspirations de classe supérieure (voir Tailoring, p. 195), et l'autre regroupait des hommes fiers d'appartenir à la classe ouvrière. La plupart des membres de ce dernier groupe travaillaient dans des secteurs où on devait se raser la tête. La buzz cut est également un signe de rejet des cheveux longs de la rébellion Hippie (p. 223) et, pour certains, un clin d'œil aux astronautes américains aux cheveux courts. Le skinhead est né.

De toutes les esthétiques abordées la sous-culture skinhead est peut-être la plus incomprise, car elle a été récupérée par les suprémacistes blancs. Au départ, la sous-culture était centrée sur la mode, avec des jeunes fiers de leur apparence, portant des chemises unies ou à carreaux, à manches courtes, des bretelles et des pantalons repassés, et incorporant des éléments utilitaires, tels que des bottes coquées ou des Dr. Martens. Les vêtements de travail étaient essentiels : le jean à coupe droite, généralement un Levi's 501, retroussé pour montrer les chaussures ; la veste de camionneur en denim et sa version britannique, le blouson Harrington, avec sa doublure en tartan Fraser. Le style américain Ivy League, qui deviendra plus tard le style Preppy (p. 191), a exercé une forte influence. La chemise Polo (p. 76) est un article indispensable.

Skinhead, suite.

Le temps changeant impose des vêtements d'extérieur résistants. En hiver, le skinhead anglais a trois options : le Crombie, le *shearling* en peau lainée et la *donkey jacket*. Le Crombie original est un pardessus trois-quarts à simple boutonnage en fine laine Melton de Crombie, la filature de laine écossaise devenue fabricante (voir Héritage, p. 23). Il a été porté par des personnalités anglaises aussi diverses que le Premier ministre Winston Churchill et les gangsters jumeaux Ronnie et Reggie Kray ; héros improbables du style de l'East End de Londres, où la sous-culture skinhead s'est développée. Le manteau *shearling* en peau de mouton est généralement constitué de panneaux de mouton retourné et de passepoils. La *donkey jacket*, enfin, a été créée en 1888 comme vêtement pour les ouvriers qui travaillaient à la construction du Manchester Ship Canal. Elle doit son nom à la machine à vapeur utilisée pour creuser le canal. Cette veste en laine de forme carrée, généralement noire, est dotée d'un empiècement en cuir (en PVC sur les modèles récents) et n'a pas de revers. Elle peut être boutonnée jusqu'au cou.

La culture jamaïcaine – dont le style voyou du Rude Boy, venu de Kingston à Londres – influence les mods et les skinheads avec les chapeaux *pork-pie* et les trilbies, les pantalons courts, les manteaux Penny Lane et les costumes. Les jeunes Noirs et Blancs de la classe ouvrière se rencontrent dans les salles de danse, et des groupes de ska de l'époque sortent des morceaux faisant référence à la sous-culture skinhead.

C'est ce goût pour la culture noire qui rend l'histoire des skinheads d'autant plus surprenant. Après le déferlement de la vague Punk (p. 125) à la fin des années 1970, on assiste à un renouveau du skinhead et la philosophie du bricolage du punk voit ses adeptes s'inspirer des sous-cultures précédentes. Des punks arborent la croix gammée nazie pour le seul plaisir de choquer, mais cela parle à une faction de droite qui accuse l'immigration d'augmenter le chômage. Le Front national britannique, parti politique néo-fasciste, recrute des membres de la communauté skinhead, diffusant son message de haine par le biais du hooliganisme sur les terrains de football dans les années 1980 (le look), et à l'échelle internationale par le biais de la musique rock White Power. La communauté skinhead est divisée.

Bien que la sous-culture soit visiblement masculine, les skinheads féminins, connus sous le nom de *featherwoods* ou *skinbyrds*, avec leurs franges, leurs cheveux longs sur les côtés et sur la nuque et courts sur l'arrière du crâne contribuent à l'esthétique. Elles associent des minijupes de style mod, des brogues cirées, des cardigans en grosse maille et des tee-shirts ou des polos avec une attitude anti-establishment qui rivalise avec celle de leurs homologues masculins.

Avis aux stylistes désireux d'imiter les lacets portés par les skinheads et les punks : les lacets blancs (généralement avec des bottes en cuir sang-de-bœuf) signifient que celui qui les porte est un adepte du White Power, tandis que les lacets rouges indiquent que du sang a été versé pour le mouvement, ou que celui qui les porte est socialiste. Les lacets jaunes indiquent que celui qui les porte est antiraciste et membre de S.H.A.R.P. (Skinheads Against Racial Prejudice), tandis que les lacets violets signifient que celui qui les porte est homosexuel. Les lacets verts ou écossais sont neutres, les noirs sont traditionalistes ou punks, et les noir et blanc indiquent un amateur de ska ou de two-tone. Ce code n'évoque plus grand-chose aujourd'hui mais porter le mauvais lacet au mauvais endroit peut être considéré comme offensant (voir aussi Politique, p. 260).

COULEURS ET MOTIFS : noir, blanc, rouge, sang-de-bœuf, bleu marine, damier noir et blanc, vichy bleu

TISSUS : laine, denim, cuir, peau de mouton, nylon

VÊTEMENTS ET ACCESSOIRES : jean, chemise, veste Harrington, bretelles, chapeau pork pie, manteau Crombie, Dr. Martens, brogues, blouson bombardier, donkey jacket, polo, cardigan, veste camionneur en denim, manteau en peau de mouton, trench-coat

DÉTAILS : denim blanchi, chemise boutonnée, jean retroussé

CHEVEUX : favoris, frange droite, crâne rasé

La Sape

≈ SOCIÉTÉ DES AMBIANCEURS ET DES PERSONNES ÉLÉGANTES, SAPEUR
→ AVANT-GARDE, POLITIQUE
+ TAILORING, DANDY, MAXIMALISTE

Sur les rives du fleuve Congo, qui sépare Brazzaville, en République du Congo, au nord, de Kinshasa, en République démocratique du Congo (RDC), au sud, il existe une sous-culture dont les prouesses stylistiques dépassent de loin les manières de n'importe quel adepte de la *fashion week*. La Société des ambianceurs et des personnes élégantes, connue sous le nom de « La Sape », réunit des sapeurs et des sapeuses connus pour leurs luxueuses tenues flamboyantes de créateurs, souvent en contradiction avec les bidonvilles dans lesquels ils évoluent. Certains sapeurs sont des artistes de rue qui font vivre leur famille grâce au mime et à la danse, tandis que d'autres ont des emplois « ordinaires », allant de la fonction publique au jardinage ou au taxi.

L'origine de cette sous-culture est attribuée à diverses sources. Certains disent qu'elle a commencé à l'époque coloniale, tandis que d'autres l'attribuent aux soldats congolais revenant de France après la Seconde Guerre mondiale, leurs bagages remplis d'élégants costumes parisiens. La plupart s'accordent à dire que la renaissance du style dans les années 1970 a été provoquée par le chanteur congolais Papa Wemba, qui l'a utilisé pour faire une déclaration Politique (p. 260) contre la répression imposée par le président Mobutu Sese Seko, qui a tenté (et échoué) d'interdire le port de costumes occidentaux en RDC.

Il y a un clivage entre l'orientation créative des sapeurs de Brazzaville, qui privilégient le Tailoring (p. 195) d'inspiration française, et le style plus Avant-gardiste (p. 244) de Kinshasa, où les sapeurs portent des pièces de créateurs tels que Yohji Yamamoto, ou le kilt et le *sporran* écossais (voir Héritage, p. 23). L'esthétique a fait son retour sur les podiums lors de la collection homme automne/hiver 2015 de Junya Watanabe, comme en témoignent les blazers à col châle, les nœuds papillon, les *trilbies* élégants, les lunettes rondes, les chemises

Des fans de la Sape, à Libreville, au Gabon, 23 avril 2014.

immaculées et les cravates impeccablement nouées. Les deux tendances ont des penchants Maximalistes (p. 254), et l'accent est mis sur les accessoires : chapeaux, cravates, chaussettes à la mode, bretelles, lunettes de soleil et cannes en ébène.

Les Sapeurs sont des Dandies (p. 247) au sens propre du terme, défini par Charles Baudelaire comme ceux qui élèvent l'esthétique au rang de religion vivante. Ce raffinement aristocratique, plus que les possessions matérielles, est le but ultime.

COULEURS ET MOTIFS : rouge, vert, jaune, orange, écossais, imprimé léopard, or

TISSUS : soie, velours, crocodile, satin, tartan, tweed, autruche

VÊTEMENTS ET ACCESSOIRES : costume deux ou trois pièces, chemise, nœud papillon, cravate, gilet, richelieus, brogues, mocassins, lunettes de soleil, bottes de cow-boy, canne, pochette, montre, bretelles, kilt, sporran, chapeau pork-pie, ceinture

DÉTAILS : ornements, strass, cigare, pipe

7.

Déclaration

S'il est vrai que, dans une certaine mesure, les vêtements donnent une image de la personne qui les porte, certains styles sont plus éloquents que d'autres. Certains sont discrets et minimalistes, d'autres audacieux et maximalistes, avec des imprimés et des motifs colorés qui ne passent pas inaperçus.

Historiquement, le pendule oscille entre des périodes de minimalisme et de maximalisme. Le style rococo, par exemple, a immédiatement précédé la Révolution française, période sanglante qui marque un tournant dans la mode occidentale et ses excès ostentatoires qui soulignent les inégalités sociales extrêmes. Après la Révolution, on assiste à la grande renonciation dans le vestiaire masculin, incarnée par les premiers dandys, tels que George « Beau » Brummell, qui rationalisent la silhouette masculine et se concentrent sur les tissus luxueux et l'attention portée aux détails.

Les styles d'avant-garde sont conceptuels et en avance sur leur temps, que ce soit au niveau des idéaux ou de la construction technique. Le style lagenlook adopte la même approche anti-mode et superpose des pièces faciles à porter, souvent dans des tissus artisanaux. Il déclare : « Je ne suis pas les tendances. »

Les déclarations politiques sont faites pour être entendues et les vêtements peuvent être intentionnellement politiques de différentes manières, que ce soit explicitement par des slogans ou symboliquement par certains vêtements ou par l'utilisation de couleurs significatives. Certains vêtements sont involontairement politiques, comme la tenue vestimentaire modeste, qui est décrite sans parti pris dans la partie 8, Sexe & Genre (p. 268).

Les déclarations de valeurs et philosophiques sont plus fortes que de simples sous-cultures. C'est pourquoi le romantisme, avec son changement de mentalité en faveur de l'esthétisme et de la célébration de la beauté, apparaît ici plutôt que dans la partie 6, Sous-cultures & Contre-cultures (p. 212). Cela dit, le Nouveau Romantisme, qui s'est développé dans les années 1980 et qui est une sous-culture basée sur la musique, est inclus dans cette section par souci de clarté. Bien que 180 ans les séparent, ces deux styles sont liés par l'amour de la chemise de poète, de la lavallière, des costumes dandy et l'utilisation occasionnelle d'eye-liner.

Des croyances que nous tenons pour acquises aujourd'hui sont enracinées dans le romantisme. Par exemple, c'est grâce aux œuvres artistiques et littéraires des romantiques émotifs que l'idée, jusqu'alors inimaginable, de se marier par amour, plutôt que comme une transaction sociale ou financière, s'est répandue.

Avant-garde

≈ EXPÉRIMENTAL
→ FUTURISME, GLAM ROCK, PUNK, BOURGEOISIE, CLASSIQUE, MOD
+ LAGENLOOK, ANDROGYNE

Le terme « avant-garde » vient du français pour désigner les troupes envoyées en avant de la progression d'une armée. Dans le domaine de l'art, de la mode et des idées, il désigne les travaux qui repoussent les limites de l'expérimentation, tant sur le fond que la forme. Son utilisation dans les arts est attribuée au penseur politique, social et économique français Henri de Saint-Simon. En 1825, il écrit que la « magnifique destinée » des arts est d'exercer un pouvoir positif sur la société, en propulsant vers l'avant les facultés intellectuelles de l'humanité.

Alors que les vêtements ordinaires épousent les lignes du corps humain, les vêtements d'avant-garde n'adoptent pas cette convention. Les créateurs de mode d'avant-garde conçoivent des œuvres d'art dans lesquelles le concept est essentiel, souvent au détriment de la portabilité. En 1981, les créateurs japonais Rei Kawakubo et Yohji Yamamoto présentent indépendamment leurs premières collections à Paris. Dans le contexte d'une des décennies les plus fastueuses de l'histoire, caractérisée par les paillettes, le glamour et l'excès, Kawakubo présente sa collection « Destroy » pour sa marque Comme des Garçons, avec de volumineuses couches noires (voir aussi Lagenlook, p. 250) et des tricots artistiquement abîmés pour évoquer l'esthétique Punk (p. 125). Ses créations ont éradiqué l'objectification des formes féminines, donnant un sens libérateur à l'Androgynie (p. 270), même si elles n'étaient pas du goût des Bourgeois (p. 202) ; des rédacteurs de mode insensibles les ont qualifiées de « Hiroshima chic » ou de « post-atomiques ».

De même, Yamamoto a défendu toutes les nuances de noir, le déclarant à la fois modeste et arrogant, paresseux et facile, et toujours mystérieux. L'absence de couleur oblige le créateur à expérimenter avec la silhouette et la texture pour trouver la nuance et l'expression. Les vêtements sont chargés de sens et la philosophie japonaise du *wabi sabi* (de *wabi*, simplicité et anti-matérialisme, et

Gareth Pugh printemps/été 2007, Fashion Week de Londres, 19 septembre 2006.

sabi, trouver la beauté dans les objets qui montrent des signes d'usure et de décomposition) se lit clairement dans les créations. Il manipule et déforme les tissus dans une esthétique qui est l'antithèse de la production de masse de la *fast fashion*.

Le mouvement japonais de l'avant-garde se poursuit à travers les collections de Kansai Yamamoto, dont les créations pour David Bowie, à l'époque du Glam Rock (p. 122), en 1973, font entrer l'esthétique dans la culture populaire. Issey Miyake, quant à lui, est un pionnier qui inventa de nouvelles méthodes inspirées par l'origami.

En Occident, le style du créateur belge Martin Margiela révèle des vêtements déconstruits, avec des bords apparemment inachevés, le patron et les épingles encore visibles (voir aussi Minimaliste, p. 252). Parmi les autres icônes de l'avant-garde, citons le créateur français Thierry Mugler, connu pour ses « glamazones » galactiques, et le créateur britannique Alexander McQueen, dont les collections fantastiques des années 2000 abordent les thèmes du Romantisme (p. 263) et du Cyberpunk (p. 38). Les créations sculpturales de Gareth Pugh enchantent la presse de la Fashion Week de Londres saison

Avant-garde, suite.

après saison, mais au détriment du potentiel commercial. La mode d'avant-garde a un bel avenir devant elle, notamment avec Iris van Herpen. Cette visionnaire néerlandaise a été l'une des premières à utiliser l'impression 3D pour construire des vêtements, faisant référence à la nature et à la science dans ses créations.

L'histoire de la mode expérimentale remonte au Futurisme (p. 33) et aux créations de l'ère spatiale des années 1960 par des créateurs tels que Pierre Cardin, André Courrèges et Paco Rabanne, qui utilisaient de nouveaux textiles, parmi lesquels le plastique, le caoutchouc, la feuille d'aluminium et la cotte de mailles. Avant cela, il y a eu des créations artistiques, comme la collaboration de la styliste italienne Elsa Schiaparelli avec le surréaliste espagnol Salvador Dalí pour sa « robe homard » de 1937, avec un homard imprimé sur de la soie. Au milieu des années 1960, Yves Saint Laurent réinterprète les lignes modernistes du peintre néerlandais Piet Mondrian (voir également Mod, p. 228) dans des robes saluées par la critique.

Sortir des sentiers battus en matière de style ne signifie pas nécessairement être mal vêtu. La mode d'avant-garde peut être parfaitement portable de jour grâce au minimalisme.

COULEURS ET MOTIFS : noir, blanc, blanc cassé, rouge

TISSUS : coton, lin, nylon, laine, plexiglas, cotte de mailles

VÊTEMENTS ET ACCESSOIRES : jupe-culotte, pantalon évasé, haut enveloppant de style kimono, manteau cocon, chemise, bottes épaisses, veste, pantalon, costume, chemise, gilet sans manches, justaucorps

DÉTAILS : impression 3D, asymétrique, plis, surdimensionné, col Mao, déconstruit, déchiré, bords bruts

Dandy

≈ GENTLEMAN, QUAINTRELLE (FÉMININ)
→ FLAPPER, ÉQUESTRE, MILITAIRE, MOD, MINIMALISTE, ROCOCO, ANDROGYNE
+ STEAMPUNK, TEDDY BOYS & TEDDY GIRLS, TAILORING, LA SAPE, ROMANTIQUE, CAMP

Joshua Kane porte ses propres créations, photographié à Home House, Londres, par Bart Pajak, 2022.

Les dandys ont la réputation d'être flamboyants, mais, en fait, George « Beau » Brummell – reconnu comme le premier dandy à l'époque de la Régence en Angleterre – a rationalisé la mode masculine par rapport au style Rococo (p. 257) grandiose. Brummell est issu de la classe moyenne, mais son père était secrétaire privé du Premier ministre Lord North. Il a donc eu la chance d'étudier au collège d'Eton, puis à l'université d'Oxford. Bien qu'il ne soit pas aristocrate, il profite d'un héritage important qui, avec son charme et son esprit, l'aide à se faire une place dans la haute société.

Au sein du 10e régiment des hussards royaux, il rencontre et se lie d'amitié avec le prince de Galles. Après avoir quitté l'armée, Brummell s'inspire de sa tenue Militaire (p. 91), conçue pour l'équitation et d'autres activités physiques (voir Équestre, p. 70), et lance la mode des vestes austères portées avec des pantalons de coupe droite. À l'époque victorienne, cette mode a évolué vers l'idée actuelle d'un complet composé d'une veste et d'un pantalon (voir Tailoring, p. 195).

Connu pour sa boutade : « Les modes vont et viennent, le mauvais goût est intemporel », Brummell joue un rôle dans la grande renonciation masculine, lorsque, sur fond de Révolution française, les hommes rangent leurs queues-de-pie, leurs culottes de soie, leurs

Dandy, suite.

perruques et leurs talons hauts, pour adopter un style vestimentaire plus sobre. Il popularise la chevelure naturelle et les bains réguliers. Bien qu'il ait été une icône durable de la mode masculine, sa vie a valeur d'avertissement. Il tombe néanmoins en disgrâce à la suite d'une remarque désobligeante sur la corpulence du prince régent et, après avoir vécu au-dessus de ses moyens, il se retrouve en prison lourdement endetté. Il meurt sans le sou, en 1840, dans un asile du nord de la France.

Le poète français du XIXe siècle Charles Baudelaire adopte un dandysme puritain. Pour lui, le dandysme symbolise la supériorité aristocratique de l'esprit, un effort esthétique visant à maîtriser ses émotions, à cultiver la beauté et la passion. À cet égard, il y voit une forme de Romantisme (p. 263). En effet, le grand écrivain romantique Lord Byron a légué aux dandys ultérieurs la chemise de poète à jabot et à manches ballon.

Il existe également une histoire du dandysme noir, très liée à l'histoire coloniale. À l'époque victorienne, les Africains réduits en esclavage s'habillaient pour illustrer le statut social de la famille, en ajoutant souvent leur touche personnelle, en guise de rare moyen d'expression. Le style en tant que sous-culture se poursuit sur le continent africain avec l'esthétique congolaise de La Sape (p. 240), qui célèbre l'art de s'habiller en gentleman, et les Swenkas, des travailleurs zoulous qui rivalisent pour savoir qui a le plus de *swank*. Bien s'habiller donne du pouvoir et, dans le cadre du mouvement des droits civiques des années 1960, le Dr Martin Luther King Jr portait des chemises impeccables, des cravates parfaitement nouées et des costumes soigneusement coupés pour souligner son image de leader qui entendait être écouté et respecté par tout le monde, de la population au président.

L'émancipation accrue des femmes dans les années 1920 donne naissance à la Flapper (p. 30) et à la femme dandy, la « quaintrelle », qui élève le style personnel et la recherche du plaisir au rang de forme d'art. Comme l'influente et innovante créatrice Coco Chanel et ses vêtements inspirés de la mode masculine, ou Marlene Dietrich vêtue d'un smoking dans les années 1930, la femme dandy joue souvent avec des costumes Androgynes (p. 270).

Le dandysme et le Tailoring (p. 195) continuent d'être liés, bien que les coordonnés structurés, comme les blazers et les pantalons, soient également acceptables. Le diable est dans les détails :

cravates, boutons de manchette, foulards, pochette, et toujours des chaussettes élégantes.

L'interprétation contemporaine du dandysme va du Minimaliste (p. 252) soigné au précieux et au Camp (p. 275). Elle peut être moderne et pointue (voir Mod, p. 228), ou faire référence à des vêtements historiques et formels, tels que le chapeau haut-de-forme Néo-Victorien (p. 26), la queue-de-pie, le col cassé, la cravate et la canne. Avec une touche Rétrofuturiste (p. 36) et un costume trois-pièces en tweed, une montre à gousset squelette et un chapeau melon, le look devient Steampunk (p. 42).

Le foyer spirituel du dandy se trouve sur Savile Row, la rue des tailleurs londoniens. On y trouve Henry Poole & Co, Anderson & Sheppard, et Davies & Son. Mais, quelques pas au nord, à Marylebone, le tailleur sur mesure des stars Joshua Kane porte la même attention aux détails et aux tissus luxueux qu'à l'apogée de Brummell et Baudelaire.

COULEURS ET MOTIFS : bleu royal, bleu nuit, beige, noir, sarcelle, pied-de-poule, carreau-fenêtre, carreaux Prince de Galles, micro-points

TISSUS : laine, velours, coton, soie, cuir verni

VÊTEMENTS ET ACCESSOIRES : costume trois pièces, chemise, pull-over à col en V, gilet, blazer, chinos, cape, pardessus, mocassins, richelieus, cravate, nœud papillon, parapluie, pochette, montre de gousset, chaussettes de luxe, épingle à cravate, trilby, chapeau haut-de-forme, casquette, canne, bretelles, montre, porte-documents

DÉTAILS : chemise repassée et amidonnée, pantalon repassé, simple boutonnage, double boutonnage

Lagenlook

≈ SUPERPOSITIONS
→ NÉO-VICTORIEN, STEAMPUNK, COTTAGECORE, HIPPY, AVANT-GARDE
+ HYGGE, BOHÈME, MAXIMALISTE

Yohji Yamamoto homme automne/hiver 2020-2021, Fashion Week de Paris, 16 janvier 2020.

Ce style moins connu, dont le nom signifie « look superposé », est intrinsèquement anti-mode, avec des vêtements amples de style Bohème (p. 217), assemblés de manière éclectique par des consommateurs qui privilégient le confort. Le style lagenlook est généralement déstructuré et de longueur midi ou maxi. Les couches hyper-féminines avec des volants confèrent une touche Néo-Victorienne (p. 26) qui, si elle est déconstruite ou abîmée, acquiert un côté Steampunk (p. 42). C'est un look populaire auprès des professeurs d'art, car le fan de lagenlook aime associer les couleurs, les textures et les longueurs variées dans une approche Maximaliste (p. 254) du style.

Les tissus sont souvent colorés à la main avec des teintures végétales naturelles et délibérément froissés. Ce lien avec la terre rejoint l'aspect environnemental du style Hippy (p. 223), ainsi que l'esthétique japonaise *mori kei* (« fille de la forêt »), qui émerge dans le quartier Harajuku de Tokyo au début du millénaire (voir d'autres styles Harajuku, tels que le Kawaii, p. 170). Le style *mori kei* présente quelques similitudes avec le Cottagecore (p. 161) dans son retour aux plaisirs simples de la pâtisserie, du jardinage et de l'artisanat, tout en privilégiant également le confort et le bien-être, à l'instar du Hygge (p. 183).

Il y a aussi des partisans de l'esthétique superposée au sein de l'Avant-garde (p. 244), notamment la créatrice japonaise Rei Kawakubo, diplômée des beaux-arts dont la marque Comme des Garçons (fondée en 1969) est largement reconnue comme ayant réinventé le vêtement – en particulier féminin – en en faisant une œuvre d'art. Les créations de Kawakubo, agressivement anti-mode et couvrant les formes, éradiquent le regard masculin, faisant d'elle une héroïne féministe. Nombre de ses créations sont taille unique et, pendant un certain temps, elle a supprimé les miroirs dans les cabines d'essayage de ses magasins, afin de permettre à ses clientes de se concentrer sur ce qu'elles ressentent plutôt que sur leur apparence. C'est à elle que l'on doit d'avoir fait du noir la couleur uniforme des créateurs urbains. D'autres créateurs japonais avant-gardistes, comme Issey Miyake et Yohji Yamamoto, ainsi que la créatrice belge Ann Demeulemeester, ont développé leur propre langage visuel, fait de multiples couches, de proportions surdimensionnées et de déconstruction. Qu'il soit enraciné dans le terroir ou brutaliste et urbain, le style lagenlook est une esthétique pour les créatifs de tous âges et de toutes corpulences.

COULEURS ET MOTIFS : noir, blanc, rose pâle, gris, moutarde

TISSUS : lin, coton, laine, feutre

VÊTEMENTS ET ACCESSOIRES : tunique, pantalon large, pardessus, pantalon bouffant, chapeau cloche, manteau cocon, sarouel, jupe trapèze, caftan, cape

DÉTAILS : superposé, asymétrique, durable, surdimensionné, déstructuré, déconstruit, sérigraphié, peint à la main, cascade, drapé, appliqué, col bénitier, manche chauve-souris, entrejambe bas

Minimaliste

≈ MINIMALISME
→ GRUNGE, AVANT-GARDE, MAXIMALISTE
+ FUTURISME, CLASSIQUE, MOD

Maison Martin Margiela printemps/été 2013, Fashion Week de Paris, 28 septembre 2012.

La mode minimaliste présente des similitudes avec l'art minimaliste qui émerge dans les années 1960 et 1970 avec les œuvres de Frank Stella, Richard Serra, Carl Andre et Sol LeWitt, entre autres, suite à l'expressionnisme abstrait des années 1950, dont les artistes s'impliquaient fortement dans leur travail – le plus célèbre étant Jackson Pollock avec sa technique d'*action painting*. Au contraire, les minimalistes ont réagi en supprimant toute trace de l'artiste, en créant des œuvres anonymes, réduites à une simplicité élémentaire.

La mode minimaliste délaisse les imprimés tapageurs au profit d'une palette de gris sourds, ponctuée de tons neutres ou, parfois, de couleurs complémentaires. Au lieu de vêtements chargés de symboles, les tenues présentent une optique neutre à travers laquelle on peut voir celui qui les porte. Les silhouettes sont sobres et sans fioritures, ce qui permet de se concentrer sur la personne. Pour reprendre les mots de Frank Stella : « Ce que vous voyez est ce que vous voyez. »

Rejetant les styles Maximalistes (p. 254) des années 1970 et 1980, des créateurs japonais d'Avant-garde (p. 244) tels que Rei Kawakubo et Yohji Yamamoto ont créé un nouveau cahier des charges en utilisant des lignes simplissimes et une palette entièrement noire. Le minimalisme a été une tendance marquante des années 1990, au même titre que le Grunge (p. 134). Le créateur belge Martin Margiela l'a parfaitement résumé dans ses premiers travaux, en utilisant une palette de blancs, des formes pures et des vêtements dépourvus de logos (même l'étiquette intérieure était conçue pour être arrachée). Il a supprimé l'ego et la personnalité de la marque et appelle sa maison « nous ». Le minimalisme se répand dans l'industrie de la mode, apparaissant dans les collections d'Helmut Lang et de Jil Sander, ou de Calvin Klein. Plus tard, le mandat de la styliste britannique Phoebe Philo chez Celine (2008-2018) est marqué par une interprétation chic et portable de l'esthétique. La créatrice a lancé, en 2023, sa marque éponyme, une réjouissance pour les « Philophiles »).

Un vestiaire minimaliste est généralement interprété comme une garde-robe « capsule », chaque pièce fonctionnant comme un look en s'associant à une ou plusieurs autres. Les minimalistes sont les maîtres de l'économie circulaire, investissant dans des modèles intemporels de qualité qui peuvent être portés d'année en année. À cet égard, le style peut également être considéré comme Classique (p. 209). L'absence d'individualité est une affirmation en soi.

COULEURS ET MOTIFS : blanc, crème, gris clair, anthracite, noir, argent

TISSUS : crêpe, cuir, coton, laine

VÊTEMENTS ET ACCESSOIRES : pantalon, costume simple boutonnage, blazer simple boutonnage, manteau long, manteau cocon, combinaison, jupe, richelieus, baskets blanches, robe à bretelles, col roulé, tee-shirt uni, jupe-culotte, jupe midi

DÉTAILS : pas de logos, peu ou pas d'accessoires

MAQUILLAGE : sobre

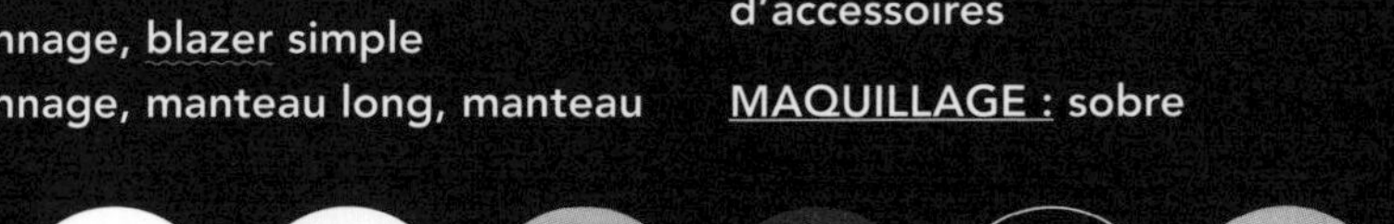

Maximaliste

≈ TAPE-À-L'ŒIL, ÉCLECTIQUE
→ GLAM ROCK, DISCO, LOLITA, MINIMALISTE
+ KAWAII, DECORA, BOHÈME, ROCOCO, ROMANTIQUE, CAMP

À l'inverse du style Minimaliste (p. 252) qui réprime la personnalité, le maximalisme fait la part belle à l'individualité de celui qui le porte. Le look est artistiquement désordonné et, en vérité, tout est permis. Certaines des armes les plus voyantes de la mode, comme les paillettes, le lamé, le velours, le satin, les tissus fluo et les gros imprimés colorés, trouvent leur place ici.

Au fil des époques, le pendule des styles oscille entre minimalisme et maximalisme avec une certitude inébranlable. La Flapper (p. 30) traverse les années 1920 avec ses franges, ses plumes de marabout et ses sequins, avant que le krach de Wall Street en 1929 et la Grande Dépression n'entraînent l'adoption d'une garde-robe plus rationalisée et conservatrice. La Seconde Guerre mondiale impose le minimalisme en prescrivant de « faire avec et réparer » et, à la fin du rationnement, le New Look de Dior et les jupes amples annoncent le début du glamour des années 1950. Les années 1960 s'orientent vers des silhouettes aérodynamiques inspirées des voyages spatiaux (voir Futurisme, p. 33) et des lignes épurées et modernistes (voir Mod, p. 228), qui se transforment à leur tour en un voyage psychédélique avec le look Hippy (p. 223), les paillettes éphémères du Glam Rock (p. 122) et l'éclat du Disco (p. 139).

Dans les années 1980, tous les excès sont permis, avec des coiffures bouffantes, de larges épaulettes et de gros bijoux. Les Italiens sont des experts de la mode maximaliste, notamment la maison Versace, qui ouvre la voie avec le glamour amplifié du logo emblématique de la Méduse et l'imprimé doré « Barocco » orné de feuilles d'acanthe stylisées, dont l'esthétique se situe entre le baroque et le Rococo (p. 257). Les années 1990 sont marquées par un retour au minimalisme (sauf chez Versace), mais en 2000, la consommation ostentatoire, le strass omniprésent, les logos et les *it bags* sont à la mode. Dans le quartier Harajuku, à Tokyo, de nombreux looks maximalistes se cristallisent, tels que le Kawaii (p. 170), le Decora

Richard Quinn automne/hiver 2018, Fashion Week de Londres, 20 février 2018.

Maximaliste, suite.

(p. 173) et le Lolita (p. 177). Le « style Harajuku » en est venu à désigner les looks extrêmes du street-style japonais des années 1990 et 2000, photographiés par les magazines indie locaux.

Le minimalisme purificateur est de retour pendant un temps, mais l'équilibre bascule de nouveau, avec la nomination, en 2015, d'Alessandro Michele, que directeur artistique de Gucci, qui ravive la crédibilité mal en point de la marque. Sous sa houlette le code de la maison devient follement éclectique, avec une cacophonie d'imprimés, de textures et de concepts, et une sensibilité Romantique (p. 263) sous-jacente. Le chiffre d'affaires connaît une croissance exponentielle.

À première vue, le maximalisme peut sembler contraire à l'évolution vers une consommation durable. Cependant, les stylistes savent qu'il est possible de créer des looks en redonnant vie à des articles de seconde main provenant de boutiques vintage et de friperies, ainsi que d'applications de vente en ligne telles que Vinted, eBay, Vestiaire Collective, etc.

COULEURS ET MOTIFS : imprimé léopard, rose fluo, doré, imprimé zébré, grosses fleurs

TISSUS : sequins, soie, lamé, satin, caoutchouc, PVC, fausse fourrure, grosse maille, velours, brocart

VÊTEMENTS ET ACCESSOIRES : tous les vêtements plus des accessoires supplémentaires – chapeaux, sacs à main, bottes, lunettes de soleil, bandeaux, bijoux fantaisie, lunettes, bijoux de corps, bracelets, pinces à cheveux, chauffe-bras, gants, bagues, baskets épaisses, Crocs et autres chaussures « laides »

DÉTAILS : broderie, appliqué, corsage, paillettes, rubans, strass, franges, plumes de marabout

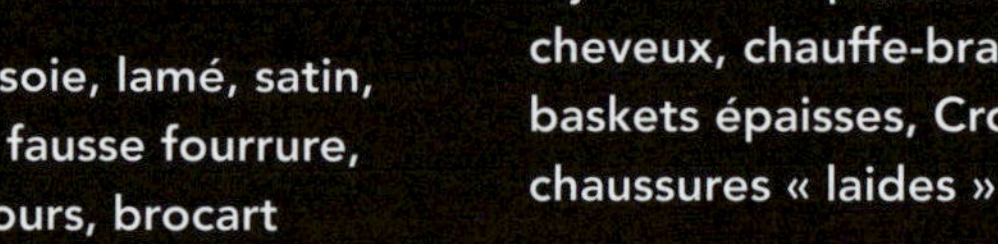

Rococo

≈ MARIE-ANTOINETTE
→ PUNK, CAMP
+ PIRATE, LOLITA, MAXIMALISTE, ROMANTIQUE

Le style décoratif dit rococo, apparu en France vers 1730, continue à marquer durablement les collections de mode près de 300 ans plus tard. Marie-Antoinette, dernière reine de l'Ancien Régime, mariée au roi Louis XVI avant que le couple ne soit guillotiné en 1793, est tristement célèbre dans la culture populaire pour son goût pour l'extravagance. Sa réputation est en partie fondée – son palais, le Petit Trianon, dans le parc de Versailles, faisait l'objet de rénovations intérieures presque constantes – et en partie fausse, comme l'est le commentaire qui lui est si souvent attribué : « Qu'ils mangent de la brioche ! » Cette affirmation est probablement de la propagande, inspirée d'une phrase apparue sous la plume du philosophe français Jean-Jacques Rousseau alors que Marie-Antoinette est encore enfant.

Il est vrai que la mode de l'époque est l'une des plus spectaculairement ornées de l'histoire, avec d'imposants paniers soutenant des couches mousseuses de jupes étagées dans un camaïeu de teintes pastel, décorées de volutes de motifs floraux et de corsages de roses. Ces « robes à la française » sont en fait inspirées de modèles espagnols. Au XIXe siècle, on les appelle des robes « Watteau », d'après le peintre rococo français Jean-Antoine Watteau, qui les a largement représentées dans ses portraits de femmes. Une échelle de ruban bouclé Romantique (p. 263) orne souvent le ventre des robes, et des « engageantes », manches détachables à volants en dentelle, en coton ou en lin, peuvent être attachées sous les manches qui finissent au coude. Des perruques hautes et poudrées, des joues rouges et un ruban noué sur la gorge complètent le look.

Le rococo et son esthétique ludique et féminine font partie du code de la maison Versace, avec son emblématique acanthe « Barocco » (voir aussi Maximaliste, p. 254). Comme son nom l'indique, il intègre des éléments du style baroque sombre, inquiétant et souvent religieux qui précède immédiatement le rococo en tant

John Galliano pour Christian Dior haute couture automne/hiver 2007-2008, Versailles, 2 juillet 2007.

que mouvement artistique, et qui est également une référence favorite des opulents créateurs italiens Dolce & Gabbana.

Il y a eu des exemples voyants de style rococo sur les podiums. La collection de Jeremy Scott pour Moschino automne/hiver 2020, inspirée des pièces montées, s'est rapprochée d'un style délicieusement Camp (p. 275), tandis qu'une version de ce look plus sophistiquée, parfois costumée, a été évoquée lors des défilés couture de Christian Dior automne/hiver 2000 et couture de John Galliano automne/hiver 2007. Maître du flamboyant, le créateur français Christian Lacroix décline le rococo sur plusieurs collections, dont la couture printemps/été 1999 et la couture printemps/été 2008.

La marraine du Punk (p. 125), Vivienne Westwood, prouve le chemin parcouru depuis les tee-shirts déchirés anarchiques des années 1970 avec sa collection automne/hiver 1996, caractérisée par des tourbillons asymétriques de taffetas de soie et de corseterie. La créatrice japonaise Rei Kawakubo s'attaque à l'ambiance avec son interprétation Avant-gardiste (p. 244) chez Comme des Garçons avec des volants roses sculpturaux pour l'automne/hiver 2016.

Même après la Révolution française, le style pompeux n'est pas complètement tombé en désuétude. À la fin du règne de la Terreur (1793-1794) et de ses exécutions massives, une sous-culture aristocratique appelée les « Incroyables » et son pendant féminin, les « Merveilleuses », organisent des bals somptueux, portant leurs plus beaux atours et des perruques colorées et adoptant des manières affectées. Le style évolue vers le néo-classicisme et les femmes portent des robes diaphanes qui symbolisent leur nouveau sentiment de liberté.

COULEURS ET MOTIFS : blanc, or, rose pastel, bleu pastel, lavande, rose foncé, crème, gris tourterelle

TISSUS : taffetas de soie, organza de soie, satin, fourrure, velours, brocart, dentelle, tulle, chenille

VÊTEMENTS ET ACCESSOIRES : corset, jupe à étages, paniers, cape, bonnet, gants longs, ras-du-cou en ruban, jupons, talons Louis XV

DÉTAILS : perles, diamants, perruque, volants, plumes, nœuds, roses, rubans, coquillages, feuilles d'acanthe, chérubins, trompe-l'œil, asymétrie, épaules dénudées, manches à volants, manches aux coudes, traîne

Politique

≈ AFFIRMATION
→ FLAPPER, RAVE, CAMP, MODESTE
+ MILITAIRE, COMBAT, PUNK, HIPPY

Il existe de nombreuses façons de faire une déclaration politique par le biais de la mode. Les plus évidentes sont les slogans gribouillés ou imprimés sur de simples tee-shirts. Au début du mouvement Punk (p. 125), Vivienne Westwood et son partenaire Malcolm McLaren cherchent à choquer avec des tee-shirts ornés de croix gammées nazies.

Dans les années 1980, l'utilisation de l'humble tee-shirt comme support de déclaration politique a été relancée par la styliste britannique Katharine Hamnett, dont les tee-shirts aux slogans politiques écrits en gros caractères abordaient tels que « *Choose Life* » (message anti-drogue et anti-suicide), « *Education, not Missiles* », « *Please Stop Killing Whales* » (Arrêtez de tuer les baleines) et « *Worldwide Nuclear Ban Now* » (Interdiction mondiale du nucléaire maintenant). Ils lui valent d'être nommée styliste de l'année par le British Fashion Council. En mars 1984, elle rencontre Margaret Thatcher, et elle surprend la Dame de fer en portant un tee-shirt protestant contre le déploiement jugé antidémocratique de missiles nucléaires américains. Cependant, Hamnett met elle-même en garde contre le fait que ces tee-shirts ne doivent pas donner l'impression à la personne qui les porte de faire quelque chose alors qu'il n'en est rien.

Les symboles sont presque aussi lisibles. Le symbole de la Campagne pour le désarmement nucléaire (CND), connu dans le monde entier comme le « signe de la paix », a été abondamment utilisé dans les vêtements du mouvement Hippy (p. 223) dans les années 1960 pour protester contre la guerre du Viêt Nam. Conçu en 1958 par le graphiste et pacifiste britannique Gerald Holtom, il se compose de la superposition des lettres « N » (« nucléaire ») et « D » (« désarmement ») de l'alphabet sémaphore. Sur une note plus légère, le symbole emblématique du smiley est attribué à l'illustrateur américain Harvey Ball payé 45 dollars par son client en 1963. Sa popularité s'étend et il est déposé en 1971 par le journaliste et

La Première ministre Margaret Thatcher reçoit Katharine Hamnett au 10 Downing Street, le 17 mars 1984.

marketeur français Franklin Loufrani, vend des licences en tirant profit des facteurs « cool » des jeunes hippies français de la contre-culture. Lorsqu'il est repris par des DJ britanniques, tels que Danny Rampling, pour des affiches Rave (p. 146), il devient le symbole officieux de l'*acid house* et, indirectement, de l'ecstasy.

Les vêtements peuvent également être politiques lorsqu'ils sont utilisés dans un contexte spécifique. À la fin des années 1960, alors que le mouvement des droits civiques prend de l'ampleur, le Black Panther Party est l'une des voix les plus fortes du Black Power.
Les adeptes présentent un front uni dans des vestes en cuir noir épais, des badges à slogan, des bérets noirs faisant référence aux racines révolutionnaires et militaires du vêtement, et des lunettes de soleil sombres qui les rendent anonymes. Cet uniforme mûrement réfléchi est une représentation visuelle de l'engagement dans la mission.
En 2014, la persécution policière des citoyens noirs se poursuit avec le meurtre d'Eric Garner, et ses dernières paroles, « Je ne peux pas respirer », deviennent un message puissant lorsque la star du basket Kobe Bryant demande aux Lakers de mettre des tee-shirts portant cette phrase.

Parfois, l'absence d'un vêtement suscite une controverse politique. En 2022, Mahsa Amini, une jeune Kurde de 22 ans, meurt après avoir été arrêtée pour avoir enfreint les règles relatives au hijab. Sa mort déclenche un débat politique sur le droit des femmes à choisir ce qu'elles portent (voir Modeste, p. 284).

La couleur peut également être utilisée de manière symbolique. Dans l'Antiquité, la couleur la plus luxueuse était la pourpre, car sa fabrication nécessitait un effort herculéen : plus de 8 000 coquilles de mollusques gastéropodes de la famille des *Muricidae* étaient nécessaires pour fabriquer un seul gramme de colorant. Au fil des siècles, la pourpre est restée la couleur associée à la royauté et aux

Politique, suite.

empereurs. Le violet est également utilisé par le mouvement des suffragettes, au même titre que le blanc et le vert, pour signifier respectivement la loyauté et la dignité, la pureté et l'espoir.

La couleur en tant que déclaration s'étend à l'arc-en-ciel de la fierté LGBTQI+, utilisé par le créateur britannique Christopher Bailey dans sa dernière collection automne/hiver 2018 pour Burberry. Les notes du défilé expliquent qu'il célébrait le progrès des droits queers et le propre parcours de Bailey, passé du statut d'outsider à celui d'icône de la mode.

Dans les années 2020, on assiste à une évolution vers le militantisme des marques de luxe traditionnellement neutres qui prennent des positions politiques. Pour ses débuts chez Christian Dior en 2017, en tant que première femme directrice artistique Maria Grazia Chiuri fait défiler un mannequin vêtu d'un tee-shirt portant l'inscription *We Should All Be Feminists* (Nous devrions tous être féministes), en référence au livre de l'écrivaine féministe nigériane Chimamanda Ngozi Adichie.

Lorsqu'une marque de mode fait une déclaration politique inauthentique et purement commerciale, on parle de *wokewashing*. Les stylistes doivent ainsi peser mûrement le message inscrit dans une tenue.

COULEURS ET MOTIFS : rouge, noir, blanc, pourpre, vert, arc-en-ciel LGBTQI+

TISSUS : coton, laine, cuir

VÊTEMENTS ET ACCESSOIRES : béret, tee-shirt, veste et chemise militaires

DÉTAILS : slogans, symboles de paix

Romantique

≈ ROMANTISME, POÈTE
→ ÉQUESTRE, TAILORING, DANDY, MINIMALISTE
+ NÉO-VICTORIEN, PRAIRIE, COTTAGECORE, LOLITA, BOHÈME, MAXIMALISTE, ROCOCO

La révolution industrielle (1750-1840) déclenche un bouleversement radical des modes de vie : les gens quittent massivement la campagne pour s'installer dans les villes. C'est le « siècle des Lumières », mais les villes sont noires de suie, les moteurs bruyants sont omniprésents, la science démystifie l'univers et la foi en Dieu est ébranlée. En réaction, le mouvement romantique dans l'art et la littérature se tourne avec nostalgie vers le passé avec des peintures de châteaux médiévaux dans des paysages idylliques. En Europe, en Amérique du Nord et en Amérique du Sud, la littérature et la poésie racontent les tribulations de protagonistes épris d'amour et prêts à mourir pour leurs sentiments. Les premiers exemples sont le roman *Les Souffrances du jeune Werther* (1774) de l'écrivain allemand Johann Wolfgang von Goethe et les *Ballades lyriques* (1798) des poètes britanniques William Wordsworth et Samuel Taylor Coleridge.

Dans les années 1820, l'esthétique s'infiltre dans la mode, les femmes voulant imiter les héroïnes de leurs romans préférés. Le style néo-classique Minimaliste (p. 252), avec sa simple silhouette en colonne, sa ligne Empire resserrée sous le buste et sa palette monochrome classique, cède la place au style romantique Maximaliste (p. 254) mettant en valeur les courbes. La taille est accentuée par un corset et une large ceinture, et les jupes amples sont équilibrées au niveau de l'épaule par des manches gigot. L'effet est léger et joyeux, avec des couleurs vives et des imprimés naturalistes, souvent ornés de rubans et de nœuds.

Le décolleté en V profond d'une robe de jour pouvait être couvert par pudeur (ou en cas de courants d'air) avec une chemisette qui donnait l'impression d'un chemisier ou d'un maillot de corps qui dépassait. Le soir, les décolletés et les épaules découvertes étaient très prisés. Une petite cape, appelée pèlerine, était drapée sur les épaules et la nuque, rappelant le vêtement porté sous l'armure au

Romantique, suite.

xve siècle, mais rehaussé par l'utilisation de tissus luxueux comme la soie. Les romans populaires de Sir Walter Scott lancent la mode du tartan et, pour les hommes, la visite du tsar Alexandre Ier en Grande-Bretagne, en 1814, met les pantalons cosaques au goût du jour.

Le mouvement Dandy (p. 247) fait évoluer la mode masculine vers le style Tailoring (p. 195), avec des queues-de-pie marine, noires, marron et vertes associées à des pantalons plus clairs et des chemises en coton à volants pour les tenues de soirée, et des fracs pour les occasions plus décontractées, ces derniers étant portés avec une culotte et des bottes d'équitation (voir aussi Équestre, p. 70). Les indispensables gilets contribuent à rehausser la poitrine, donnant l'impression d'un physique musclé. Certains hommes faisaient rembourrer leur veste pour la même raison. Héritage des dandys, les cravates élaborées se composent soit d'une lavallière, soit d'un plastron – une bande haute et rigide autour du cou aide à maintenir la tête droite et offre un soutien en cas de chute de cheval. Le tout est complété par un chapeau haut-de-forme.

Le romantisme exerce une forte influence sur les collections de mode d'aujourd'hui. Il est évoqué partout où l'on trouve des tissus vaporeux et diaphanes, des imprimés de flore et de faune, des jupes amples et des chemises à volants. À Londres, on le retrouve dans les manches ballon de Simone Rocha, les fleurs délicates d'Erdem et les robes faites de nuages de tulle de Molly Goddard. À Milan, la maison Valentino a fait du look romantique sa signature, jusqu'à sa teinte rouge iconique qui, selon le fondateur de la maison, Valentino Garavani, véhicule l'énergie, la vie, la passion et l'amour.

Molly Goddard prêt-à-porter automne/hiver 2019-2020, Fashion Week de Londres, 16 février 2019.

COULEURS ET MOTIFS : rose pâle, cramoisi, magenta, crème, gris tourterelle, lilas, imprimés petites fleurs, tartan

TISSUS : satin, mousseline de soie, dentelle, voile, tulle, laine douce, velours, cachemire, gaze

VÊTEMENTS ET ACCESSOIRES : chemisier, robe, robe à bretelles, foulards, camisole, drapé, jupe tulipe, ras-du-cou, broches camées, pèlerine, manches évasées, lavallière, bas, chemisette, pantalon cosaque, frac, redingote, ceinture

DÉTAILS : volants, décolleté en cœur, décolleté en V profond, sans bretelles, roses, perles, boucles d'oreilles pendantes, bijoux fins, péplums, ourlets festonnés, nœuds, décolleté carré, taille basque

Nouveau Romantique

≈ BLITZ KIDS, NOUVEAUX DANDYS, ROMANTIC REBELS, PEACOCK PUNK

→ GLAM ROCK, PUNK, ROMANTIQUE, ANDROGYNE

+ PIRATE, DANDY, MAXIMALISTE, ROCOCO

Nous sommes en 1979 et, le mardi soir, dans le quartier londonien de Covent Garden, une file d'attente s'étire pour entrer au *Blitz Club*. C'est un lieu où les élèves des écoles d'art et les aspirants musiciens de la New Wave peuvent embrasser le glamour d'une manière que le Punk (p. 125) n'offrait pas. À la porte se trouve l'organisateur de la soirée, Steve Strange, qui fera plus tard partie du groupe Visage. Il filtre les entrées, et, si vous n'êtes pas habillé de manière appropriée, vous n'entrez pas, comme Mick Jagger qui a été refoulé parce qu'il était trop Rock & Roll (p. 110).

Le look du *Blitz* s'inspire des grands noms du Glam Rock (p. 122) tels que David Bowie, Marc Bolan et Roxy Music, ainsi que du style Romantique (p. 263) de la fin du XVIIIe et du début du XIXe siècle, de la sous-culture française des Incroyables (voir Rococo, p. 257), du cabaret des années 1930 et d'un sens général de la théâtralité. Ce mouvement coïncide avec la collection « Pirate » (p. 102) de Vivienne Westwood, qui est utilisée par son partenaire Malcolm McLaren pour relooker Adam Ant avec une veste de hussard (voir Militaire, p. 91), un bicorne et une culotte. Sur fond de synthétiseurs et de rythmes électroniques, ce look paraît progressiste, Androgyne (p. 270) et non binaire. La tendance est aux visages lourdement poudrés, aux grains de beauté, aux bananes et aux coiffures pompadour, inspirés par des artistes tels que Boy George de Culture Club, connu pour ses maquillages haute couture.

Ant et d'autres groupes ont publiquement rejeté l'étiquette de Nouveaux Romantiques. Néanmoins, c'était une manière élégante pour la presse musicale et de mode (les nouveaux magazines indépendants *The Face* et *iD* voient le jour à peu près à la même époque) de désigner cette esthétique distincte, mais éphémère, de groupes tels que Duran Duran et Spandau Ballet, qui écrivaient des chansons qui touchaient la corde sensible.

Steve Strange et Julia au *Blitz Club*, à Londres, le 13 février 1980.

COULEURS ET MOTIFS : noir, blanc, rouge, tartan, arlequin

TISSUS : satin, velours, cuir, dentelle, sequins

VÊTEMENTS ET ACCESSOIRES : cravate, chemise de poète, gilet, blouson de motard, culotte, culotte bouffante et bas, bicorne, broches, pinces à cheveux, pantalon en cuir, bandeaux, boucles d'oreilles fantaisie, chapeau pork-pie, trilby, bandanas, ras-du-cou, cape, collerette, pantalon cosaque, bottines slouchy, gants longs

DÉTAILS : volants, asymétrique, plumes, broderie, paillettes, manches gigot, perles, strass

COIFFURE ET MAQUILLAGE : asymétriques, balayés sur le côté, longues franges, eye-liner, fard à paupières

Sexe &

La dernière étape de ce tour d'horizon esthétique s'intéresse aux styles qui renvoient à la présentation du genre et aux attitudes à l'égard du sexe et de la sexualité. Les stéréotypes de genre ont été construits et déconstruits à différents moments clés de l'histoire. Dans le cadre de la grande renonciation, qui a eu lieu après la Révolution française de 1789, les hommes ont rapidement abandonné leurs talons hauts et leurs dentelles fantaisistes. Il a fallu plus de deux siècles pour que les hommes acceptent de porter à nouveau des vêtements « féminins » (sauf exception culturelle, comme le kilt) ; les femmes ont récupéré le Tailoring (p. 195) beaucoup plus rapidement. Coco Chanel a emprunté des détails de vêtements masculins pour ses collections au début du XXe siècle, et certaines Flappers (p. 30) préfèrent le style garçonne. D'autres, comme l'actrice Marlene Dietrich à l'époque de Weimar, l'ont poussé plus loin en portant des smokings et des costumes masculins classiques, suscitant des réactions mitigées, à la fois choquées et admiratives.

Les femmes androgynes constituaient toutefois l'exception à la règle normative du genre, et, pendant la guerre, les starlettes prenaient des poses suggestives dans des cartes punaisées aux murs des baraquements et convoitées par les soldats solitaires. Derrière les lignes de front, le goût, la grâce et le

8.

Genre

style féminins constituaient la base de la garde-robe de nombreuses femmes respectables, de la ménagère de banlieue à la première dame des États-Unis.

La notion de camp est entrée dans la conscience publique en même temps que le poète irlandais Oscar Wilde. La culture queer s'est épanouie dans l'ombre, repoussée à la périphérie de la société.
Au Royaume-Uni, l'âge du consentement pour les homosexuels n'a été l'égal de celui des hétérosexuels qu'en 2001. Aux États-Unis, l'affaire Lawrence contre le Texas, en 2003, a finalement annulé l'arrêt de la Cour suprême maintenu pendant dix-sept ans sur la pénalisation de la sodomie.
En 2009, le drag, qui est apparu à la toute fin du XIXe siècle, sort de la marginalité par le biais de la téléréalité. Mais il existe de nombreux endroits dans le monde où le travestissement reste tabou.

Techniquement, tous les vêtements sont une forme de tenue modeste, mais les fervents adeptes de l'islam, du christianisme et du judaïsme suivent des règles concernant l'exposition de leur corps. Le *modest wear* est également une tendance émergente chez les consommateurs laïques, en tant qu'acte d'expression personnelle.
À l'inverse, il y a ceux qui exposent leur corps consciemment, avec des morceaux de tissu qui dévoilent plus qu'ils ne cachent.

Quel que soit l'objet de nos désirs, le genre et le sexe peuvent être utilisés pour peindre les couleurs de l'identité personnelle.

Androgyne

≈ UNISEXE, NON BINAIRE, GENDERLESS, GENDER-FREE
→ HÉRITAGE, GLAM ROCK, CAMP, DRAG, LADYLIKE
+ ATHLEISURE, TAILORING, SKATE, ROMANTIQUE

L'androgynie, du grec *andros*, « homme », et *gynè*, « femme », qualifie une apparence à la fois masculine et féminine. Dans l'industrie de la mode, l'androgynie se résume à l'un des trois scénarios suivants : une personne se présentant comme non binaire, une femme se présentant comme un homme ou un homme se présentant comme une femme.

Bien entendu, ce qui est considéré comme « masculin » ou « féminin » en termes d'habillement est le résultat d'un conditionnement social. Dans de nombreuses régions du monde, le port par les hommes de vêtements de type « jupe » ou « robe » est la norme et fait partie de leur Héritage (p. 23) : par exemple, le *dhoti* en Inde, le kilt en Écosse et le *kanzu* dans certaines régions d'Afrique. L'androgynie n'est pas du Drag (p. 278), l'expression temporaire d'un autre genre, généralement exagérée pour des raisons de performance. Le travestissement est le terme correct pour désigner le fait de porter des vêtements qui sont plus communément portés par un autre sexe.

Des styles tels que le Tailoring (p. 195) transcendent depuis longtemps le genre, tandis que les robes, les dos nus, ou les talons hauts sont toujours commercialisés principalement pour les femmes. Malgré cela, les gens ont tendance à faire leurs achats en dehors des rayons qui leur sont dédiés et à porter ce qu'ils veulent. Les marques rattrapent leur retard et certaines proposent des gammes « unisexe », afin de s'adapter à une grande variété de morphologies. L'Athleisure (p. 60) peut être non genré, en particulier les pantalons de survêtement larges, les casquettes de base-ball, les tee-shirts surdimensionnés et les baskets. De même, les styles androgynes décontractés peuvent emprunter des éléments au style Skate (p. 231).

Pour les femmes, une silhouette androgyne met l'accent sur un profil longiligne et mince, et sur l'utilisation de pièces traditionnelles inspirées de la mode masculine, comme les costumes à rayures tennis, les chemises, les cravates et les brogues. Les tissus plus lourds,

Jean Paul Gaultier haute couture, Fashion Week de Paris, 7 juillet 2021.

comme la laine, le tweed et le cuir, durcissent le look. La peau peut également servir à indiquer des caractéristiques de genre. Dévoiler les bras en portant un gilet ample sans manches peut rendre une tenue plus masculine.

À l'inverse, les hommes androgynes soulignent la taille avec des corsets et des ceintures, en superposant des vêtements aux tissus plus légers, tels que la dentelle, le satin et l'organza transparent, ainsi que des imprimés floraux. Les hauts courts, qui dégagent les épaules, les découpes et les chemisiers Romantiques (p. 263) contribuent à éloigner le look de la mode masculine classique. Dans sa version la plus élégante, le look devient Ladylike (p. 281) ou, s'il est théâtral, il peut s'orienter vers le Camp (p. 275).

L'esthétique est asexuée par la personne qui la porte, et par ses choix de coiffure et de maquillage. Pour les femmes, les coupes courtes à la garçonne et les maquillages nude, avec des sourcils marqués et des lèvres discrètes, et pour les hommes, les cheveux longs, les boucles romantiques, le maquillage créatif et le vernis à ongles créent une ambiguïté.

Androgyne, suite.

L'androgynie a été mise à l'honneur par Jean Paul Gaultier, qui a présenté des « jupes pour hommes » (en réalité, des kilts) sur les podiums en 1983. Le travail d'Avant-garde (p. 244) de créateurs tels que Rei Kawakubo a complètement éliminé le genre de l'équation. Les codes de genre ont depuis été explorés sur les podiums par plusieurs créateurs, parmi lesquels le talent irlandais Jonathan Anderson, qui, pour sa collection automne/hiver 2013, a présenté un short à volants et un haut déstructuré, intercalés de pièces plus normatives.

COULEURS ET MOTIFS :
PM* (présentation de genre masculine) : noir, gris, rayures tennis, rayures craie ; PF** : rose pâle, pêche, lilas

TISSUS : PM : laine, cuir, tweed ; PF** : dentelle, satin, organza, soie, lamé

VÊTEMENTS ET ACCESSOIRES :
PM* : costume, gilet, blazer, chinos, pantalon, richelieus, brogues, bretelles, chemise, haut-de-forme, chapeau pork-pie, casquette Gavroche, débardeur, short de bain, sweat-shirt, Rangers, Converse ; PF** : robe, jupe, crop top, dos nu, pantalon moulant taille haute

DÉTAILS : PM* : coupe droite, surdimensionnée ; PF** : silhouette en sablier, perles, volants

COIFFURE ET MAQUILLAGE :
PM* : cheveux courts, maquillage discret, sourcils marqués ; PF** : cheveux longs, bouclés, vernis à ongles

* PM (Présentation de genre masculine)
** PF (Présentation de genre féminine)

Garçonne

≈ TOMBOY
→ AVIATEUR, TAILORING
+ FLAPPER, ATHLEISURE

Marlene Dietrich dans le film *Cœurs brûlés*, 1930.

Le mot « garçonne » vient de garçon, avec une terminaison féminine. Il est généralement traduit en anglais par *tomboy* (garçon manqué), bien que ce mot pittoresque, qui évoque des images de jeu brutal et d'escalade dans les arbres, ne reflète pas correctement ses origines sophistiquées.

Après des siècles de corsets renforcés d'acier et de baleines qui écrasent les côtes, de nouveaux styles vestimentaires libèrent les femmes des années 1920. La garçonne est techniquement une extension du style Flapper (p. 30), et se réfère spécifiquement à la robe à coupe droite et à taille basse dont l'ourlet effleure les genoux, mise à la mode par des créatrices telles que Coco Chanel. Les magazines célèbrent une silhouette mince et les flappers coupent leurs cheveux courts et les lissent en « Eton crop », comme les portait la danseuse américaine Joséphine Baker, pour mettre en valeur la courbe gracieuse des chapeaux cloches.

Pour la première fois, les femmes sous les projecteurs sont autorisées à présenter une autre vision de leur genre, dans des pantalons et des vestes pratiques, comme la pilote Amelia Earhart (voir aussi Aviateur, p. 63), qui traverse l'Atlantique pour la première fois en 1928 en tant que passagère d'un avion. Earhart accomplit l'exploit en solitaire en 1932, mais disparaît en vol en 1937. Sa collègue aviatrice Ruth Elder échoue dans sa tentative de traverser

Garçonne, suite.

l'océan en avion en 1927, mais elle est ovationnée à son retour et joue dans les films populaires *Son voyage en Chine* (1928) et *The Winged Horseman* (1929).

Garçonne est également le titre d'une publication lesbienne progressiste sous la république de Weimar. D'une manière générale, l'Allemagne connaît à cette époque un changement culturel important. L'actrice Marlene Dietrich est l'incarnation de ce style : elle porte un costume, une chemise et une cravate, le jour. Elle est célèbre pour son smoking et son haut-de-forme dans le film *Cœurs brûlés* (1930 ; voir Tailoring, p. 195). Icône durable du style de l'époque, elle est indissociable des cabarets berlinois et de la vie nocturne hédoniste avant d'accéder à la célébrité hollywoodienne.

COULEURS ET MOTIFS : noir, argent, acajou, blanc, géométrique

TISSUS : coton, laine, jersey, soie artificielle

VÊTEMENTS ET ACCESSOIRES : cravate, foulard, pantalon taille haute, chapeau, robe, rangs de perles, robe droite, chapeau cloche, bas, tailleur

DÉTAILS : plis, taille basse

COIFFURE ET MAQUILLAGE : carré court avec la raie sur le côté, Eton crop, ondulations Marcel, rouge à lèvres prune

Camp

≈ SANS OBJET
→ NÉO-VICTORIEN, NAUTIQUE, BOURGEOISIE, ANDROGYNE
+ KIDCORE, DANDY, MAXIMALISTE, ROCOCO, ROMANTIQUE, NOUVEAU ROMANTIQUE, DRAG, PIN-UP

Le camp est un concept délicieusement abstrait. Nombreux sont ceux qui ont tenté de le définir, notamment l'écrivaine et philosophe américaine Susan Sontag dans son bref essai intitulé *Notes on "Camp"* (1964), dont s'inspire l'exposition « Camp: Notes on Fashion » du Metropolitan Museum of Art de New York en 2019, et qui donne lieu à une discussion plus large sur le camp dans la mode.

Selon Sontag, le « camp » est un sérieux qui échoue, un goût pour l'Androgyne (p. 270), un flair pour le contre-nature et l'exagération, et des ambitions de grandeur qui vont trop loin. Elle distingue le camp délibéré, conscient, du camp naïf, inconscient. Pour compléter cette

Lady Gaga et Brandon Maxwell participent au Gala du Met célébrant le vernissage de l'exposition *Camp: Notes on Fashion*, New York, 6 mai 2019.

Camp, suite.

définition, la Drag-queen Ru Paul (p. 278) a déclaré avec éloquence dans une interview que le camp consiste à voir la façade de la vie et à participer à la plaisanterie. Le mot a été utilisé pour la première fois en tant que verbe dans la pièce de Molière *Les Fourberies de Scapin* (1671), pour décrire des actions et des gestes exagérés : « Campe-toi sur un pied. Mets la main au côté. Fais les yeux furibonds. Marche un peu en roi de théâtre. »

Dès le milieu du XIXe siècle, le mot est utilisé comme adjectif au sein de la communauté queer. En 1870, deux hommes de l'époque victorienne, Ernest Boulton et Frederick Park (mieux connus de leurs amis sous leurs pseudonymes, Stella et Fanny), habillés en femmes, sont arrêtés et accusés du « crime abominable de sodomie ». Dans une lettre à un ami, Fanny se lamente que « [leurs] entreprises "camp" ne rencontrent pas pour l'instant le succès qu'elles méritent ». Il est cependant difficile pour l'accusation de prouver que le couple avait dépassé le délit mineur de « personnification d'une femme » et, à l'issue d'un second procès, ils sont déclarés non coupables.

Sontag dédie son essai à Oscar Wilde, et c'est par l'intermédiaire de ce poète irlandais que le mot a été associé à une personne. Wilde était l'un des chefs de file du mouvement esthétique (voir Néo-Victorien, p. 26), et Sontag considère que le camp, à la base, était une sorte d'esthétisme. Il allait au-delà des notions esthétiques habituelles d'art, de beauté et de matérialité pour englober « le degré d'artifice, de stylisation ». Dans *Phrases et philosophies à l'usage de la jeunesse* (1894), Wilde s'amuse avec son esprit habituel : « Le premier devoir dans l'existence, c'est d'être aussi artificiel que possible. Ce qu'est le second, personne ne l'a encore découvert. » Les adeptes du mouvement adoptent le tournesol comme symbole.

Le style visuel est assurément associé à la culture gay, mais pas toujours. Le camp, c'est un mannequin sur le podium de Jean Paul Gaultier, habillé en marin dévergondé (voir Nautique, p. 98). Il est extravagant et ostentatoire et, à cet égard, s'accorde bien avec le style Rococo (p. 257). Il est fleuri et émotif, et s'inspire parfois du symbolisme Romantique (p. 263). Sontag le décrit comme une prétention de la classe moyenne et, en ce sens, il est Bourgeois (p. 202). Un logo n'est pas camp. Un tissu couvert de logos de designers, c'est camp. Ce style refuse de grandir et se rapproche donc du Kidcore (p. 175). C'est un style sauvagement théâtral, qui a des points communs avec le costume et le Cosplay (p. 158).

COULEURS ET MOTIFS : magenta, orange, citron vert, lilas, or, zèbre, arc-en-ciel LGBTQI+, logos répétés

TISSUS : tulle, satin, polyester, fausse fourrure, PVC, lamé, velours, sequins, plastique, cuir verni

VÊTEMENTS ET ACCESSOIRES : chapeau haut-de-forme, robe du soir, chaussures à semelles compensées, cape, pantalon évasé, bibi, épaulettes, boucles d'oreilles fantaisie, diadème, bracelets

DÉTAILS : plumes, strass, volants, franges, appliqués, slogans, traîne, col Claudine

Drag

≈ DRAG-QUEEN, DRAG-KING
→ CARNAVAL, COSPLAY, ANDROGYNE
+ MAXIMALISTE, ROMANTIQUE, CAMP

Pour certains, l'étymologie du mot *drag* vient de l'acronyme *DRessed As a Girl* (habillé en fille) ; d'autres l'attribuent à l'argot théâtral du XIXe siècle, aux longues jupes qui traînaient sur le sol ; ou bien, au fait de s'habiller en *grand rag* (grand tralala) lors des bals masqués (voir Carnaval, p. 152).

Le drag est généralement un homme se faisant passer pour une femme pour des raisons de performance (la « drag-queen »), bien qu'il puisse s'agir d'une femme se faisant passer pour un homme (le *drag-king*) et, très occasionnellement, d'une femme exagérant ses attributs féminins en se faisant passer pour une femme (la *bio queen*). Ce n'est pas une remise en question de l'identité sexuelle, mais plutôt un moyen d'expression personnelle accessible à tous les sexes et à tous les genres. Cela dit, historiquement, la plupart des drag-queens sont des hommes homosexuels cisgenres, et le drag fait partie intégrante de la culture gay.

Les débuts du drag n'étaient pas sans danger. La première personne à avoir été décrite comme une drag-queen est William Dorsey Swann. Né esclave aux États-Unis, à l'âge adulte, ses amis l'appelaient « the Queen ». En 1896, il a été arrêté et emprisonné pour avoir organisé un bal de travestis. Dans les années 1920 et 1930, à Harlem, la culture des salles de bal voit le jour au Hamilton Lodge. Un article paru dans le *New York Age*, en 1926, rapporte que les hommes « dans leurs magnifiques robes de soirée, leurs perruques et le visage poudré étaient difficiles à distinguer de la plupart des femmes » dans une foule inclusive et multiraciale.

L'exagération des attributs féminins est reprise dans certains looks Androgynes (p. 270), où des hommes accentuent leur taille avec un corset pour se donner une silhouette en sablier. Le drag peut se rembourrer les seins, les hanches et les fesses et porte toujours une perruque et des faux cils. Les vêtements sont ultra-féminins : la robe longue – avec la jupe qui traîne et la taille cintrée –, les talons hauts et

Sugar assiste à la première de la saison 15 de RuPaul's Drag Race sur MTV, à New York, le 5 janvier 2023.

RuPaul
Friday Jan 6 | 8p
MTV
WORLD WONDER
Sugar

Drag, suite.

les détails Romantiques (p. 263), tels que les corsets et les laçages, sont incontournables.

Étant donné que les drags sont des artistes, les tissus sont ceux des vêtements de scène. Les sequins et les tissus brillants accrochent la lumière ; le polyester est abordable pour la confection faite maison ; et le tulle ajoute du volume et du moelleux.

Le drag comprend de nombreux sous-ensembles. Le *high drag* est le plus Maximaliste (p. 254), et les *comedy queens* intègrent des éléments du Camp (p. 275). Le drag Androgyne (p. 270) combine des éléments masculins et féminins, comme une jupe longue et un corset avec une poitrine masculine dénudée, ou présente une apparence glamour non binaire. Des travestis se font passer pour des artistes musicaux célèbres, tels que Madonna, Cher et Tina Turner ; on retrouve ici des similitudes avec le Cosplay (p. 158).

La culture drag est devenue populaire 2009 avec l'émission de téléréalité *Ru Paul's Drag Race*. L'émission a été adaptée pour le public français sous le nom de *Drag Race France*.

COULEURS ET MOTIFS : rose, imprimé léopard, or, rouge, violet, argent, noir

TISSUS : polyester, sequins, lamé, tulle, élasthanne

VÊTEMENTS ET ACCESSOIRES : robe, combinaison, chaussures compensées, prothèses mammaires, corset, rembourrage pour les seins et les fesses, justaucorps, leggings, bracelets, ras-du-cou, colliers, boucles d'oreilles

DÉTAILS : silhouette en sablier, décolleté

COIFFURE ET MAQUILLAGE : perruque, faux cils, fausse barbe pour les drag-kings, maquillage exagéré avec de la poudre, du fard à joues, du mascara, de l'enlumineur et des paillettes

Ladylike

≈ RAFFINÉ
→ NAUTIQUE, BEATNIK, MODESTE
+ SLOANE, BCBG, CLASSIQUE, ROMANTIQUE

Jacqueline Kennedy, juin 1955.

Qu'est-ce qui définit une dame ? En matière de style, la dame est devenue synonyme d'élégance, de raffinement et de féminité. Le look *ladylike* a régné dans les années 1950 et 1960, incarné par la première dame Jacqueline Kennedy avec sa panoplie de robes droites chics et de tailleurs deux pièces, accessoirisés de gants blancs et d'un modeste bibi (souvent fabriqué par le créateur Halston, qui, contre toute attente, sera plus tard connu pour sa contribution au style Disco, p. 139).

Les facteurs clés de ce style sont que la tenue semble mûrement réfléchie, stylisée avec soin, puis portée toute la journée avec nonchalance. Il y a quelques similitudes avec le style Classique (p. 209) dans la mesure où le look ladylike demeure un style intemporel qui n'est jamais démodé et qui reste une valeur sûre pour une occasion habillée. La palette est sobre, avec des tons neutres chauds, tels que le camel, le bleu marine, des tons chair, le crème, et les teintes Romantiques (p. 263) de rose et de pastel désaturés. Des accents judicieux d'imprimé léopard peuvent être apportés sur les sacs, les chapeaux et les petits talons pointus.

La forme flatteuse de l'encolure bateau, qui fait ressortir la clavicule, est associée à ce style. Elle a été utilisée pour la marinière de la marine française en 1858 (voir Nautisme, p. 98), adoptée pour la tenue de tous les jours dans les années 1920 et mise à la mode par Coco Chanel dans les années 1930. Elle a également été associée au style Beatnik (p. 214) dans les années 1950 et 1960, lorsqu'il a pris une autre direction.

La dame n'est jamais vulgaire et ne montre jamais trop de peau. Les manches vont au moins jusqu'au coude et les jupes descendent jusqu'au genou. Cependant, pour les soirées, une robe qui découvre les épaules, agrémentée de diamants ou d'autres bijoux fins, est l'arme secrète de la dame. Il est difficile de parler d'une tenue digne d'une dame sans évoquer la classe, et les intentions aristocratiques du Sloane (p. 205) et du BCBG (p. 207) se retrouvent dans le port de cardigans, de perles et de chaussures raisonnables, avec toujours un sac à main coûteux, mais discret et structuré.

La version masculine est le style *gentlemanly*, généralement synonyme de Dandy (p. 247) en raison de l'attention méticuleuse portée aux détails.

Grace Kelly, années 1950.

COULEURS ET MOTIFS : beige, marine, bleu canard, rose foncé, camel

TISSUS : dentelle, soie, cachemire, coton, laine

VÊTEMENTS ET ACCESSOIRES : twin-set, jupe crayon, jupe cercle, ballerines, gants longs, lunettes de soleil œil de chat, lunettes de soleil surdimensionnées, bibi, blouse, chemisier à col lavallière, chemisier en coton blanc, robe droite, manteau, trench-coat

DÉTAILS : longueur au genou, longueur midi, col rond, chaussures à bouts pointus, perles, rubans, manches longues, col bateau

Modeste

≈ SANS OBJET
→ BODY-CONSCIOUS, PIN-UP, FÉTICHISTE
+ HÉRITAGE, NÉO-VICTORIEN, ATHLEISURE, LAGENLOOK, LADYLIKE

La pudeur vestimentaire est le prisme à travers lequel la plupart des styles de ce livre peuvent être vus, à l'exception de ceux qui mettent l'accent sur la sexualité, tels que la Pin-up (p. 290) et le look Fétichiste (p. 293). Qu'elle soit religieuse, spirituelle ou moyen d'expression personnelle, la pudeur n'est pas un concept universel, mais varie selon les pays, les religions et les cultures.

Les religions d'Abraham, telles que le christianisme, le judaïsme et l'islam, prescrivent de couvrir certaines parties du corps, comme les cheveux de la femme, signe de modestie. Il est également recommandé de couvrir les genoux, les coudes, le cou et le décolleté, et d'éviter tout ce qui souligne trop les formes (voir Body-conscious, p. 287).

La musulmane peut porter des vêtements tels que le hijab, qui est un foulard ou un châle porté sur la tête, le cou et les épaules, et parfois sur la poitrine. La populaire abaya est une tunique, souvent noire, semblable à un caftan. Elle peut être portée avec un niqab, un voile qui couvre le visage, mais laisse le contour des yeux découvert. Le niqab est souvent confondu avec la burqa, qui est le vêtement le plus occultant et qui se compose d'une seule pièce couvrant l'ensemble du corps, avec un voile en maille sur le visage, plus couramment porté en Afghanistan. Le *jilbab*, mentionné dans le Coran, est une longue robe tombant jusqu'au sol, portée avec un maillot de corps et d'autres vêtements modestes.

Le musulman pieux porte également des tenues modestes, comme le *thawb* (aussi appelé *thobe*, *dishdasha* ou *jalabiyyah* dans différentes régions du Moyen-Orient), vêtement qui arrive aux chevilles et dont les manches sont longues et larges, généralement porté par-dessus l'*izaar* ou le *lungi*, qui ressemblent à des sarongs, et éventuellement avec un *kufi*, le chapeau de prière. Le *thobe* fait partie de la tenue traditionnelle (voir Héritage, p. 23) des femmes palestiniennes et est souvent brodé.

Depuis le milieu des années 2010, les mannequins musulmans

DASKA 2022.

sont de plus en plus présents sur les podiums des *fashion weeks*, comme le mannequin somali-américain Halima Aden devenu top model. Halima Aden a fait ses débuts à la Fashion Week de New York en 2017 et, deux ans plus tard, elle a été la première à porter un hijab en couverture du magazine *Sports Illustrated*. Aden quitte finalement le monde de la mode en 2020, regrettant la fétichisation de son hijab.

Dans l'Islam, la modestie ne se limite pas à l'habillement ; elle incarne les traits de caractère associés au décorum et à la discrétion, tradition partagée par la culture juive et connue sous le nom de *tzniut* décrite dans la Torah. Les femmes mariées orthodoxes se couvrent les cheveux lorsqu'elles sortent de chez elles. Pour les hommes, des

Modeste, suite.

pantalons et des chemises amples peuvent être associés à un couvre-chef, comme une kippa, ou *yarmulke*.

Les époques plus pieuses de l'Occident, comme l'ère victorienne (voir Néo-Victorien, p. 26), ont laissé leurs marques, telles que le col ruffle et les manches bishop. À l'époque, la moindre vision d'une cheville était jugée inconvenante. Les femmes portaient des bottines qui montaient au mollet et sous les jupes amples.

La mode modeste est entrée dans les consciences au tournant du millénaire et, depuis lors, les créateurs de prêt-à-porter, créent des interprétations de haute couture qui accentuent les silhouettes amples et longilignes avec de luxueux plis de soie et de satin. Le *modest wear* est également une tendance sur les réseaux sociaux parmi les consommateurs laïques, en réaction aux tenues sexualisées popularisées par les marques de *fast fashion*.

L'habillement modeste reste un sujet de discussion à connotations politiques (voir aussi Politique, p. 260). Ses opposants affirment qu'il opprime les femmes, tandis que ses défenseurs (y compris de nombreuses femmes) affirment qu'il les émancipe. Le point de discorde est la liberté de choix.

COULEURS ET MOTIFS : au choix

TISSUS : soie, satin, jersey de coton, polyester

VÊTEMENTS ET ACCESSOIRES : robe, abaya, hijab, *jilbab*, col roulé, pantalon, burkini, voile, gants, collants, caftan, châle, tunique

DÉTAILS : manches longues, longueur maxi

Body-conscious

≈ BODYCON
→ AVIATEUR, CLASSIC ROCK, ANDROGYNE
+ ATHLEISURE, RAVE, FESTIVAL, MINIMALISTE, PIN-UP

La bicyclette est la surprenante coupable de l'émergence des vêtements moulants, car les femmes qui voulaient s'émanciper à la fin du XIXe siècle ont troqué leurs jupes contre des culottes bouffantes afin de pouvoir pédaler plus facilement à califourchon. Les vêtements qui révélaient plus qu'ils ne cachaient sont entrés dans le lexique du style dans les années 1920 avec la Flapper (p. 30) et son approche enjouée des ourlets. Les jupes plus courtes étaient un signe extérieur de libération.

Dans les années 1940 et 1950, avec l'essor des Pin-up (p. 290) et l'âge d'or d'Hollywood, c'est la séduction qui dicte à quel point la coupe de la robe doit être courte ou serrée. Le style soucieux du corps est immortalisé à l'écran par des célébrités telles qu'Ava Gardner et Marilyn Monroe. La *wiggle dress*, également appelée « robe crayon » ou « robe fourreau », a un ourlet plus étroit que les hanches, ce qui accentue l'ondulation du derrière de celle qui la porte lorsqu'elle fait de petits pas. Monroe porte une longue robe fourreau couleur chair, incrustée de cristaux, pour chanter *Happy Birthday* au président John F. Kennedy, au Madison Square Garden, le 19 mai 1962. La foule retient son souffle lorsque Monroe enlève son manteau de fourrure blanc pour révéler la scintillante « robe nue » créée par le couturier français Jean Louis, d'après un croquis du styliste américain Bob Mackie. La « robe nue » reste populaire sur le tapis rouge. Ces robes sont soit transparentes, dévoilant le corps (culotte exigée par décence, soutien-gorge facultatif), soit en trompe-l'œil pour faire croire au spectateur que la personne est nue alors qu'elle est entièrement couverte.

Les textiles ont évolué pour inclure les jerseys côtelés moulants, des tricots à la machine ou des matières contenant un pourcentage élevé d'élasthanne (comme le Lycra ou le Spandex), qui épousent les contours du corps. Ces fibres synthétiques sont difficiles à recycler en fin de vie du vêtement, mais elles sont couramment utilisées dans le sportswear pour leurs effets aérodynamiques et compressifs. Ainsi, le

Body-conscious*, *suite.

style bodycon se marie bien avec les vêtements Athleisure (p. 60) tels que les shorts de cycliste et les leggings. Les vêtements qui permettent une grande liberté de mouvement s'inspirent de la danse, avec des justaucorps et des combinaisons qui conviennent également aux clubs (voir Rave, p. 146) et aux Festivals (p. 149). Le *catsuit* est une combinaison moulante (voir aussi Aviateur, p. 63). Elle est devenue populaire dans les années 1960 grâce à la télévision, avec la chanteuse américaine Eartha Kitt qui chaloupait sous les traits de Catwoman dans la série *Batman* de l'époque, et l'actrice anglaise Diana Rigg un personnage culte dans le rôle d'Emma Peel, espionne extraordinaire et partenaire de John Steed dans *Chapeau melon et bottes de cuir.*

David Koma printemps/été 2022.

Le créateur français Hervé Léger était célèbre pour ses robes bandages, qui enveloppaient les formes et poussaient des parties du corps vers l'intérieur, le haut et l'extérieur, selon les besoins. Ce look a défini une époque, et les robes étaient omniprésentes sur les tapis rouges dans les années 1990.

Alexander McQueen a fait défiler des *bumsters* à taille ultra-basse pour sa collection « Nihilism » du printemps/été 1994, puis pour sa collection « Highland Rape » de l'automne/hiver 1995, révélant ce qui ne peut être décrit que comme un décolleté de fesses vu de dos. Le créateur précisera plus tard qu'il encadrait en fait la zone située à la base de la colonne vertébrale. Quoi qu'il en soit, il a lancé la tendance de la taille basse du milieu des années 2000. Les milléniaux se souviendront de Paris Hilton, Christina Aguilera, Gwen Stefani, le groupe Destiny's Child, etc., et de leur uniforme composé de débardeurs courts et de jeans bas sur les hanches.

Le bodycon masculin implique des jeans moulants (avec ou sans déchirures), un tee-shirt « musclé » qui met en valeur le physique, ou une chemise déboutonnée pour dévoiler une partie de la poitrine à la manière d'une star du Classic Rock (p. 118). À mesure que la fluidité de genre se normalise dans le marketing de la mode, les styles Androgynes (p. 270), tels que les hauts moulants découpés et les crop tops larges, gagnent en popularité auprès des hommes de la Gen-Z.

Le *bodycon wear* peut être *low fashion* ou *high fashion*. Au firmament de la high fashion, on trouve les créations du défunt designer tunisien Azzedine Alaïa, surnommé le « King of Cling » par la presse de mode pour sa vision sculpturale des formes féminines et célébré par des femmes comme Grace Jones et Michelle Obama. La maison Alaïa perpétue son héritage en élevant les femmes au rang de déesses grâce à des drapés sinueux. Pour être sûrs de rester du bon côté de la high fashion, les stylistes des rédactions de magazines associent souvent une robe bodycon élégante, faite d'un tissu épais qui soutient, à une esthétique Minimaliste (p. 252) des années 1990 et des bijoux et accessoires sobres, tandis que le maquilleur s'assure que toute peau exposée est lustrée, hydratée et prête pour le shooting.

COULEURS ET MOTIFS : au choix

TISSUS : bandes de crêpe, jersey, tricot machine, élasthanne, velours, mousseline de soie, tissus transparents

VÊTEMENTS ET ACCESSOIRES : camisole, catsuit, robe bandage, jupe crayon, gilet, talons hauts, cuissardes, corset, robe à bretelles, short cycliste, micro-minijupe, leggings, hotpants

DÉTAILS : fermetures éclair, bretelles de camisole, découpes, asymétrique, crop tops, dos nu, décolleté plongeant, fentes aux cuisses, déchirures, découpe laser, bumsters, taille basse, robe sirène

Pin-up

≈ BOMBE
→ LOUNGE
+ RÉTRO, COW-BOY, NAUTIQUE, ROCKABILLY

La forme féminine idéalisée a attiré les regards masculins durant des millénaires. Dans l'art, cela remonte sans doute à Sandro Botticelli et à sa *Naissance de Vénus* (1485-1486), où la déesse de l'amour émerge de l'océan telle une perle rare. À l'époque, cette œuvre représentait une scandaleuse rupture avec l'iconographie chrétienne conservatrice.

Bien que l'on associe le plus souvent la pin-up aux cartes illustrées destinées à remonter le moral des troupes qui les épinglaient sur les murs des casernes pendant la Seconde Guerre mondiale, des figures tout aussi coquettes ont été dessinées pour les affiches de recrutement de la Première Guerre mondiale. Elles-mêmes ont été précédées par les dessins à la plume de Charles Dana Gibson, dont les héroïnes à la silhouette en sablier, surnommées « Gibson Girls », ont orné les pages du magazine *Life* pendant vingt ans à partir de 1895.

En 1930, l'animateur et réalisateur Max Fleischer, né en Pologne et installé à Los Angeles, crée Betty Boop, le premier sex-symbol animé à l'écran. Elle était vêtue d'une robe bustier noire sans bretelles, incarnation précoce dans la culture populaire de la « petite robe noire » (voir Classique, p. 209). Ses clins d'œil suggestifs, ses danses et ses tenues osées ont été revus pour apaiser les censeurs pudibonds après l'adoption du code de production cinématographique de 1934, appelé « code Hays », resté en vigueur jusqu'en 1968. On sait moins que le personnage de Fleischer fût inspiré de la chanteuse de jazz afro-américaine Esther Jones.

Les affiches classiques de pin-up des années 1940 représentaient des femmes alors qu'elles accomplissaient des tâches aussi banales que cuisiner, nettoyer, peindre des clôtures ou promener leur chien. En général, l'ourlet d'une jupe cercle qui arrive au genou est coincé dans une porte/soulevé par la brise/tiré par un chiot coquin et révèle des jupons et des jambes galbées portant des bas, des jarretelles et des talons hauts. Dessinées d'après des modèles vivants par des

Ava Gardner, vers 1946.

artistes tels qu'Earl Moran, Gil Elvgren et Alberto Vargas, elles sont fortement imprégnées du style Americana, les charmantes dames étant souvent habillées en émoustillantes cow-girls (voir Cow-boy, p. 79) ou en marins (voir Nautique, p. 98).

Dans les années 1950, l'érotisme est accentué et le déshabillé transparent, sorte de robe de chambre vaporeuse (voir aussi Lounge, p. 179), porté par-dessus le soutien-gorge et la culotte, est normalisé dans le look. La photographie prend le pas sur l'illustration et les starlettes en herbe se font un nom en posant pour des photos à moitié nues. Jayne Mansfield, l'archétype de la bombe blonde, en compétition avec Marilyn Monroe, se fait connaître en portant un bikini écarlate et en posant de manière suggestive sur la couverture

Pin-up, suite.

du magazine *Playboy* en 1954. Si le maillot de bain deux pièces avec culotte haute est relativement courant, le bikini plus échancré est considéré comme un vêtement particulièrement scandaleux et contrevient au code Hays, qui considère que l'on peut voir les côtes, mais pas le nombril. (Pour l'anecdote, Mansfield était loin d'être la « blonde idiote » qu'elle a souvent jouée ; elle parlait cinq langues et avait un QI de 162.)

Le bikini lui-même a été créé par le designer français Louis Réard, qui lui a donné le nom de l'atoll de Bikini, dans l'océan Pacifique. Le premier essai de la bombe atomique a eu lieu sur ces plages idylliques, le 1er juillet 1946, et 22 explosions ont suivi. Le nom choisi par Réard décrit bien la réaction nucléaire du public. Le bikini gagne en notoriété en 1951, lors du premier concours Miss Monde, dont le concours de bikinis, est remporté par la Suédoise Kicki Håkansson.

COULEURS ET MOTIFS : rouge, blanc, bleu, noir, pois, imprimé léopard, étoiles et rayures

TISSUS : laine, rayonne, coton, denim

VÊTEMENTS ET ACCESSOIRES : top à dos nu, jupe crayon, kitten heels, cardigan, robe fourreau, jupe cercle, ceinture, montures œil de chat, talons aiguilles, pantalon large, bikini, slip taille haute, maillot de bain une pièce, pantalon Capri, swing dress, bas résille, foulard, gants, minijupe plissée, déshabillé, jupon, soutien-gorge conique, soutien-gorge sans bretelles, blouse paysanne, robe sans bretelles, short taille haute, chemise nouée sur le devant

DÉTAILS : encolure en cœur, dos nu, ourlet sirène, nœuds, taille haute

Fétichiste

≈ BDSM, BONDAGE, KINK
→ NAUTIQUE, CLASSIQUE, NOUVEAU ROMANTIQUE, PIN-UP
+ CYBERPUNK, METAL, PUNK, AVANT-GARDE, BODY-CONSCIOUS

À l'extrémité la plus rebelle du spectre stylistique se trouvent les vêtements inspirés par les « déviances ». Il existe une grande variété de fétichismes, et le BDSM englobe le bondage, la domination, la soumission et le sadomasochisme. Le bondage est synonyme de contrainte et, dans le domaine de la mode, cela se traduit par des sangles et des harnais qui serrent et mettent en valeur la chair, comme les luxueuses robes créées par Gianni Versace pour sa collection « Miss S&M » de l'automne/hiver 1992. Ce symbolisme *bondage-lite* est répété comme signature de la marque et a été retravaillé par sa sœur Donatella Versace pour le printemps/été 2022.

Le fétichisme peut inclure une attirance pour le latex, matière brillante qui moule la peau. Le latex est un caoutchouc naturel issu de la sève de plus de 20 000 espèces végétales. Il est souvent confondu avec le PVC (chlorure de polyvinyle), également appelé vinyle, qui est synthétique. Le latex est cher et durable, tandis que le PVC est bon marché et ne se décompose pas en fin de vie. L'imperméabilisation des tissus avec du caoutchouc naturel était pratiquée par les Aztèques et est entrée dans la mode grâce à l'inventeur écossais Charles Macintosh, qui crée son célèbre imperméable en 1824 (voir aussi Nautique, p. 98). Il n'a pas fallu longtemps pour qu'une communauté d'amateurs de caoutchouc célèbre les charmes érotiques de cette matière, qu'ils appellent *macking*. Le latex couture est étonnamment facile à porter, et les robes et jupes de Pin-up (p. 290) modernes d'Atsuko Kudo et William Wilde peuvent être associées à d'autres textures.

C'est la sous-culture Punk (p. 125) qui s'intéresse au fétichisme la première, en grande partie grâce au magasin *SEX* de Vivienne Westwood et Malcolm McLaren, qui ouvre ses portes en 1974 à Londres. On y trouvait des vêtements en latex et en cuir clouté, tels que des vêtements inspirés de la camisole de force et des corsets, ces derniers étant réappropriés en tant que symbole du pouvoir

Fétichiste, suite.

Richard Quinn automne/hiver 2021.

féminin plutôt que de l'assujettissement.

Les défilés des créateurs d'Avant-garde (p. 244) sont familiers de l'utilisation du latex, des bodys et/ou de cagoules BDSM. Ils ont fait leur apparition dans les créations futuristes de Thierry Mugler, lors de son défilé de couture automne/hiver 1995. En 2013, le mystérieux créateur Martin Margiela réinvente la combinaison Classique (voir p. 209) du jean bleu et du tee-shirt blanc en latex, associé à des masques. Il y a des tenues de soirée noires et luisantes chez Moschino par Jeremy Scott pour l'automne/hiver 2018 et parmi les créations d'Olivier Rousteing pour Balmain automne/hiver 2019, ainsi que des propositions d'Anthony Vaccarello pour Saint Laurent automne/hiver 2020 et de John Galliano pour Christian Dior automne/hiver 2003 en prêt-à-porter.

Le provocateur Demna Gvasalia est un habitué du body et du visage encagoulé, et selon les notes du défilé, sa collection printemps/été est inspirée de sa fuite terrifiante d'une Géorgie déchirée par la guerre, en 1993. Il revisite le body complet chez Balenciaga en 2022, avec des gants attachés, cette fois sans cagoule et dans un tissu extensible plus accessible qui n'aurait pas dépareillé dans la garde-robe d'une danseuse (voir Body-conscious, p. 287). De l'autre côté de l'océan, le créateur britannique Richard Quinn est connu pour juxtaposer des combinaisons moulantes et des masques intégraux à des robes fleuries et des manteaux de luxe, et son défilé automne/hiver 2022 s'achève sur la drag-queen star Violet Chachki (voir Drag, p. 278), accompagnée d'un homme en laisse également vêtu de latex.

Une source d'inspiration souvent citée pour les vêtements fétichistes est l'artiste performeur des années 1980 et club kid Nouveau Romantique (p. 266) Leigh Bowery, né dans la banlieue de Melbourne et qui s'est fait un nom à Londres. Décrit par Boy George de Culture Club comme « de l'art moderne sur pattes », Bowery s'est fait connaître en tant que muse de l'artiste Lucian Freud. Il portait régulièrement ses masques et ses costumes dérangeants.

Si la plupart des usagers réservent le fétichisme à la chambre à coucher (ou au donjon), il existe des occasions de haute couture où il est permis de porter sa tenue en public, comme les tapis rouges, les *fashion weeks*, ou les bars à cocktails et les boîtes de nuit particulièrement à la pointe de la mode. N'oubliez pas le mot de passe.

COULEURS ET MOTIFS : noir, argent

TISSUS : cuir, latex, nylon, PVC, cuir verni

VÊTEMENTS ET ACCESSOIRES : robe, minijupe, legging, gants, collier, ras-du-cou, harnais, body, cagoule, masque, catsuit, trench, corset, cuissardes, plateformes, stilettos, chaps, capuche

DÉTAILS : chaînes, sangles, harnais, fouets, cordes, bâillons, laçage, cadenas, quincaillerie métallique, piercings

Glossaire

adire Tissu tie-and-dye à l'indigo aux saisissants motifs bleus. Traditionnellement fabriqué par les femmes du peuple Yoruba, des Terres des Yorubas, qui comprennent une partie du Nigeria, du Bénin et du Togo, en Afrique de l'Ouest.
alpargatas Terme espagnol désignant des chaussures en toile décontractées à semelle de corde. En français, les mêmes chaussures sont appelées espadrilles.
aso-oke Étoffe de qualité supérieure tissée à la main par le peuple Yoruba (voir aussi adire). Souvent rayé de couleurs vives, il est porté lors d'occasions particulières pour identifier les groupes familiaux.
babies Chaussures simples à talon bas, à bout rond, avec une lanière ou une bride sur le dessus du pied.
béret Gavroche Casquette souple et large, généralement fabriquée à partir de panneaux, avec une visière rigide. Elle se distingue des autres types de casquettes plates par le bouton situé sur le dessus.
bicorne Chapeau à deux pointes, rendu célèbre par Napoléon, mais qui faisait également partie de l'uniforme de la Royal Navy britannique depuis 1827.
blazer Veste autonome (ne faisant pas partie d'un costume) conçue à l'origine dans des couleurs vives pour identifier les équipes d'aviron des universités.
blockchain Technologie qui sous-tend les cryptomonnaies, telles que le bitcoin. Il s'agit d'un registre distribué qui utilise un réseau d'ordinateurs puissants pour valider les transactions avec une certitude irréfutable.
blouson Harrington Veste légère et imperméable, doublée de tissu écossais. Nommée d'après le personnage de Rodney Harrington (joué par Ryan O'Neal) dans le feuilleton américain des années 1960, *Peyton Place*.
blouson letterman Blouson Varsity (p. 193), à l'origine attribué aux athlètes sélectionnés pour faire partie d'équipes sportives universitaires aux États-Unis.
bogolan Étoffe tissée à la main, de couleur terre (son nom signifie « fait avec de la boue ») et symbole important de la culture malienne. Il est teint à l'aide de feuilles d'arbres et d'argile fermentée riche en fer, qui réagit avec la teinture pour produire la couleur noire.
boina Casquette plate du Pays basque, faite de laine ou de feutre de laine et portée à l'origine par les bergers. Elle a la forme d'un béret, bien que certaines aient une légère pointe.
boléro Chapeau à large bord et à sommet plat porté à l'origine par les Gauchos (p. 82) d'Argentine et d'Uruguay.
bolo Fin lien en cuir cordé avec un fermoir et des pointes ornementales. Les autochtones d'Amérique Hopi, Navajo, Pueblo et Zuni fabriquent les fermoirs décoratifs depuis le milieu du XXe siècle.
bombachas Pantalon confortable et ample à l'ourlet étroit, porté rentré dans les bottes par les Gauchos (p. 82) à cheval ou avec les *alpargatas* pour la marche.
Borsalino Couvre-chef fabriqué par Borsalino, le plus ancien fabricant italien de chapeaux de luxe (fondé en 1857).
Boston Coupe de cheveux masculine des années 1950. Les cheveux sont coupés en ligne droite dans la nuque, sans être effilés.
botte go-go Botte conçue à l'origine par André Courrèges en 1964 et caractérisée par son bout carré, son talon bloc et sa hauteur à mi-mollet. Généralement brillante, elle est fabriquée en vinyle ou en cuir verni.
bottine Chelsea Bottine en cuir avec un panneau élastique. S'inspire d'un modèle de courte botte d'équitation et doit son nom à sa popularité dans les années 1960 auprès des Mods londoniens (p. 228), qui gravitaient autour de Chelsea.
bottine Chukka Botte basse résistante, généralement en cuir ou en daim de couleur beige ou marron, avec un bout rond, une semelle fine et deux ou trois œillets. Possiblement originaire d'Inde, elle doit son nom à la période de jeu de sept minutes du Polo (p. 76) appelée *chukka*.
bouclette Tissu à l'aspect doux et texturé, généralement en laine.
brandebourg Fermeture décorative tressée avec un bouton noué, souvent utilisée sur les manteaux Militaires (p. 91).
cache-poussière Manteau long, ample et léger, conçu à l'origine pour être enfilé par-dessus les vêtements afin de les protéger de la poussière de la piste.
camp collar Col large, exposant la peau, qui permet à la personne qui le porte de rester au frais dans les climats chauds.
canotier Chapeau rond en paille, initialement porté par les gondoliers vénitiens. On le voit souvent l'été lors d'événements en plein air, comme les régates d'aviron et les tournois de tennis.
carreau Madras Motif à carreaux en coton léger, souvent de couleurs vives, nommé d'après une ville (aujourd'hui Chennai) du sud-est de l'Inde.
carreau Prince de Galles Inspiré du tartan écossais Glen. Remis au goût du jour par le prince de Galles (qui deviendra brièvement Édouard VIII) avec des surcharges colorées (voir le carreau-fenêtre), lançant ainsi la mode dans la haute société.
carreau-fenêtre Carreaux carrés surdimensionnés formés par des rayures perpendiculaires. Un tissu à carreaux superposé à un autre tissu à carreaux ou à un autre motif est appelé *overcheck* (voir tweed).
chemise de poète Chemise ample à manches

bishop, souvent ornée de froufrous à l'encolure et aux poignets.
chemise oxford Chemise à col boutonné, inspirée par l'habitude qu'avaient les joueurs de Polo (p. 76) d'épingler leurs revers pour éviter qu'ils ne volent. Fabriquée en oxford, un tissu lourd, durable et naturellement respirant, tissé dans les filatures écossaises. Plus polyvalente qu'une chemise habillée, elle peut être portée de manière formelle avec une cravate et/ou une veste, ou de manière plus décontractée avec un tee-shirt ou un pull.
chemisette Combinaison sans manches de coton fin et de dentelle qui avait l'apparence d'un chemisier lorsqu'elle était portée par pudeur sous des robes décolletées. Un accessoire clé à l'époque de la Régence.
chevron Motif géométrique que l'on trouve dans les tissus en tweed ; également nommé « sergé brisé ». Il ressemble à un squelette de poisson, avec des chevrons verticaux imbriqués.
col châle Col rabattu et incurvé. On le voit souvent sur les cardigans ; des versions plus structurées en satin apparaissent sur les vestes de smoking.
col Claudine Grand col plat et arrondi. Il peut aussi être autonome et porté avec un pull.
col Mao Col montant rigide, droit ou incurvé sur le devant. Utilisé en Chine depuis la dynastie Ming (1368-1644), il a été appelé plus tard « col mandarin » par les Portugais, de *mandarim*, « conseiller », nom donné par les Européens aux fonctionnaires chinois qui le portaient. Parfois attaché avec des nœuds de *pankou*, le terme chinois pour brandebourg.
col ruffle Col droit et ébouriffé. Populaire sur les chemises des époques victorienne et édouardienne, il est revenu à la mode dans les années 1980.
crinoline Sous-vêtement rigide, historiquement fabriqué en métal, en os de baleine ou en roseau et porté sous une jupe pour créer une silhouette large. Populaire au XVIIIe siècle, on la retrouve dans le style Rococo (p. 257).
cryptomonnaie Monnaie numérique décentralisée qui n'est pas gérée par le système bancaire et qui utilise la cryptographie pour chiffrer les transactions.
dashiki Tunique aux couleurs vives, souvent ornée d'un motif en forme de V au niveau de l'encolure. Originaire d'Afrique de l'Ouest, il s'est répandu parmi les Afro-Américains dans les années 1960, dans le cadre des mouvements des droits civiques et des Black Panthers, afin de célébrer l'identité africaine.
deerstalker Chapeau en tissu avec une visière à l'avant et à l'arrière, et des rabats d'oreilles, rendu célèbre par le détective Sherlock Holmes.
économie circulaire Modèle de production et de consommation dans lequel les marchés visent à éliminer les déchets et la pollution et à maximiser l'utilisation des matières premières par le recyclage, la réparation, la remise à neuf et le partage.
faja Écharpe de tissu nouée comme une ceinture, portée à l'origine en Espagne et en Amérique latine. Les versions d'Amérique centrale et du Sud intègrent souvent des motifs autochtones.
fédora Chapeau souple à bords moyens et couronne moyenne, généralement en feutre, plissé dans le sens de la longueur avec deux pinces à l'avant.
Gen-X Abréviation de la génération X : personnes nées entre 1965 et 1980.
Gen-Z Abréviation de la génération Z, également connue sous le nom de « zoomers » : personnes nées approximativement entre 1997 et 2012, après la génération des milléniaux.
gyaru Sous-culture japonaise définie par la consommation ostentatoire, où les filles s'habillent comme si elles étaient au lycée. *Gyaru* signifie « fille » en japonais.
hepcat Dans l'argot jazz de l'époque des Flappers (p. 30), désigne une personne élégante ; le terme gagne en popularité dans les années 1940 et 1950 et en vient à désigner les membres de la Beat Generation, qui étaient avant-gardistes et non conventionnels.
hypebeast Adepte enthousiaste des dernières tendances streetwear, en particulier des baskets.
ikat Type de tissu teint avant le tissage, du mot malais-indonésien *mengikat*, qui signifie « nouer » les fils.
isicholo Coiffe africaine traditionnelle portée par les femmes mariées du peuple Zoulou d'Afrique du Sud, inspirée d'une coiffure plus ancienne.
jeton fongible Un jeton fongible, comme une monnaie réelle, est considéré comme identique et divisible. Le bitcoin est une cryptomonnaie fongible. Voir jeton non fongible.
jeton non fongible Actif numérique unique qui ne peut pas être reproduit. Voir jeton fongible.
jodhpur Pantalon d'équitation ajusté sur toute la longueur, avec des empiècements en daim au niveau des genoux. Nommé d'après la capitale historique du Royaume du Marwar, aujourd'hui situé dans l'État du Rajasthan, dans le nord de l'Inde.
jupe cercle Jupe taillée dans un cercle de tissu, avec un trou central pour la taille. Le cercle entier, la moitié ou le quart du cercle peuvent être utilisés pour créer différents degrés d'ampleur dans la jupe.
kente Tissu aux motifs éclatants tissé à partir de bandes de tissu, originaire du peuple Asante des royaumes akans, dans l'actuel Ghana. De nombreux motifs sont symboliques et sont liés à des proverbes locaux ou à des familles. Commandé à l'origine par la royauté, il est aujourd'hui porté par les chefs de communauté et lors d'occasions particulières.
képi Coiffure rigide à fond plat, utilisée à l'origine par l'armée et la police françaises pour remplacer le shako, plus encombrant. Également utilisé par les deux camps américains pendant la guerre de Sécession.

kitenge Tissu africain à usages multiples dont les motifs complexes sont obtenus par teinture à la cire.
kogal Adaptation à consonance anglaise du japonais *kogyaru*, lui-même contraction de *kōkōsei gyaru* (« lycéenne »). Désigne un style vestimentaire issu du Kawaii (p. 170).
K-pop Musique populaire sud-coréenne née au milieu du XXe siècle. Liée au développement de la culture des idoles dans les années 1990, elle est devenue une tendance mondiale vers 2018 avec des groupes qui ont percé à l'international comme BTS et Blackpink. La musique elle-même couvre plusieurs genres.
kutte (veste de combat) Veste en denim ou en cuir aux manches coupées, recouverte d'écussons et de slogans, de clous, de chaînes et de pointes, prêtant traditionnellement allégeance à un groupe de musique ou à un gang de motards.
manche bishop Manche longue plus ajustée au niveau de l'épaule, devenant plus ample entre le coude et le poignet, et froncée au poignet.
métaverse Itération de l'Internet conçue comme un monde virtuel immersif universel. Il s'agit d'un monde virtuel, mais pas d'une réalité virtuelle, à moins que des technologies immersives ne soient utilisées, telles que des casques de réalité virtuelle et augmentée.
milléniaux Génération née entre 1981 et 1996.
pantalon cosaque Pantalon ample à la cuisse, se rétrécissant vers le pied et muni d'une lanière qui se noue sous le cou-de-pied. Il est devenu à la mode en Grande-Bretagne en 1814, après la visite du tsar Alexandre Ier à Londres, escorté par des soldats cosaques.
pompadour Coiffure dans laquelle les cheveux sont relevés et ramenés vers l'arrière, avec du volume au niveau du front pour créer une finition lisse (au contraire de la banane où les cheveux sont ramenés vers l'avant). Populaire chez les hommes dans les années 1950.
rayure craie Rayure régulièrement espacée sur un fond uni, qui semble avoir été dessinée à la craie. Plus large que la rayure tennis.
rayure Newmarket Tissu jaune d'or à rayures rouge et noir, utilisé à l'origine pour les couvertures destinées à tenir chaud aux chevaux de course et nommé d'après le célèbre hippodrome du Suffolk, dans l'est de l'Angleterre.
rayure tennis Rayure très fine qui rappelle les têtes d'épingle. À ne pas confondre avec la rayure craie, plus large.
richelieu Dans une véritable chaussure richelieu, le laçage est fermé et les œillets sont cousus jusqu'à l'empeigne (partie médiane). Elle peut être en cuir uni ou bicolore.
Scene Sous-ensemble de la sous-culture Emo (p. 129) qui met l'accent sur le style plutôt que sur la musique.
shako Coiffure Militaire (p. 91) rigide en forme de tuyau de poêle avec une visière dure, généralement ornée d'un insigne métallique sur le devant et parfois surmontée d'un panache de plumes.
sombrero Chapeau de soleil haut et à large bord qui se fixe sous le menton, en feutre ou en paille. Apparu au XVe siècle, il tire son nom du mot espagnol *sombra* (« ombre ») et est devenu populaire en Amérique du Nord et du Sud auprès des éleveurs de bétail, précédant le chapeau de Cow-boy (p. 79).
Stetson Marque américaine de chapeaux fondée en 1865 par John B. Stetson, considéré comme l'inventeur du chapeau de Cow-boy (p. 79).
taille basque Corsage ajusté qui descend sous la taille, souvent avec une pointe en forme de V sur le devant. Cette forme trouve son origine dans les vêtements du Pays basque et était populaire à l'époque victorienne.
talon Louis XV Talon courbé de hauteur moyenne avec une taille étroite et un pied évasé inséré sous la chaussure.
Tilley Chapeau de Tilley, entreprise canadienne fondée en 1980 et connue pour ses chapeaux taillés pour l'aventure.
tournure Sous-vêtement rembourré, à la mode vers 1870, qui était porté pour donner de la structure et de l'ampleur aux jupes des dames.
transhumanisme Concept philosophique selon lequel l'humanité peut évoluer en tant qu'espèce, au-delà de la mortalité et de la morphologie, grâce à la technologie.
trilby Chapeau souple, semblable à un fédora mais avec un bord plus étroit. Populaire dans les années 1960 lorsque les chapeaux plus hauts sont tombés en désuétude, car ils n'étaient pas pratiques pour conduire.
tweed Textile de laine tissé en twill, originaire d'Écosse, où il s'est révélé chaud et résistant aux intempéries. Il peut être uni ou rayé, à petits carreaux, à grands carrés (carreaux-fenêtres), à pied-de-poule ou tartan. Le *gun check* ressemble au pied-de-poule mais dans des couleurs naturelles, pour servir de camouflage aux chasseurs, et peut comporter un *overcheck*, auquel cas il peut s'appeler *estate* ou *gamekeepers check*.
twill ou sergé Tissage durable caractérisé par son aspect diagonal, souvent avec un devant sombre et un dos plus pâle. Des fils de différentes couleurs peuvent être utilisés pour obtenir des motifs.
twin-set Pull et cardigan assortis, portés ensemble.
ukara Tissu de coton à motifs bleu et blanc provenant du Nigeria et du Cameroun, teint à l'indigo à l'aide de raphia cousu sur le tissu.
winklepicker Bout long et pointu, nommé d'après les bâtons utilisés pour extraire les bigorneaux de leur coquille. On le retrouve sur les chaussures et les bottes.

Crédits photographiques

h = haut ; b = bas ; g = gauche ; d = droite ; c = centre

agrus/Adobe Stock 81, 151c ; Alain Gil-Gonzalez/ Abaca Press/Alamy Stock Photo 77, 86 ; Alessandro Garofalo/Reuters/Alamy Stock Photo 105 ; Allstar Picture Library Ltd/Alamy Stock Photo 281 ; Antonio Calanni/AP/Shutterstock 150 ; Anya D/Adobe Stock 192 ; arayabandit/Adobe Stock 230h, 239 ; arucom_/Adobe Stock 172 ; Atmosphere/Adobe Stock 160c ; Aurore Marechal/Abaca Press/Alamy Stock Photo 162 ; Birmingham Museums Trust ('Honeysuckle', 1876, by William Morris/Morris & Co.)/Unsplash 29 ; Bukajlo Frederic/Sipa/ Shutterstock 252 ; Columbia Pictures/Album/Alamy Stock Photo 68 ; Courtesy of DASKA 285 ; Dave Kotinsky/Getty Images for Paramount+ 279 ; David Fisher/Shutterstock 245 ; Courtesy of David Koma Ltd 288 ; Dian Husaeni/Adobe Stock 236 ; Divazus Fabric Store/Unsplash 32 ; dpa picture alliance/ Alamy Stock Photo 191, 255 ; Duncan Stevens/ Unsplash 145 ; dwph/Adobe Stock 107 ; Earl Leaf/ Michael Ochs Archives/Getty Images 216 ; Elena Rostunova/Alamy Stock Photo 173 ; Etienne Laurent/EPA/Shutterstock 129, 233h ; Evan Agostini/ Invision/AP/Shutterstock 275 ; Courtesy Everett Collection Inc./Alamy Stock Photo 273 ; FashionStock.com/Shutterstock 21, 27, 93, 96, 153 ; fizke7/Adobe Stock 211, 283 ; Francis Bouffard/ Unsplash 185 ; Hardik/Adobe Stock 119d, 219l, 227c ; Henry Nicholls/Reuters/Alamy Stock Photo 24 ; IHOR/Adobe Stock 84 ; Ilpo Musto/Shutterstock 121h ; Independent Photo Agency Srl/Alamy Stock Photo 203 ; Institute of Digital Fashion (IoDF) 55 ; James Veysey/Shutterstock 294 ; Jamie Soon/Adobe Stock 136R ; Jasin Boland/Warner Bros. Pictures/ Courtesy Everett Collection Inc/Alamy Stock Photo 46-47; Jeff Moore/Alamy Stock Photo 64 ; Jerome Domine/Abaca Press/Alamy Stock Photo 132, 271 ; Jocelyn Abila/AfrikImages Agency/Universal Images Group North America LLC/Alamy Stock Photo 241h ; John Phillips/BFC/Getty Images for BFC 137 ; Jonas Gustavsson/Sipa US/Alamy Stock Photo 33, 147, 189, 200, 208t, 250, 265 ; Joshua Kane by Bart Pajak, 2022 247 ; Jung Suk hyun/Adobe Stock 151g, 167b ; K. Ching Ching/Adobe Stock 114, 163d ; Karolina Madej/Adobe Stock 124 ; kastanka/Adobe Stock 198l ; Kevin Mazur/WireImage 135 ; Kirsty Pargeter/Adobe Stock 249 ; KPPWC/Adobe Stock 267b ; KyleYoon/Adobe Stock 190, 204, 208b, 230b ; kyrychukvitaliy/Adobe Stock 75b, 117 ; L. Kramer/Adobe Stock 87, 227d ; La Cassette Bleue/Adobe Stock 233bd ; lin/Adobe Stock 259 ; Linett/Adobe Stock 163l ; Lintao Zhang/Getty Images 43 ; Luca Bruno/AP/Shutterstock 194 ; Lucia Fox/Adobe Stock 148, 151d ; Maksym/Adobe Stock 141 ; Mary Altaffer/AP/Shutterstock 175 ; Maryna/ Adobe Stock 119l, 176, 256, 280 ; Matteo Bazzi/ EPA/Shutterstock 180 ; MGM/Photo 12/Alamy Stock Photo 291 ; Michael Ciranni/Shutterstock 41b, 69b ; Michael Ochs Archives/Getty Images 61 ; Mike Marsland/WireImage/Getty Images 197 ; mimosa12/ Adobe Stock 128, 136g, 201 ; Mr. Music/Adobe Stock 241b ; Muhammad Faiz Zulkeflee/Unsplash 159 ; Mumemories/Adobe Stock 160l ; NaphakStudio/Adobe Stock 219d ; Nataliia/Adobe Stock 233bg ; Nebinger-Orban-Taamallah/Abaca Press/Alamy Stock Photo 258 ; Ovidiu Hrubaru/ Shutterstock 221, 223 ; PA Images /Alamy Stock Photo 261 ; pandaclub23/Adobe Stock 160d ; parkerphotography/Alamy Stock Photo 75h ; Pascal Rossignol/Reuters/Alamy Stock Photo 83 ; Peter White/Getty Images 99 ; Phanthit Malisuwan/Adobe Stock 47 ; Pictorial Press Ltd/Alamy Stock Photo 37, 39, 49, 113, 140, 282 ; PictureLux/The Hollywood Archive/Alamy Stock Photo 31, 169 ; Pixelformula/ Sipa/Shutterstock 103, 165, 184, 235 ; Prince Williams/Getty Images 52 ; Psychobeard/Adobe Stock 90 ; recyap/Adobe Stock 277 ; Rijksmuseum, Amsterdam 91 ; RossHelen editorial/Alamy Stock Photo 226 ; Sally and Richard Greenhill/Alamy Stock Photo 127 ; sbw19/Adobe Stock 198d, 272 ; SG1/ Adobe Stock 101 ; Shutterstock 11, 80, 218 ; Suzan Moore/Alamy Stock Photo 118 ; tabosan/Adobe Stock 97, 121b ; tawanlubfah/Adobe Stock 69h ; Tayisiya/Adobe Stock 167h ; The Who Films/Allstar Picture Library Ltd/Alamy Stock Photo 229 ; Thierry Orban/Abaca Press/Alamy Stock Photo 71 ; Threecorint/Adobe Stock 225, 227g ; Tim Graham Photo Library via Getty Images 205 ; Trinity Mirror/ Mirrorpix/Alamy Stock Photo 111, 116, 237, 267h ; Tsuni/USA/Alamy Stock Photo 143 ; Unsplash 50 ; Valentin Beauvais/Unsplash 41h ; Victor Virgile/ Gamma-Rapho via Getty Images 210 ; Vinicius Amano/Unsplash 35 ; Wang Ying/Xinhua/Alamy Stock Photo 171 ; WENN Rights Ltd/Alamy Stock Photo 89, 123 ; Yona/Adobe Stock 292 ; Yuriko Nakao/Reuters/Alamy Stock Photo 177.

L'éditeur a fait tout son possible pour contacter les détenteurs des droits d'auteur des images reproduites dans ce livre. Il s'efforcera de corriger les erreurs ou les omissions éventuelles dans les éditions ultérieures.

Index

Les numéros de pages en italique font référence aux illustrations et à leurs légendes.

Remerciements

Je tiens à remercier mes parents, Olivia et Stephen Kane, pour leur soutien indéfectible dans tout ce que j'entreprends et pour m'avoir immergée dans la mode dès mon plus jeune âge. Merci à mon frère aîné, Joel Kane, pour m'avoir ouvert les portes du monde de la musique. À mon frère cadet, Joshua Kane, le tailleur dandy par excellence, pour n'avoir jamais fait de compromis sur le style. Je suis un produit de mon environnement.

Merci à mon cher Fabien Léonard pour sa patience infinie pendant que je passais tout mon temps, jour et nuit, week-end compris, à faire des recherches et à écrire ce livre. Tu as été mon roc.

Merci aux enseignants et étudiants du London College of Fashion pour avoir été une constante source d'inspiration stylistique.

Je suis reconnaissante à mes correctrices, Sophie Wise et Rosanna Fairhead, pour leurs excellents commentaires et leur judicieuse attention aux détails, ainsi qu'à l'éditeur Laurence King pour l'opportunité qu'il m'a offerte.

À mes merveilleux amis, chacun d'entre vous, avec votre style unique. Vous êtes tous présents dans ce livre.